文学的荣光

第八届鲁迅文学奖
获奖作家对话录

梁鸿鹰　主编

中国言实出版社

图书在版编目(CIP)数据

文学的荣光：第八届鲁迅文学奖获奖作家对话录 / 梁鸿鹰主编. -- 北京：中国言实出版社, 2023.3
ISBN 978-7-5171-4389-5

Ⅰ. ①文… Ⅱ. ①梁… Ⅲ. ①作家 - 事迹 - 中国 - 现代 Ⅳ. ①K825.6

中国国家版本馆 CIP 数据核字（2023）第 033267 号

文学的荣光：第八届鲁迅文学奖获奖作家对话录

责任编辑：张国旗　宫媛媛
责任校对：郭江妮

出版发行：中国言实出版社
地　址：北京市朝阳区北苑路180号加利大厦5号楼105室
邮　编：100101
编辑部：北京市海淀区花园路6号院B座6层
邮　编：100088
电　话：010-64924853（总编室）　010-64924716（发行部）
网　址：www.zgyscbs.cn　电子邮箱：zgyscbs@263.net

经　销：新华书店
印　刷　北京铭传印刷有限公司
版　次：2023年6月第1版　2023年6月第1次印刷
规　格：710毫米×1000毫米　1/16　18.25印张
字　数：256千字

定　价：69.00元
书　号：ISBN 978-7-5171-4389-5

前言

鲁迅文学奖是中国当代文学的最高奖项之一，涵盖除长篇小说之外的主要文体和形式。其设立经历了一个逐步演进的过程，见证了改革开放以来中国文学前进的步履。应该说，全国性的文学评奖草创于1978年，该年度开始设立全国优秀短篇小说奖，评奖一年举行一次，采取读者投票推荐，作协各地分会和各文学刊物推荐与评委评定相结合的方式进行。1978—1988年共举行了十届；1981年开始设立全国优秀中篇小说奖和报告文学奖，1981—1988年间分别共举行了四届评奖；而诗歌奖则于1983年开始设立，1983—1988年间共举行了三届；散文（集）杂文（集）奖于1989年开始设立。由于之前的评奖处于探索阶段，奖项、周期、数量以及评奖程序等不尽完善，引起了文学界的一些议论，导致了奖项近七年的停顿。

因此，全国性文学评奖于1998年才恢复，正式设立第一届鲁迅文学奖。该奖包括全国优秀中篇小说奖、短篇小说奖、报告文学奖、诗歌奖、散文杂文奖、理论评论奖和文学翻译彩虹奖共七个单项奖。从2012年开始，鲁迅文学奖每4年评选一次，其作为中国作家协会主办的全国性重要奖项由此得以规范性确立，该奖涵盖中篇小说、短篇小说、报告文学、诗歌、散文杂文、文学理论评论及文学翻译七个门类，评奖由中国作协党组书记处主持，需制定章程和细则，组织评委会，召集评奖等，规定每个门类奖项不得超过5部（篇，人）。

2022年是第八届鲁迅文学奖评选与表彰之年。鲁迅文学奖35部（篇）获奖原创作品代表了近四年以来，各文体的创作成就，它们积极弘扬社会主义核心价值观，反映人民主体地位，不少作品聚焦新时代现实生活，塑造了时代的新人形象，有助于鼓舞人民为争取美好生活而奋斗，为助力实现中华民族伟大复兴中国梦提供强劲动力，对满足人民精神文化需求发挥了作用，在题材、主题和风格及美学追求上也体现出了多样化特色，艺术品格高，创新创造力强，彰显了中国特色、中国风格、中国气派。获奖的当代文学理论评论作品坚持唯物史观和马克思主义文艺观，问题意识强，体现了很好的学术性、前沿性，对新时代文学面临理论和实践问题进行了深入研究，对一些重要文学现象进行了细致评析，而获奖的文学翻译家则在自己的译著中充分体现出对信、达、雅的孜孜以求追求，获得了社会和文学界的认可与喜爱。

《文艺报》作为中国作协主管主办的文艺媒体，对第八届鲁迅文学奖全程关注，特别是评选结果发布之后，采取访谈、通讯、侧记等方式，对作家作品进行全方位宣传评介，营造全社会迅速阅读鲁奖作品，追慕获奖作家的热潮，围绕“中国文学盛典·鲁迅文学奖之夜”，更是与中国作家网一道，加大宣传报道力度，向全社会分享鲁奖获奖作品与翻译家的熠熠荣光，产生了巨大社会反响，将这些多形态多样化的文字汇集起来，既可以为本届鲁奖留下一份全程全方位的纪念，也可以为当代文学研究和经典化提供极为翔实可靠的文字佐证。中国言实出版社在文学盛典结束后不久即动意提出出版此书，与我们可谓心有戚戚焉。

感谢报社全体编辑与中国作家协会的小伙伴们加班加点，大家一起完成了全部获奖作家评论家和翻译家的访谈等诸多工作，感谢《文艺报》编辑教鹤然付出的辛勤劳动，中国言实出版社责编张国旗、宫嫒嫒的细致和敬业，编辑该书过程中，大家通力合作，不辞劳苦，堪为佳话。我相信，本书的面世，一定会为丰富新时代文学生活发出更多的光与热。

梁鸿鹰

2023年3月9日

中篇小说奖

王松 《红骆驼》		
王凯 《荒野步枪手》		
艾伟 《过往》		
索南才让 《荒原上》		
葛亮 《飞发》		

短篇小说奖

刘建东

《无法完成的画像》

张者

《山前该有一棵树》

钟求是

《地上的天空》

董夏青青

《在阿吾斯奇》

蔡东

《月光下》

报告文学奖

丁晓平

《红船启航》

欧阳黔森

《江山如此多娇》

钟法权

《张富清传》

龚盛辉

《中国北斗》

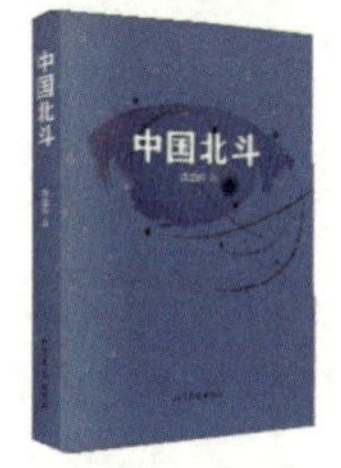

蒋巍

《国家温度》

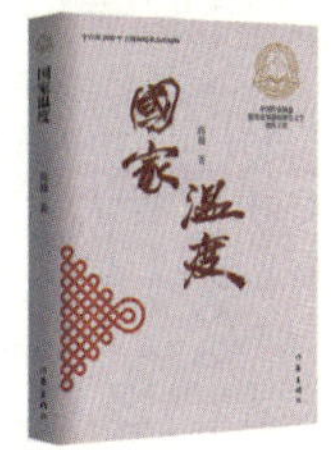

诗歌奖

刘笑伟

《岁月青铜》

陈人杰

《山海间》

韩东

《奇迹》

路也

《天空下》

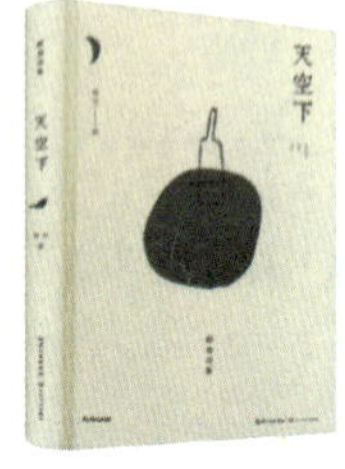

臧棣

《诗歌植物学》

散文杂文奖

江子 《回乡记》		
李舫 《大春秋》		
沈念 《大湖消息》		
陈仓 《月光不是光》		
庞余亮 《小先生》		

文学理论评论奖

杨庆祥

《新时代文学写作景观》

何平

《批评的返场》

张莉

《小说风景》

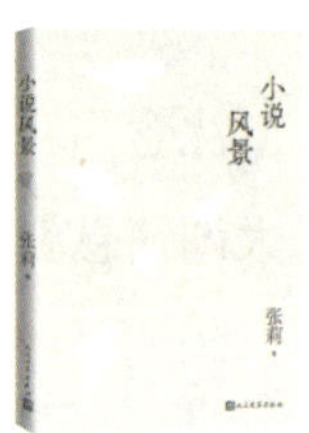

张学昕

《中国当代小说八论》

郜元宝

《编年史和全景图

——细读〈平凡的世界〉》

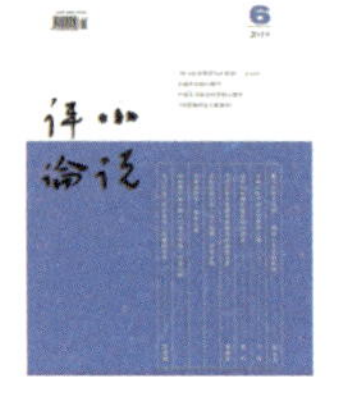

文学翻译奖

许小凡
《T.S.艾略特传：不完美的一生》

杨铁军
《奥麦罗斯》

陈方
《我的孩子们》

竺祖慈
《小说周边》

薛庆国
《风的作品之目录》

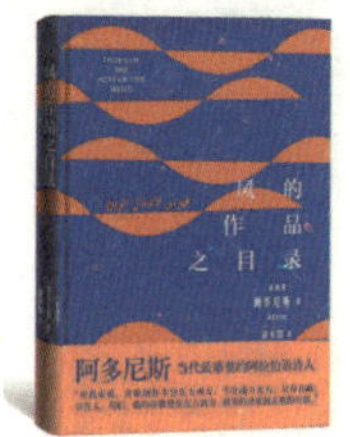

目　录

CONTENTS

中篇小说奖

短篇小说奖

报告文学奖

诗歌奖

散文杂文奖

文学理论评论奖

文学翻译奖

王松《红骆驼》

王凯《荒野步枪手》

艾伟《过往》

索南才让《荒原上》

葛亮《飞发》

中篇小说奖

授奖辞

王松的《红骆驼》蕴藉方正，引领我们仰望奉献与爱的崇高人生。王凯的《荒野步枪手》，以精湛的细节、铿锵的共鸣，刻画新时代军人的勇毅形象。艾伟的《过往》中，人性与人生的幽深缠绕抵达了柳暗花明的宽谅与和解。索南才让的《荒原上》，鼓荡着慷慨凛冽的青春激情，多元一体的中华文化内在地指引着各民族人民的梦想。葛亮的《飞发》，是中国故事中的香港故事，以雅正的“格物”精神体认历史的流变、文化的根性、人的信念与坚守。

有鉴于此，授予上述作品第八届鲁迅文学奖。

王松：

写一些"飞起来"的故事，做一个寻找"密码"的人

教鹤然：王松老师好，首先祝贺您获得第八届鲁迅文学奖中篇小说奖。从《红汞》、《红风筝》、《红莓花儿开》，到《红》、《映山红，又映山红》，再到此次得奖的《红骆驼》，"红"似乎是您文学创作过程中的重要意象，有时候代表着某种特殊历史时期的文化记忆，有时候也代表着某种热情洋溢的生命本色。不知道是不是我过度解释，但总觉得"红"在您的创作中，是一种理想主义精神追求的重要载体。能不能请您具体谈一谈，为何对"红"这种意象格外偏爱？

王松：谢谢你的祝贺。我当年插队时有过一件事。一次，我赶着生产队的牛车去挖渠的工地送水，走到半路，牛突然疯跑起来，险些把车连我都带进沟里。我当时就意识到，是牛惊了，费了好大劲才把车勒住。后来才知道，工地上插了很多迎风招展的旗子，是红的，牛一见红色就兴奋，所以惊了。这以后我就发现，其实不仅是牛，人对红色也会有一种本能的生理反应，比如我自己。如果上升到理性，应该说，是天生就对这种色彩敏感。

但有意思的是，这里透露一下，我天生色弱，而且就是“红绿弱”。

但红色在我眼里，仍有一种特殊的魅力。我觉得，它能体现这个世界的蓬勃状态，或者说，会让人联想到一种生命的绽放。这是任何其他颜色都不具备的。曾有一个专搞心理学研究的朋友告诉我，喜欢红色的人，性格有一个特点，生活态度都很积极。后来我注意观察，还真是这样。一个人喜欢什么色彩，在某种意义上说，应该是由他的心理特质决定的。

关于你提的这个问题，曾有很多人问过我。我只能说，也许，只是也许，我是用这种色彩表明我对生命的一种态度。或者说，是由我对生命的态度决定的。

教鹤然：您曾经提及《红骆驼》的创作缘起，灵感来源于2019年一次到访西北某核工业基地的采访体验。在创作《映山红，又映山红》、《暖夏》等脱贫攻坚题材的文学作品时，您也曾多次深入到访贫困地区、实地考察人们生活，想必深入生活积累创作素材对您的创作至关重要。能不能谈一谈，在文学创作的准备阶段，您是如何从具体生活中提取创作素材的？

王松：因为创作的需要，这些年我确实走过很多地方。但每一次，我都提醒自己不要太功利，也就是说，不要有过于明确的目的性。我曾写过一篇题为《寻找“密码”》的文章。我把这种深入生活的过程，称为寻找“密码”的过程。这个过程对我来说，充满诱惑。这是因为，我每一次寻找到的“密码”，可能与我当时接触的这段生活并没有直接关系，它激活的，也许是我另外一段毫不相关的生活经历和关于这段经历的体验与经验。但如果没有这个“密码”，关于这段经历的体验和经验很可能会一直尘封在记忆深处，甚至直到永远。

所以，这才是“深入生活”之于我的真正意义。

也正因如此，这些年，我不放弃任何一个深入生活的机会，无论到什么地方，也无论这地方有多危险。我为此曾险些付出生命的代价。但我并不后悔。因为我相信，这每一次的经历对我来说，都是极有意义的，尽管这些经历会以我自己的方式存储在记忆里，但总有一天会被激活。而一旦激活，它也就会如花绽放。一个小说人，他的作品当然是虚构的。但于我来说，最值得自豪的一句话是，这个故事原型的地方，我去过，或者说，我曾亲眼见过。当然，有的小说，可以不必说这样的话。但也有的小说，说和不说，毕竟不一样。

写到一定的时候，经常会觉得这些人物已在键盘上“活”起来。

教鹤然：中篇小说介于短篇小说和长篇小说之间，具有一种区别于两者的特殊质感。记得汪曾祺先生曾经谈道，长篇小说的作者与读者的关系是“前后”，短篇的关系是“并肩”，而中篇的关系是“对面”。我发现，您在写作中篇小说的时候，会格外重视“故事”的底色，追求一种有意味、有质感的语言和叙事。那么，您认为中篇小说和长短篇相比有怎样的特殊性？在中篇的容量内，应该怎么编织出曲折生动、引人入胜的故事内核？

王松：我只是一个写小说的人。就“写”而言，我一直觉得，对小说这件事不能太理性。当然，这话也看怎么说。不能太理性，并不是说就完全可以凭感觉。当然在写到一定状态时，就是凭感觉，不过这种状态应该也是一种理性的经过升华之后的凝华。可是不管怎么说，如果在写一篇小说时，尤其是中篇，每一个细节，乃至每一句话，都要经过缜密的理性思考，这地方得这么写，不能那么写，那这小说就没法儿写了。我曾经和一位表演艺术家聊天，他说，我每次接触到一个“人物”，事先都会反复琢磨，而一旦上台，或面对摄影机，我就感觉这个人物真的附体了，这时，我好像只是一个躯壳，一切说的做的，都是“他”的事。在这种时候，你如果问我为什么要这样演而不那样演，我无法回答，因为如果真能回答，这个人物就没法儿演了。他的这种感觉，跟写小说有相似的地方。我在写到一定的时候，经常会觉得，我的这些人物已在键盘上“活”起来，他们已经有血有肉，有声有色，他们说什么做什么，就让他们去说去做，我只要跟在他们后面，把这些记录下来就是了。就一个小说人而言，只能用写出来的小说说话。这个过程虽不玄，但也有些像某种东西“附体”。

当然，这里还有一个关键问题。小说究竟是怎么回事，也不是绝对的。应该说，每一个写小说的人都有属于自己的看法。是不是会有一个统一的标准，在某种意义上说也许有，但换一个角度，可能就难说了。而且，有的小说注定会有争议，有人觉得好，可能还特别好，也有人也许就会觉得不怎么好，甚至特别不好。这种现象经常可以见到。我觉得，这都是正常的。小说从某个角度看，也像音乐，一首歌曲，或一首乐曲，总会有人喜欢也有人不喜欢，让所有人都喜欢的音乐作品不是没有，但少之又少。当然，流行音乐除去，这就涉及另外的问题了；因为每个人的心理律动是不一样的，这也就决定，“振幅”和“频率”不会一样，从这个意义上说，不可能在每个人的心理上都产生共振。小说也如此，无论人物、情节，尤其是语言，这种阅读的感觉，是由是否与阅读者的心理律动产生谐振所决定的。“谐振”这种物理现象，在条件上要求很高。阅读也如此。

当然，这里所说的小说，是真正意义的小说。

我这些年写短篇小说极少，大都是中篇。这几年中篇也少了，一直在写长篇。其实原因很简单，这是一个心理惯性问题。在某个时间段，一个故事在心里形成，心理长度似乎是相对固定的，如同盖房的“四梁八柱”，一出现，规模就是这样的规模。

我一直认为，就某些题材而言，中篇小说似乎更适合写一个可以“飞起来”的故事。这是因为，这种体裁有一个特点，故事的翅膀可以大于故事本身。所以，如果想让它轻盈，它就可以轻盈，甚至能轻盈得“透明”。但这一“飞”，这种“透明”也就有了无尽的内容。

这是因为，轻盈不等于“清澈”。

长篇当然也能“飞”，但不能像中篇那样整体地“飞”。一部从头到尾都“飞”在天上的长篇小说，先别说怎么写，我的经验和体验有限，我觉得，读者在阅读时就很难想象。

就我个人而言，我还是觉得长篇小说更适合写复杂的人物关系。这个关系的复杂程度，是由每一个人物自身的复杂程度决定的。人物越复杂，他们之间的关系也就越复杂，故事也就会更好看。也正因如此，从这个意义上说，它比人物的命运更让我在意。此外还有一点，我觉得长篇小说的体量，就决定它的故事会有很强的质感。这种质感，让我很难把整个故事都写得“飞”起来。也许有一天吧，我可以做到。但至少现在不行。

我更注重的是从集体经验中去发现属于自己的东西，语言也一样。

教鹤然：您在书写重大历史题材的时候，总会将触角探入历史的缝隙中，寻找普通人日常生活的丰富细节，并用细节的血肉丰满将宏大叙事的骨骼填充起来。您似乎一直在以文学的方式，追求一种民间话语和主旋律写作的有机结合，能不能请您谈谈为什么会有这种写作偏好？

王松：作为一个写小说的人，我更注重的是从集体经验中去发现属于自己的东西。语言也一样。我觉得小说的语言一旦被融入某个公共的话语体系，是一件很麻烦的事，进去容易，再想出来就难了，往往不能自拔。但要寻找一种属于自己的叙事语言，就更难，而且往往是可遇不可求。此外还有一点，就像我前面说的，越是有别于公共话语体系的语言，也就越不容易被普遍接受，这是个很复杂的事。其实，我追求的叙述方式和语言很简单，就是怎样可以更好地把一个想讲的故事讲述出来，让读者在阅读时没有障碍。也曾有朋友建议我，不要把小说语言搞得太流畅。但我还是不想把自己的语言搞得一疙瘩一块的。如果故意让自己的小说从叙事到语言都不那么流畅，甚至像横垄地拉车，几步一个坎儿，我觉得这是跟自己过不去。

我希望自己的小说让读者爱看。只有人家爱看，你所讲述的故事，和在这故事里表达的情感乃至一切，才会让人家接受，至少了解，否则就白费劲了。

所以，我是很在意读者在阅读时的感受的。

这种在意，也就决定我更注重如何把一个精彩的故事讲精彩。当然，不同的故事，讲述的方式也不会一样。但无论怎样不一样，我都要尽力让它带着属于我自己的“胎记”。

教鹤然：您是特别会讲故事的人，总觉得您有源源不断的灵感，等待合适的契机诉诸笔端，在一页页纸张上轻盈地讲述着普通人沉甸甸的生活。不知道您下一步的创作计划是什么，又会给读者带来什么新故事呢？

王松：应该说，我确实不是一个惜墨如金的人。如果说几年，甚至若干年才写一部小说，我没这个自信。因为我不敢相信，自己这样写出的小说，就一定会具有如何的价值，也真的值这几年乃至若干年的时间。换句话说，写小说，在小说里讲故事，也是一件很快乐的事，我不想放弃这个快乐。我也有相当长的一段时间不写东西的时候，这是因为，这段时间不想写。不过这样的时候不多。在我的脑子里确实有很多故事，但不是都可以马上写成小说，就像树苗，真长成材要有一个过程。在这样一片即将“成材”的林子里走来走去，也是一种享受。而一旦发现哪棵“故事”长成了，也有写的情绪，就会写出来。

我从不强迫自己写，也不强迫自己不写。

既然写小说是一件很快乐的事，何必要难为自己呢？我觉得既然是一个小说人，写小说，应该是很正常的事。当然，这种写的激情和源源不断的灵感，与我这些年不断在各个领域深入生活是分不开的。这也要感谢中国作协，一直以来为我提供和安排了各种深入生活的机会。正如我在前面所说，在这种深入生活的过程中，我总会不断地寻找到新的“密码”。

王凯：
用心书写普通基层官兵的生活与情感

王觅：王凯老师您好！您的《荒野步枪手》荣获第八届鲁迅文学奖中篇小说奖，在您看来，这部作品是以怎样的独特魅力受到评委青睐的？

王凯：感谢《文艺报》多年来对我的帮助和指导。这次获奖对我真是件特别意外的事。因为写得好的作家和作品太多了，不太可能轮得到我。加上 8 月份我正请假在西安照顾生病的母亲，每天最大的事情就是在网上找做菜的小视频来照葫芦画瓢，所以突然得到获奖的消息，确实很惊喜。这篇小说能得到评委会的认可，我想最主要还是因为它比较切近改革强军的生动实践和基层部队的战斗生活吧。这一点主要体现在小说中那位年轻的中士身上，写这个人物的时候，有很多溢出我 30 年军旅经验的真实细节和生活感触，这些都十分新鲜动人，自感也是小说里比较蓬勃和有质感的部分。对我来说，《荒野步枪手》的获奖像是一次慷慨又充分的战斗补给，给了我继续前进的勇气和信心。同样需要感谢的是 30 年军旅生活对我的塑造和滋养，让我有幸在真实与虚构之中都能拥有属于自己的一块阵地。

王觅：《荒野步枪手》以“他”的视角为切入点，讲述了一段温暖动人而又回味无穷的新时代军旅故事。虽然其中展现的艰苦恶劣的环境条件、军事演习的故事背景和基层官兵的生活日常等可能与普通读者之间距离比较遥远，但读来依然令人感觉十分真实而又亲切。这部作品是否取材于您的真实经历？

王凯：说起来，我的大部分小说都和自己的军旅生活经历有关，不过《荒野步枪手》可能是这种因果关系最直接最鲜明的一个。2019 年 11 月，我们几个创作员去参加一场演习拉动，在隆冬的内蒙古草原上度过了几个难忘的昼夜。那几天最低气温超过零下 20 摄氏度，伴随着八九级的大风，体感温度可能比这个还要冷，所有衣服全穿着还瑟瑟发抖。晚上我们就睡在卡车大厢上，除了狂乱的风和风声中凌乱的思绪，包括肢体、感官和矿泉水在内的一切都被冻结了。尤其是在没有火、没有光也没有手机信号的寒夜，我缩在睡袋里，最大的愿望是能喝上一口热水。回想起来，那应该算得上是我从军 30 年来最难熬的日子之一，这让我觉得那几天的苦不能白吃，无论如何也得写个小说出来，最后就有了这篇《荒野步枪手》。我开玩笑说，这是一次“报复性”写作，因为那几天的经历太过难忘，以致你不写个小说出来都觉得亏了似的。从这点上说，这个小说像是生活的陨石在心里撞击出的印记，当然，它依然是拜军旅生活所赐。

王觅：多年来，您创作了一批带有鲜明印记的军旅题材小说。您笔下的军人大多来自基层连队，拥有丰富细腻、各不相同的个性特色。如《荒野步枪手》中的创作员、中士、记者及其他普通士兵等，每位都有着让人过目难忘的出彩瞬间，可谓当代军人的生动缩影。您在创作中是怎样捕捉和塑造这样的典型人物的？

王凯：每一篇小说如何开始，或者某一个人物是否出现，我大概有一个基本的判断标准，就是关于这个小说或者这个人物的念头是否能长久地在我脑海里盘旋不去。如果这个念头出现不久就消散了，那估计也就不再去想它，只有那些长久地在脑海中浮现的人物或者故事才可能最终成为一篇小说。像那次冬季草原上的演习经历，在我脑子里晃了一年多，我才觉得确实要写了。当然，“是否开始”只是第一个问题，接下来的问题是“如何开始”。《荒野步枪手》开始的过程并不算顺利，主要是里面缺少一个真正的主人公，所以来来回回开了好几次头都进行不下去。直到有一天，我脑海里突然出现了一个年轻战士的形象，那个战士有点像是我在演习场见到的那几位战士，但又不全是，这个战士身上似乎还有我在连队带过的兵，或者在漫长军旅生活中接触过的那些士兵的影子。他们身怀绝技又朴实善良，身处集体却又个性鲜明，换句话说，小说中的中士“庞庆喜”就是用我心里无数个士兵的侧影共同勾勒出的一个新的士兵形象。有了这样一个士兵的模样，我知道这个小说真的可以写下去了。

王觅：我注意到，这部作品中的主人公之一“他”和您本人有不少相似之处，比如都已是年过不惑，都同样是部队创作员，都会经常到基层部队体验生活，等等。您认为“他”身上是否有着您自己的影子？您在塑造这个人物时，是否将自己的真实经历、生活习惯和创作理念等通过“他”加以体现？

王凯：是有这种想法。这可能跟我一直认为自己是个“资源型”的作者有关。我小说里的很多人物其实都有生活中的原型，就像我在连队当排长、当指导员时带过的兵和他们的故事，好多都被我写成了小说。但《荒野步枪手》里的“他”看上去跟我自己的生活经历更相似，换句话说，“他”其实也是某一个生活中的“我”，或者是“我”的一部分。小说里关于那个部队创作员“他”的描述，大多数来自我30年的军旅记忆，比如“他”当年在连队和机关的生活，有的完全就是我自己的经历，包括“他”列出的那个长长的携行物品清单，就是当时我从北京出发前在手机上列出来的。当时我还犹豫究竟要不要写这个清单，先是删掉了，后来思考再三，修改时又补了回去，因为我觉得这种细节本身就是生活的一部分，而小说这种虚构的文体中，这种真实的东西反而是有力的。

王觅：小说里的另一个主人公中士与“他”的儿子年纪相仿，两代人有代沟在所难免，但“他”用老兵的经验和敏锐的感知力触碰到年轻中士的喜怒哀乐，感受到倔强的士兵隐藏在荣誉与信仰之下的情感波澜和欲望处境，这使原本陌生的他们在短时间内便实现了心理距离的不断拉近。此外，“他”不止一次提及或想到自己“已经老了”，并坦言“写连队就是写青春”。您如何理解“他”的这个观点？在平时的创作中，您是怎样走进当下年轻军人的情感世界，感悟他们的所思所想，并将其融入自己作品中的？

王凯：对，我借小说中人物感慨了一下。不能不承认，你离开某处就只是离它越来越远，连队生活是属于年轻人的，过去我曾是连队的一员，连队的生活就是我的生活，连队的记忆就是我的记忆，但离开之后就永远也回不去了，我现在其实只是一个连队生活的观察者，而不是当事人。这是没有办法的事情。我 1998 年到 2002 年之间在连队当指导员，离开连队到今天正好 20 年了。这 20 年里变化很大，光是军装样式就换过三次。对写作来说，这种变化各有利弊，有利的一面是你可以更理性、更客观、更全面地审视你要描述的生活；不利的一面是你手头少了写作所需要的细节和感受。好在军队有着强大的传统，不管你是什么样的人，军队总能不同程度地将你同化，而每个人也必须学会适应并融入军队，所以虽然我和我笔下的人物相距 20 年，但很多感觉是很容易相通的，或者说，军队本身具有一个相对独立的话语系统，这个语境始终是存在的。这是我之所以敢去写一个当下的连队和其中年轻军人们的主要原因。在这个共同的基础上，我再去体现年轻官兵的时代特点，他们呈现出同以往不同的样貌，这里面用到了我这两年下部队时和战士们聊天时的一些素材和想法。现在的战士整体素质确实比当年要提高了一大截，很多原来军官的岗位改成了士官，但他们干得也非常出色，这些变化很真实也很新鲜，在写这个小说的时候，我也努力想让其中的人物更贴近当下的生活，可能只有这样，才能表现出时代所赋予的新特质。

王觅：这部小说中自始至终还贯穿着大量生动鲜活的细节描写。不论是对环境条件、自然风景、具体物品等的描写，对人物外貌、语言、动作、感觉、心理等的描写，还是诸多使作品和人物更加立体丰满的插叙、回忆等，都给人以亲临其境、感同身受的强烈代入感。您认为细节在文学作品中具有怎样的作用？您在创作中刻画好细节的秘诀是什么？

王凯：我刚来北京时在解放军文艺出版社学习过一段时间，有一次我们刊物的主编带我去中国美术馆看展。主编是一位画家，他在一幅黄宾虹的焦墨作品前看了好一阵，然后指着画上的细条说，你看人家的用笔，多好！这我哪儿看得懂啊，不过快 20 年过去了，这个场景却一直记着。后来写小说慢慢多了，才开始对小说写作有了一点体会。现在看来，小说的细节大概就是当年主编说的“用笔”或者笔触吧，故事常常可以虚构，但细节却往往是真实的，可能这样才能构成小说的“真实性”。就跟我们平时买东西也会看它细节做得怎么样，从这个意义上说，细节也影响着小说的品质。

王觅：生活是创作的源泉，您的一部部军旅题材作品肯定与您多年的军旅生涯密不可分。其间，有什么给您留下格外难忘印象的故事或经历可以分享一下？

王凯：我 1992 年上军校，今年正好服役满 30 年。30 年里，我在基层担任过技术员、排长、指导员和代理教导员，也在团级、师级和空军政治机关工作过，说起来从军经历还算丰富。30 年里，从戈壁到城市、从基层到机关，肯定有很多难忘的经历和故事，尤其是人，你到一个地方、换一个岗位就会认识很多不同的人。不过我一直觉得对我写作帮助最大，或者说写进我小说中最多的，还是我在戈壁滩的 4 年连队指导员经历，这段经历也构成了我整个军旅题材小说写作的基础。我记得我上任指导员的第一天给大家讲话，本来想说“我这个人水平不高”，结果一紧张说成了“我这个人水平很高”，当时恨不得一头撞死，可是我发现面前队列里的战士们并没有笑话我。后来，我 4 年连队主官任期满了提升到机关当干事，当时连里的兵把所有的车开出来，在院子里弄了一个长长的车队送我，路上正好碰到我们基地副政委，他问我们在干啥，连里的兵说：“欢送我们指导员。”副政委估计本来是打算批评的，听这话又笑一笑让我们走了。这些事情过去 20 多年了，现在想起来还觉得很感动。还有当时连里一个山东兵患急性阑尾炎到县医院手术，医生让家属签字，我就替他签了字。包括战士自己或者家里有什么事也都跑来给我讲，很多时候我也解决不了，但你只要认真听，他们心里也会舒服一点。这些时候，你会觉得你跟他们是一体的，你会真正理解军队中这种特殊的袍泽之情，我自己感觉这也是我小说里常常会有的一种情感底色。

王觅：进入新时代，广大军旅作家聚焦改革强军的伟大实践，围绕练兵备战的中心任务，为兵书写、为兵服务，取得了丰硕的创作成果。仅以本届鲁迅文学奖为例，获奖者中就有包括您在内的好几位军旅作家。您认为，当下军旅题材创作比较大的难点或挑战是什么？当下军旅作家应如何讲好中国梦强军梦的精彩故事，塑造好“四有”新时代革命军人的崭新形象？

王凯：我一直认为，在这个世界上，没有哪个行业，能像军队这样与国家兴亡和民族命运息息相关；没有哪种职业，能像军人这样把集体使命与个体生命完全对接；也没有哪种人类行为，能像战争这样剧烈而深刻地改变整个世界和人类自身。从这个角度上讲，军旅文学无疑有着最为宏阔又最为精微的创作天地。对我来说，当前军旅题材创作的难度很大程度上体现在作家能否把握时代的脉搏，能否深入生活的肌理，能否真诚自然地表达普通军人的真实生活与内心世界。这里面牵扯到作家如何汲取生活和如何处理生活的问题。其实这也是军旅题材和其他任何题材写作的共同问题，毕竟军旅生活的特殊性是建立在人类生活和社会生活的一般性之上的。军人首先是人，军旅文学首先是文学，好的军旅文学，同样需要具备深邃的思想、深透的识见、深沉的情感和深刻的笔触。军队作家只有始终坚持严肃认真的态度、精益求精的标准、敢于创新的勇气，力求达到“致广大而尽精微”的境界，才有可能拿出与新时代相呼应的优秀作品，才有可能塑造出真实可感的当代军人形象。

王觅：您近期有什么最新的创作计划或出版动态？

王凯：这两年，我一直把改革强军大潮中普通基层官兵的生活与情感作为书写对象，因为我觉得这是当下军旅生活中最有温度、最有质感也最吸引我的那一部分。北京十月文艺出版社不久前出版了我的长篇小说《上尉的四季》，写的也是青年官兵在改革强军的路上重整行装再出发的故事。这个长篇的写作，是我离开连队20年后又一次重返连队的文学之旅，也让我再次认识到，只要肯于沉下身子去潜心开凿，军营生活永远是一片文学的富矿。接下来，我还会继续努力书写军营和生活在其中的军人，这不仅是军事文学的使命，同样是军队作家的职责。

艾伟：文学是有着生命感觉的文本

罗昕：“母亲”是我在这个小说里最喜欢的一个人物。后来我知道，母亲正是这个小说的出发点，也是你写这个小说的原因。回想你听L女士讲她母亲时的情景，当时是什么点戳中了你，让你想以她母亲为原型写一篇小说？

艾伟：是L最后的泪水。她一直是个十分喜庆的人，喜欢给大家带来欢乐。当她讲段子时，你不会觉得她在讲真实的事，是经过夸张和加工的。但那天她哭了，当时我觉得一个人有这样一位奇葩的母亲无论如何是件让人难过的事。L的母亲还让我想起老鬼先生所著的《我的母亲杨沫》，老鬼先生是个非常有勇气的人，对母亲杨沫的种种作为更是直言不讳，他和杨沫的母子关系可以用惨烈来形容。我当时觉得像L的母亲这样的人并非个例。

罗昕：小说出来后，L女士有什么样的反馈？

艾伟：她是怀着读自己的故事的心情开读的。一开始有点失望，因为竟然写的一个越剧男小生，而她是花旦，因此有点排斥了，可读到后面，她说好几次忍不住泪流满面。可能演员比较容易流泪吧——我在《过往》里写过这意思。不过，从读者反馈来看，不是演员的读者也表示有共鸣和泪点。L 还为这本书录制了一个小视频，直言小时候确实对母亲怀有恨意，随着年龄增长，现在也谅解了母亲，觉得母亲应该也受过蛮多委屈的。我看到她在朋友圈里写，读这本书“触动到自己内心最缺失的那份情感……”

罗昕：我想《过往》是很能唤起读者共鸣的，因为血缘与亲情的羁绊是每个人都“逃不掉”的。小说不仅写到了三个孩子与父母之间的羁绊，还有兄弟姐妹之间的隔阂。这似乎也是亲情的常见问题：子女与父母之间、兄弟姐妹之间，在内心深处往往是彼此隔膜的状态。或者，粗暴一点说，我们似乎不太会处理亲密关系。你认为亲人之间为什么会有这样的状态？人与人之间是否难以存在真正的感同身受？

艾伟：我喜欢中国人缘于血缘的这种曲折的表达方式。粗暴里藏深着爱。我认为这种方式有其特别动人之处。

你说的亲人之间相互不能感同身受的问题，我觉得这是小说人物的情感立场问题，人总是会从自己的立场考虑问题。在这部小说里，兄弟之情本身还是相当能够让读者感同身受的，就如你所说的这种亲情很容易让人共鸣，因为亲情的羁绊于我们几乎是“逃不掉”的。

罗昕：这篇小说前后写了多久呢？取名《过往》，有何深意？

艾伟：L 的故事大约是十年前讲的。我听后不久就开始写了，我记得那时的题目叫《沉入河中的自行车》，所以关于本书的结尾其实一直没变过。当时写了有五万字，无法写下去了，根本原因是对这样一位母亲缺乏真正的理解和洞悉吧。一放就放了十年。这本书写于疫情封闭期间，我几乎是怀着回忆的心情写下了它，所以我决定改名叫《过往》。这一次写得还算顺利，前后共花了三个多月吧。

罗昕：原来那辆自行车还差点被写进了题目。在阅读中我就喜欢这个结尾，它再次写到了母亲买给秋生的自行车——自行车从河道淤泥里被打捞出来，也像是从“过往”中被打捞出来。如果说它曾像“秋生一家的生活”一般沉入黑暗，此刻它在阳光下闪闪发光，仿佛是一个隐喻。我会感到，在那一刻，小说中人与“过往”和解了。

联系这个结尾，我感觉《过往》对“光”，也可以说对“暗”的处理是有心的。小说形容母亲多年来就像一束光，射向远方，从不回首，从前的生活都沉入重重黑暗之中。还有一段写秋生喜欢娱乐城的霓虹灯彻夜亮着，因为他劳改时在监狱里做灯泡，灯泡亮了就会给人一种特别的希望感。不知在“光与暗”这块，是否也潜藏着你的某些用心？

艾伟：你说得很好，对《过往》做了很好的概括和阐释，这个阐释说到我心里去了。关于“和解”，我是这样想的，对普通人来说，生命的意义又是什么呢？我们活过，爱过，恨过，痛苦过，快乐过，当我们回过头来，只有那些具体的生命感觉才是珍贵的，有意义的，属于我们的，我们已经难分其中的好和坏。斯人已逝，烟消云散，其实不是与对方和解，是同自己和解，同自己的记忆和解。所谓的生命感觉，某种意义上就是我们的记忆。

罗昕：《过往》成功塑造了一个在现实生活里“拎不清”、只有在戏里才懂得人情世故的母亲。这个母亲和我们文学谱系里常见的充满爱与奉献精神的母亲很不一样，她为了自己的演艺事业背弃家庭，仿佛缺少“母性”。

但通过各种“蛛丝马迹”，我感觉“母性”在这样一个女人的身体里同样扎了根。小说花了不少笔墨写母亲的目光，她的眼睛里一直有光，“好像有无限的前程等着她，好像她的人生会无比精彩”。但是，母亲的目光不仅仅是为前程存在的：身处咖啡馆，她一看到陌生人手里拿着儿子秋生的照片，顿生警觉；学生庄凌凌来家里，她一眼就看出庄凌凌和儿子夏生的关系，还为夏生看庄凌凌的目光感到嫉妒。这几笔写得很精妙，寥寥数语，写出了一种直觉，一种本能，一种“母性”才有的力量。你是如何跳出传统定见来理解女性的“母性”以及“妻性”的？

艾伟：对于小说中的戚老师，这位母亲，我觉得她身上有两个方向非常厉害，一个当然是演戏，她是真正地领悟了戏剧的精髓。另一个是男女关系，她这辈子相当一部分精力用在这个地方，当然肯定不及演戏事业。这两方面她的直觉绝对强大。其他方面这位母亲确实比较弱智。

我在后记中说，没有普遍意义上的母亲，我想写一位不一样的母亲。在所有的励志故事中，有出息的人物都有一位伟大而完美的母亲，结果母亲都成了心灵鸡汤。那么现在我来写一个，可以用生命去换孩子命的母亲，同时也极为“自私”的母亲。小说里的这位母亲在某些方面的自私几乎是不可救药的。在她身上，自私和无私，可以说是难分难解的，你很难清晰界定它。不过虽然这位母亲有时候自私到令人发指，但我觉得她依旧是蛮可爱的。

罗昕：我也觉得她“可恨可叹又可爱”。在弥留之际，她哼出成名作《奔月》的曲调，也喊出了父亲与三个孩子的名字，还有不断重复的“原谅妈妈”。《奔月》里有“空悔恨”这样的唱段，李商隐写奔月的诗里也有“嫦娥应悔偷灵药，碧海青天夜夜心”的句子。我会想：她最后是后悔了吗？若时光能倒流，她是否依然会作出同样的选择？她的“悔恨”是真的认为自己的选择是错误的，还是只是对于世事不能两全感到遗憾？

艾伟：我认为这个世界的奇妙之处是我们每一个人都不一样，个性、经验、观念、德性、知识等，总之没有一个完全一样的人。这是人类生活的伟大之处。要是人人都一样，那会多无趣。所以我是相信个人禀赋的人，这个世界有所谓的好人与坏人，我们总喜欢用所谓的经历去解释他何以成为一个好人或坏人。我觉得真正起作用的是个人禀赋。当然这也不是绝对的，经历对人也会起到一定的作用。

我想说的是，以母亲这样的个人禀赋，恐怕再活两次，她还会活成现在这样。每个人都会有悔恨和遗憾，这也是人之常情。世事不能两全，所以我们才需要选择。在《过往》这本书中我也想展现被压抑的情感瞬间爆发的时刻，我认为这是我们人类生活中最动人的时刻。

罗昕：我还想到，以传统标准衡量，这位母亲固然是不合格的，但不可否认，她拥有着很多女性一生都没有的“自我”——知道自己想要什么，就去做，去实现。她在新戏首演那天“抢角儿”的片段写得尤其好看，我们能看到她为演戏的“不管不顾”，还有她的聪明、果敢与自信。你是否认为，长期以来，“母亲们”在母性之外的部分，那些更复杂更丰富的人性其实并没有得到我们足够的关注，甚至是被有意识地压抑了？

艾伟：这个问题非常有意思。男人也好，女人也好，都很复杂。我们惯常的想象认为母亲们一定是慈祥的，富有牺牲精神的，含辛茹苦的，隐忍善好的。当然，在普遍意义上，我愿意把这些词汇献给伟大的女性和“母亲们”。我说过，在这个社会里，由于男女之间的权利关系的不平衡，女性付出要比男性多得多，歌颂女性一定是对的。

但回到具体的个人，女性或者母亲也有幽微的个人世界。在《敦煌》里，我写了小项的精神和欲求，她欢乐和晕眩的时刻，她的愧疚和不安，她的恐惧和愤怒，最后实现了自我成长。当有读者说《敦煌》是一部女性自我觉醒史，我写作时并没想那么多，但我承认这位读者不无道理。

从这个意义上说，《过往》通过母亲延续了这个主题，关于女性的独立和解放。谁规定母亲一定得放弃“自我”？

罗昕：《过往》是一部直接写戏剧和演员的小说，很多人会联想起你写的《敦煌》与《最后一天和另外的某一天》——文中也有戏剧元素。但在三篇小说里，戏剧对小说文本的作用与意义并不相同。那么，都写到戏剧，还写出了不同，是一种有意识的文本实验/探索，还是无意识的巧合？

艾伟：如你所说，这三个小说的题旨完全不一样：《敦煌》中的戏剧是一个现实的镜像，和小项的故事相互映照，产生某种互文关系；《过往》本来就是一个关于戏剧的故事，写表演在小说里完全是一个物质基础；《最后一天和另外的某一天》写了不可理解之理解，在这篇小说里艺术（戏剧）和生活显然是有差异的，虽然它有深度，但我们也看到了它的局限，我试图通过这一手段探测人心的深不可测。作品中的戏剧元素，对我而言不是刻意为之，是写完了，放在一起才发现的。

罗昕：借人物之口，《过往》有几处地方表达了"戏剧与现实的关系"，比如"人生哪里如戏，现实丑陋无比，戏里的情感多么美好""现实的戏码比戏里面精彩百倍"，仿佛是在以戏剧映衬也照亮现实……作为一个写小说的人，你认为艺术与现实之间是怎样的关系？二者的边界在哪里？

艾伟：小说虽然表面上看起来是模拟人类生活的，但它不是现实生活本身，因为现实生活是杂乱无章的，没有逻辑的，而在小说里，必须有逻辑，小说人物作出某个艰难选择，他必须承担后果。这是现实和小说的根本的区别。

在某种意义上，现实生活只是小说的材料。所以小说里的人物虽然这么讲，"现实的戏码比戏里面精彩百倍"，文学圈里也有一种说法，认为现实所发生的一切已远超越小说家的想象，这些话我都不同意。因为现实发生的匪夷所思的事情不一定是有意义的，也不因此构成对小说家想象力的挑战。无序和脱轨不算想象力。在小说世界里，想象力是有逻辑的，是在逻辑的基础上想象人心的幽微和可能性。小说家是修辞意义上的创世者。我们的材料就是人间生活以及经验，但仅有经验是不够的，就像上苍对着泥土吹了一口气创造了人类，作家也需要一口气，我们用这口气激活我们创造的世界。这口气相当重要。这口气就是我们对这个世界的全部认知和体验。

索南才让：
写小说的牧民

行超：首先祝贺索南获得了第八届鲁迅文学奖。其实在这次获奖之前，你的中篇小说《荒原上》已经在文学界产生了不小的影响。对你个人来说，这部作品应该也算重要的里程碑吧？

索南才让：谢谢行超。《荒原上》发表以后，的确得到了很多读者的欣赏，也获得了华语青年作家奖、“《钟山》之星”文学奖等好几个奖项，这说明了评论家和作家们对我的肯定。这部作品正如你所说，是我的一部突破之作，是我写作十多年的一次阶段性成果。这部作品之后，我的写作不能说迈上了一个多么高的层次，但的确是发生了明显的转变。

行超：据说小说《荒原上》曾经历了漫长的打磨。可否分享一下这部作品是如何动念，又是怎样一步步创作完成的？

索南才让：这部小说起源于我一次真实的经历，很多年前的一个冬天，我跟随我们村里的几个大人去山里的牧场灭鼠。两个多月封闭的日子就是我的一次“荒原上”的经历。当我开始写作的时候，这经历很自然地就出现了，并且带着那种急于表达的渴望。我想，这就是那种非写不可的故事。我是在刚开始写作不久便写完了这部小说，之后便是漫长的重写和修改的过程。其间有两三年时间，这部小说一度消失在我的脑海中，我都忘了有这样一部作品。等我再一次想起来，放在案头再次进行重写的时候，已经到了 2018 年。我觉得这部作品的完成是对我写作最好的一次磨炼，尤其是耐心得到了极好的锤炼。我觉得能够耐着性子将作品修改十遍以上的作家，他至少是一个合格的作家。

行超：我至今仍记得你曾讲到自己作为一个牧民的日常生活，听起来那么自由、开阔，但其中更伴随着巨大的辛劳、危险和孤独。你是在什么情况下开始写作的？

索南才让：我从学校出来开始放牧以后，极其枯燥而无聊的重复的日子将我折磨得够呛，这种时候是书籍的出现拯救了我。我是从看武侠小说热爱上阅读的，有那么几年时间，我沉迷于武侠的世界不可自拔，放飞自己的想象，构建自己的武侠世界。这种无拘无束的幻想营造了特别好的想象的土壤与空间，所以当我开始接触严肃文学作品，开始了解到这个世界上还有那么多伟大的作品的时候，当我阅读这些作品的时候，给我带来的冲击是无与伦比的。而奇怪的就在于，我居然在对这些伟大作品膜拜式阅读中产生了写作的冲动，有一种初生牛犊不怕虎的冲动。我以一种无知者无畏的姿态，开始了文学创作。

行超：在你的小说中，我始终能感受到热烈、蓬勃的生命力，同时又有一种冷峻和悲壮。我觉得这大概是你特殊的生活经历所带来的独特质感。对你来说，游牧生活和文学生活是怎样的关系？

索南才让：从创作的根基方面来说，游牧生活是非常适合我的文学创作的，当写作与环境处于一种相融相亲的状态，作者也会自然地融入进去，我觉得这就是写作最好的状态。但这不是说生活与创作两者有多么契合，不存在相冲的地方，不是这样。其实任何一种生活和另外一种生活都是合作的关系，所以需要有一个平衡的点。游牧生活也不例外，比如最实际的情况是，我会连着好多天都没有时间去写作，然后又有很多天因为去玩儿了，玩野了，心态有些变化，一时收不回来。这样的状况出现，又要几天时间调整，再去适应写作的安静。尤其是我们这边因为风俗环境的原因，喝酒可能更多一些，很多时候不得不去参与，而我的身体其实并不适合经常喝酒，我喝一次酒就得缓三天。时间就这样被浪费过去了，等你突然发现你已经很久没有好好地坐下来写作的时候，你就会觉得生活的干扰是那么强大，而你却又不得不对此做出妥协。

行超：你的小说塑造了大量城市化进程中的当代牧民，除《荒原上》之外，《德州商店》、《热水商店》、《塔兰的商店》、《追击》、《秦格巴特的阳光》等作品中也都有体现。你笔下的牧民与传统牧民不同，他们虽然延续着游牧民族的性格、价值以及生活习惯，但同时遭遇着现代化与都市化的现实，因此他们身上有着时代转型的印记。你怎么看待你笔下的牧民与他们的命运？

索南才让：这里有两种划分，最直接的是“80后”“90后”代表的青年一代和“50后”“60后”代表的老一代形成一个分水岭。老一代的生活习惯、价值观念、传统性格在现代化的转型中，实事求是地说，其实并没有太大的变化，所谓的那些改变也只是表面上的，有一种尝试性好奇性在里面，他们不会将其转化成为一种生活常态。他们更多的是在固守着一些东西，一种很顽固的，在我看来也是好的值得保留的那些东西。但是年轻的一代却又不一样，尤其是网络的普及，我觉得在大的意义上，现代的青年牧民和内地的青年没有太大的不同，都是属于网络一代，是离不开网络的一代人。任何不符合他们观念的都会被决绝地大胆地抛弃，他们不会为此有任何负担，这就是一个很明显的变化。但是老一辈们，他们年轻时也会有一些不同的看法，对流传下来的习俗、传统也会有意见，但他们极少有人去反抗、去争取、去否定。事实上，他们的心理深处，还是对他们自己所坚持的这个东西缺乏信心，所以他们才会在一些无效的抗争之后，还是忠诚于传统的教导教诲。而新一代的牧人们不会这样，他们对任何自己有看法的事情会有强烈的信心，这种信心导致他们坚持一件事情、坚持一个改变的时候会义无反顾地去做，他们的出发点、价值观，他们对自己的过去和未来绝不会去想更多的对错以及这之后的所谓的那些后果。或者说果决也罢，或者说草率也罢，他们对待自己的命运，不会像老一代人那样，早早地去形成一种固定的框架，而后心安理得地在里面生活。对于青年来说，未来充满未知和机遇，面对一个完全展开来、有无限活法的时代，没有什么是不可能的。

行超：《哈桑的岛屿》在你的创作中是比较特殊的。小说写的是蒙古族少年丹增和他的小羊羔朋友哈桑的故事。作为一部儿童文学作品，《哈桑的岛屿》更具有轻盈的想象力，整体基调也更明媚。你在书的扉页上写道，“送给我的女儿才其格和萨日娜”。为孩子们写作时，有什么不一样的心境吗？

索南才让：这个作品的书写其实是我的一种不服气的挑战，之前，我也写过一个儿童小说，叫《小牧马人》。我的女儿读了提出三点批评：第一，故事没有吸引力；第二，文字不够幽默风趣；第三，读起来不够顺畅。我就跟她打赌说，再写一部让她看看，然后就有了这部《哈桑的岛屿》。写这个小说我是花了一些心思，在内容、语言、想象力、结构等各方面都有考虑孩子的阅读喜好，我想这不是一个不好的妥协，孩子的阅读是最直接、最真实、最原始的一种阅读体验，不会有更复杂的感受。我完成以后，打印出来给女儿看，她居然花了一整天时间从头到尾读完了，然后说这个作品孩子是可以读进去的，好像她可以代表所有的孩子，但我相信她。

行超：许多批评家看重你小说的“异质性”，认为你的经历、作品与大多数作家有很大差异，也为当代文学提供了某种启示。你怎么看这个问题？

索南才让：站在我的角度，拥有岛屿生活经历的作家、拥有农耕生活的作家的作品对我而言也是异质性。我的生活环境和地域性造成了这种所谓的异质性，并不是我个人去特别追求的。但是我想，这其实更应该说是一种风格化，因为在我大部分的阅读经历中，国外的作品是占绝对数量的，然后我又生活在少数民族地区，平常虽然也说汉语，但周围的人更多地说的是各种少数民族语言，它们对我的创作，对我文学基础的构造，对我提供的书写的东西都形成了很大的风格要素，这可能就是我跟大部分作家有些不一样的地方。

行超：获得鲁迅文学奖之后，你的生活有什么变化吗？下一步有什么写作计划？

索南才让：获奖后事情太多了，让我十分不适应。以我的这种性格，我觉得对这种生活也不会有适应的时候。我最希望的就是能够安安静静、踏踏实实地写作，老老实实、认认真真地生活。目前我是在写一部长篇小说，是写作计划中的一部分，什么时候完成，遥遥无期。

葛亮：
“行走者”的时空对话

康春华： 葛亮老师您好！首先祝贺您的《飞发》获得第八届鲁迅文学奖中篇小说奖。从2005年的《谜鸦》到后来的《七声》、《戏年》、《浣熊》，再到长篇小说《朱雀》、《北鸢》，以及2021年推出的小说集《瓦猫》和今年的长篇小说《燕食记》，您兼顾中短篇和长篇，作品聚焦市民生活、民间匠人、日常风物等不同领域，又有各自的延展与深化，可以看出您已有自觉与清晰的创作意识和风格。您能否用一些关键词概括自己写作生涯的不同阶段？

葛亮： 您好，谢谢您的问题。我想每个作者在创作过程中，都会有自我写作观念的演进与更新。二十余年前，我刚开始写作，当时的状态如果用某些词汇来形容。或许是“当下”与“锐度”。那时期的作品，集中在《谜鸦》等小说集里，写作形态上呈现更多的实验性，写作技法上处于挖掘和探索的阶段。注目于当下现实与自我经验，因年轻，笔触也是较为锐利的。到了《七声》的时期，开始体会到一己体验与时代间的衔接，可以称之为“民间”与“回响”吧。形式是自叙传式的，通过对身边人物的勾勒，表达对世界的认识。写法上会得益于早年阅读中国笔记体小说的积累。这时一种朴素的历史观得以建立，“一均之中，间有七声”。历史的构成，来自衮衮民间。而这一理念也在其后的长篇小说创作中，得以延展与丰满，更为重视“历史”与“对话”。从《朱雀》、《北鸢》到《燕食记》，首先当然是时间层面的对话，过去和当下之间，也反映在空间维度，在这些小说中，大多有一个行走者的形象，他自身生命的迭转，会反映在对空间的穿透，进而也构成与后者的互涉和对话。晚近在《燕食记》中做了一些新的尝试，以虚构与非虚构并置的方式，交错完成对小说文本中历史叙事的建构。

康春华：小说集《瓦猫》在特定的时空维度中，将精英文化与匠人精神以独特的方式结合。从您的作品看，您关注的群体由知识分子或者说智性的知识群体进一步拓展转向了民间具体而微的、具有恒常性的匠人群体，《瓦猫》则具有某种交汇性。您能否谈谈小说集《瓦猫》对您的意义？

葛亮：我想延续此前的话题，从对话讲起。写《瓦猫》这本书，构思初期已有清晰的规划，即希望为“匠人”群体立传，所以同时期中篇小说被称为“匠传”系列。这和我今年研究有一部分涉及“非遗”相关，我对这个群体产生了浓厚的兴趣。他们身上有很具根性的东西存在。所谓“匠人精神”，不唯专注技艺，也包括价值观，甚至历史观。匠人的技艺是传统的载体，必然也就包括地域、文化民俗等诸方面。因此，这本书不仅涉及“匠种”的选择，还有空间维度。我将三个故事分别对应于“江南”、“岭南”和“西南”，立意表达中国南方地区的文化多元性，多元性本身已构成了对话的前提。首先我试图将这种对话性表达于文本内部。就前两者来说，《书匠》中古籍修复的中、西两种渊源，《飞发》中粤广与上海理发行业的两支流脉，这些背后必然有丰富的时代肌理作为基石。在构思的过程中，我重新思索匠人精神可在历史语境中诠释的意义与角度。幸运的是，进行田野考察时，发现了龙泉古镇，进而也发现了一段独特历史的流转。《瓦猫》中的制陶艺人，跨越了漫天烽火，连结了古镇与卡瓦格博的神山。在这空间相连处，是有关西南联大的一段真淳过往。作为中国文化史的重要节点，联大的成立代表着近代思想聚落的一次大型迁徙。其以“人”与“物”的流转作为标志。龙泉古镇作为世代瓦猫匠人的聚居之所成就这次流转的终点，进而拓进为巨大的精神容器。在衮然的时代中，胸怀着民族复兴理想的人们，终令知识分子文化传统与匠人精神，合为一辙，交相辉映。

康春华：您在创作中所观照的群体是否主性观地发生过变化？为什么会有这样的转变？

葛亮：写作这些年来，我尚未给自己写作的人物群体以具体性的规约。早期作品里知识分子形象比较集中，可能因为是从熟悉的人事写起，比较易把握。我在内地发表的第一篇小说，是《无岸之河》，写一个年轻的大学教师的浮生六记。此后长时间未再涉猎学院题材，直到近期发表的一个中篇《浮图》，算是遥相呼应。另一方面，城市会为成长于斯的人带来与生俱来的审美经验，这是必然的，同时我的创作不抗拒乡土。相反，我觉得乡土空间里有许多迷人之处和沉淀，是城市所不具备的。从文化地理的角度，香港地区近乎乡土的空间主要是在新界和离岛，保留了独特的人文传统，包括一些古老节庆。以礼俗社会的基本形态，从审美体验和价值观的角度，这些区域和城市普遍的法理社会准则会有所区别。我近年写了《杀鱼》、《离岛》等作品，体现了对这方面的反思。去年创作的《侧拱时期的莲花》，则是切入新界元朗的农业发展历程，算是对香港近现代社会发展历史的另一维度的梳理。因此，我写作中所观照的群体，还是取决于相应题材。同时，我对在文学中进行历史表达的兴趣是一贯的。包括书写匠人，仍期图以“史”为眼。在我看来，“匠人”群体本身就是一枚历史切片。他们的审美取向，乃至于对民生所向的敏感，无不精准地嵌合于时代之中。对匠人的关注，大概从十多年前的《泥人尹》、《于叔叔传》等作品开始，一直延续至晚近的《瓦猫》，希望就这层面有更为深入的思考。

康春华： 您的新作《燕食记》是一部将“饮食”融入人物性格、小说情节，甚至整体结构的作品，比如“鹤舞白川”、“熔金煮玉”，再如莲蓉月饼、太史宴蛇羹、水晶生煎、黄鱼烧卖等。与其说主角是荣贻生、五举山伯这对师徒，不如说是不同时代、不同生活场景里的一道道肴馔，以及其背后所蕴藏的匠心与人心。小说关于菜肴的部分十分考究，看得出您下了很大功夫。您为创作这部作品做了哪些准备？

葛亮： 其实想写一本关于饮食的小说，可说是经年的积聚。早在《朱雀》时，主人公许廷迈因一碗鸭血粉丝汤联结了与原乡的根脉。后又历经《北鸢》、《问米》，食物逐渐成为我小说叙述逻辑的重要元素。食物是日常，但其背后埋藏着莽莽的历史与幽微的人性，甚而是民族的文化密码。而这密码是在不断地薪传与变革中，也在自我更新与递变，内有“活气”。

写长篇小说之前我会做大量的资料准备、田野考察以及案头工作。在写这部小说的过程中我也参考了大量关于饮食的典籍，比如《随园食单》、《山家清供》、《食宪鸿秘》等，凡是有关于食物的部分都会注意到，其背后不仅仅是食物，而是时代的投射。另一方面，也在做大量田野考察与访谈，这是关于人的部分，也是小说中的“活气”所在。我认为小说创作最终还是要回归于人。所以特别重视与小说人物原型接触交流的过程，因为我们绝不可能依赖自己天马行空的想象去触碰到人物生命的肌理。与人物原型的交流从《朱雀》就开始了，当时做了大量的访谈，在写《北鸢》的时候也对自己家族的长辈展开访谈与调查，这些工作都是一以贯之的，如果没有这些工作，我认为写作是没有底气的。写《燕食记》这本书的过程很愉悦，你深入了一个行业和领域，也是延展知识结构的途径，进而是拓展世界观的过程，对一个写作者而言，是相当有益的。

康春华：《燕食记》由身为大学教授的“我”的视角展开，但在叙述过程中，也不断提及“我”在聆听荣师傅、五举山伯的故事时查阅了许多史实资料。这一条线索以非虚构的视角增强了故事的真实性与当下感。从叙事人称、小说线索与框架而言，您有着怎样的创作主张？

葛亮：《燕食记》中，给予这个小说非虚构与虚构并置的结构，非虚构的层面，“我”是一个当代的研究者，投入了对历史的追索。资料、访谈、田野考察，在这非虚构的链条上，部分复刻我本人在写小说时所做的准备。因此，这部作品就某种程度上来说，带有“后设”的性质。而连接了虚构和非虚构两种不同的叙事线索，是五举这个角色。在阅读的时候，读者可以感受到，五举这个角色在历史现场和在当下的语境里，人物命名是有所差异的。在历史现场他叫“五举”，而在当下现实里，他叫“五举山伯”。之所以叫“五举山伯”，因为想表达他是一个有来处的人。“山伯”二字就像是五举身上的一个烙印，他是带着过去的时代经验来到当下的。如果“我”是现代人的代言者，那么“山伯”则是“我”进入历史的牵引者。“我”对历史的观照，天然带有着“山伯”之镜的折射，跨越时间之墟，实现了新旧之像的并置。“我”这个角色作为今人，在一个从过去走来的人身上，看到了当下人的价值观与过往的历史呈现存在砥砺之处，而这种差异就成了“我”省思的原点。其后读者会看到五举和师辈之间慢慢走向和解，在这个过程中五举和“我”的历史逐步嵌合。所以在故事结尾，“我”是默然的，就此完成了与历史之间的对话。因为在这样一个当下，历史即现场，当下即历史。

综述：将艺术触角伸到时代生活的方方面面

□饶　翔

共有 283 部中篇小说参评第八届鲁迅文学奖，这在一定程度上反映了近年中篇小说创作的繁荣。最终从中脱颖而出的 5 部作品凝聚了评委们的高度共识，我们相信，过去 4 年里它们在不同的方面代表了中篇小说创作的高度佳作。

王松的《红骆驼》致敬祖国核工业事业中的无名英雄，书写“奋斗青春，无悔抉择”的人生主题。而这“无悔”的内涵又是由母亲晚年的遗憾与后悔来烘托反衬的，母亲在垂暮之年一次满怀执念的旅行，揭开了那些并不如烟的往事的面纱，也揭开了人物情感世界的秘密。由感情这个切入口，小说打开不同人物的内心，给宏大的历史叙事注入了温润的人文情怀。因与父亲相爱而共同奔赴矿区、投身核工业事业的母亲，中途因无法克服对年幼女儿的负疚而决意离开父亲返回城市，在生命尽头却又带着某种无法解开的心结重返矿区。陪同母亲前往的女儿在将生命奉献给崇高事业的父亲墓前，接过了父亲遗留给她的“红骆驼”石头，那象征着一种红色信仰与坚毅品格的传承。小说采用母女二人不断交替的叙事视角，随着旅途中空间的不断变化，线性的时间也随之被切割，拽出叙事的多重线头，在起承转合间，作者对叙事节奏有着精准老到的控制。

王凯的《荒野步枪手》是当代军旅生活中的一处风景，是金戈铁马间的一阕边词，以结实饱满、铿锵明快的语言，书写新时代的强军故事，称颂可亲可敬的基层官兵。位于西北戈壁大漠的演习场，除了狂乱的风和风声中凌乱的思绪，包括肢体、感官和矿泉水在内的一切似乎都被冻结了。然而，就是在这样一个寒夜，携带着各自人生经历和生命体悟的两代军人—— 一个是“奔五”的部队创作员，与身体机能同步衰减的还有他被庸常生活渐渐磨损的激情；一个则是正值青春年华，在部队里享受过荣光也遭遇过挫折，却仍坚持原则与个性的“沉默的中士”，他们在寒冬旷野中碰撞出温暖的情感共鸣。不论对于小说中的部队创作员，还是对于小说家本人，抑或是对于普通读者而言，荒野上这个难忘的寒夜所激荡起的，都是澎湃的青春热血。

艾伟的《过往》表现出作者非同寻常的洞察人性的功力，选取了他所得心应手的家庭生活题材来作为人性的试金石。一心追求个人价值实现的母亲，被名利所异化，直接导致了家庭危机——丈夫出走不归，失去双亲管教的子女或深陷情感泥潭而精神失常，或一时放任冲动而身陷囹圄，或与年长自己许多的母亲的徒弟恋爱，从某种程度上补偿母爱的匮乏。艾伟以一贯内敛从容的叙述、持重沉稳的故事节奏，巧妙地设置伏笔，再一点点将藏匿于这个家庭内部的秘密层层剥开。当身患绝症的母亲重新回到子女身边，期望在生命最后阶段获得救赎，两兄弟不得不面对不堪的生命过往，与自身的命运艰难地达成和解，小说以其独有的故事张力诠释了人性的美德和宽恕的力量。尤其难能可贵的是，小说并没有简单化地处理母亲形象，她在生活中一堆毛病，在舞台上却光彩夺目，一如使她红遍全国的那出《奔月》的形象，对艺术义无反顾地追逐的同时，难免于内心的纠结与情感的撕扯，作者对女性生命成长的丰富精神向度做出了直抵人心的探索。

索南才让的《荒原上》讲述的是6个牧民进山去灭鼠、保护牧场的故事，展现了时代的发展给牧民传统生活带来的变化，歌颂了永恒的青春与生命力。在大雪封山、荒无人烟的荒原上，他们要面对长久的孤寂、辛苦的劳作和鼠疫的威胁。渐渐地，他们的心境产生了一些变化，有人义无反顾地一夜夜踏上寻找爱情的雪路。而更多的时候，他们经受内心情感的撕扯，对抗人性之恶。荒原上的鼠害最终被消灭了，而有人却永远地留在了这片荒原上，也有人在荒原上重新认识了自己。索南才让是在基层写作的蒙古族青年作家，他的小说以当代牧民的生活为蓝本，并且保留着某种难能可贵的“异质性”：新鲜活泼、浑然天成的语言和形象、坚硬粗粝的质地以及近乎天然的力量感。他在小说中创造了一个独特的美学世界：神奇辽阔、生机盎然的西部原野，亲爱依存的各民族兄弟，在无垠的原野上演绎了慷慨动人的青春传奇。小说饱含对世界的好奇、热情与天真，叙述语调却冷峻而克制。

葛亮的《飞发》以浓烈的“港风港味”讲述新的香港传奇，从一个侧面展现了香港的时代精神风貌。小说借助了“名物志”的写作方式，从多方面考据了“理发”行业的起源和发展，以及粤语“飞发”一词的词源学，以香港“飞发”业的风起云涌、潮起潮落，微观照鉴香港这座城市的世事更迭、风云流变。小说书写人在时代里的命运：老翟师傅年轻时的明星梦和高级发廊“孔雀”的上流梦一一破碎，朝夕之间便跌入社会底层，从此以“乐群”飞发店服务街坊，混迹市井；而老庄师傅则以“温莎”理发店的怀旧氛围、古董情调和老派服务，帮助人们延续着某种来自“沪上”的优雅品位和格调。两个人和两家理发店，分别代表了粤港和上海理发行业的两支脉流。两代理发师在世间情义、人情冷暖和谋生手艺的传承转化中，保持着匠人的尊严，也照亮了各自的生命。作者以对中国器物和手艺，以及其中所灌注的中国情感、文化根性和个体生命史的持续书写，也如他笔下的匠人般，薪传了一种文脉、一种风格、一种时代精神。

在5部获奖作品之外，本届参评的中篇小说还有不少值得一提的优秀作品。本届参评的作品以现实主义创作为主导，不少作品突出反映时代社会发展，表现人民火热的生产生活实践，尤其关注乡村振兴、生态文明建设等重大主题。李约热的《八度屯》以驻村干部的视角写乡村的脱贫攻坚工作，作者将自己驻村的经验放入小说，细致书写了李作家在村里经历的“破冰之旅”，与当地群众从最初的陌生隔阂（连语言也不通）到后来的相融相亲，显现出作家深入生活、扎根人民后的转变与收获。陈集益的《金塘河》带着个人的成长印记，讲述了在联产承包责任制实行之后，南方一家人为了吃饱饭而自力更生、艰苦奋斗的故事，将个体生命与时代发展联系起来，洋溢着浓郁的乡土气息。余一鸣的《湖与元气连》通过大学生村官王三月在丹阳湖南边一个叫上元的村庄里的所见所闻，勾连起了这座村庄的现实与历史，凸显了乡村生态建设的意义和价值。潘灵的《太平有象》也是一篇生态文学力作。2020 年，云南西双版纳的 15 头亚洲象组成的“大象旅行团”向北迁移，在相关部门的悉心呵护与全力推动下，历时一年多返归故园。作者由此获得灵感，虚构出一个叫太平村的少数民族村寨，讲述村民如何保护受伤的小象，为给野生动物腾地方而搬迁，努力建设生态文明的故事，赞颂了边地人民在保护生态环境中的努力、付出、担当和牺牲。

本届鲁迅文学奖参评中篇小说的标准是版面字数在 2.5 万字以上、13 万字以下，以这样的体量和篇幅，能较为完整地呈现人物在一定时段内的典型事件，容纳较多的时代信息和社会生活内容。不少参评作品将艺术触角伸到中国现实与历史的方方面面，反映了时代生活的丰富多彩，行使着文学弘正道、扬正气，歌颂真善美、鞭挞假恶丑的神圣职责。海勒根纳的《巴桑的大海》中，失去了双腿的草原的孩子巴桑，依凭信念、爱与梦想，不仅走出了草原，还走向了大海，将更多的爱播撒到远方，展现了不屈的生命意志和宽广辽阔的人性境界，感染人心。肖克凡的《妈妈不告诉我》通过旁观者的视角，讲述了“妈妈”没有告诉儿子的那段地下革命工作的经历，在往事里打捞珍贵持久的理想之光，向无数为谋得后人幸福而奋斗的无名前辈致以由衷的敬意。陶纯的《七姑八姨》讲述四川大巴山区的4位女性在战争年代的传奇经历，这些无名英雄的牺牲和奉献令人震撼，值得铭记。作者将她们一一塑造得血肉丰满、活灵活现。林那北的《仰头一看》刻画了一个小时候在一次意外中失去了一只眼睛的普通人卑微、沉默而坚忍的形象，而随着他最终的“仰头一看”，小人物的自尊和勇气也呼之欲出。罗伟章的《寂静史》通过绵密的叙事和极具张力的语言，书写土家女祭司林安平富有传奇色彩的一生，挖掘消失不传的地方传统文化，在反思人性的同时也讽刺了地方文化保护中的某些短视行为。阿乙的《骗子来到南方》虚构了一个荒诞的故事，一个其貌不扬的商人凭借一个荒唐的噱头，外加三寸不烂之舌，轻松地将南方一个小城的财富一网打尽，小说透视了人性的贪婪，批判了社会上存在的浮躁和自私自利的风气。计文君的《筑园》以一个学霸式人物的校园求学和职场打拼经历，探讨了我们当前切实面对的一些关键性问题，如信息技术时代的真实与虚幻、资本力量与知识的关系等。

从本届鲁迅文学奖中篇小说的参评作品中，我们也能清晰地看到以“80后”为中坚的青年作家的成长，他们不断地向着广阔的时代生活深处掘进，并且发展出了自己独特鲜明、愈加成熟的风格，体现出文学新力量的想象力、敏锐度、探索勇气和问题意识。除了最终获奖的索南才让，还有孙频和马小淘两位“80后”作家的中篇小说入围了提名作品。孙频的《骑白马者》的叙事人遨游于寂静的山林间，往返于今时景象与往日记忆之间，在似真若幻、恍兮惚兮间，思考人类进步与社会进步等重大主题。马小淘的《骨肉》将一个年轻的女儿与并非亲生的“父亲”之间的另类亲情故事写得格外动人，小说语言幽默生动，写出了当代年轻人的“酷劲儿”和极为真挚的情感。此外，王威廉的《你的目光》构思精巧，以主人公14副眼镜的设计灵感和理念作为整篇小说的结构，在推进叙事的同时，也推进了主人公对世界的认识，小说显现了作者处理历史的能力和人类学社会学的开阔视野。文珍的《有时雨水落在广场》聚焦城市老年人的退休生活，以作者所特有的温婉、细腻、浪漫与诗意，写出了他们内心的孤独失落和对感情交流的渴望。刘汀的《何秀竹的生活战斗》现实气息扑面而来，通过讲述平凡女性何秀竹的个人奋斗史，展现了普通人与家庭出身、现实环境、自身弱点不懈搏斗的坚韧精神。蔡东的《来访者》通过一个心理治疗的故事，触及社会普遍存在的焦虑感的症结，表现出作者对现实的敏锐感知和思考能力。周嘉宁《浪的景观》围绕上海襄阳路服装市场的起落，从繁盛一时到曲终人散，对一个时代和一群青年的青春和梦想做了带有历史感的回望、打捞与检视。“90后”作家王占黑的《韦驮天》、《小花旦的故事》植根于作者现代都市的细腻观察，呈现出对城市社区和老年人群体的热情关切。

就小说文体而言，中篇小说不是如短篇小说那样的“生活横截面”，也并非长篇小说那样人物线头众多的广阔的社会生活呈现，中篇小说最适合近距离地观察当前时代和社会，做出及时的文学表现，提出自己的思考。通过梳理近年的中篇小说创作，也感到一些不足之处。其一，对时代面临的重要问题、社会发生的重大变化、人民群众的普遍关切等进行敏锐观照、给予有力的艺术表现并引起广泛而热烈社会反响的中篇力作还比较少。其二，虽然本届参评作品中有像东君的《卡夫卡家的访客》、李宏伟的《月球隐士》等在叙事上进行积极探索的作品，但总体而言，近年的中篇小说在叙事形式上趋于保守，艺术创新的氛围还不够浓厚，期待作家们在未来继续为之努力。

刘建东《无法完成的画像》

张者《山前该有一棵树》

钟求是《地上的天空》

董夏青青《在阿吾斯奇》

蔡东《月光下》

短篇小说奖

授奖辞

刘建东的《无法完成的画像》，幽微剔透，沉静隐忍，实现了革命英雄叙事传统的新变。张者的《山前该有一棵树》中，坚韧不拔的胡杨闪耀着天山脚下兵团儿女的精神光谱。钟求是的《地上的天空》，富于想象力地在日常生活裂隙中探测人性的高度。董夏青青的《在阿吾斯奇》中，“家”与“国”以朴素、诚挚的叙事达到了情感与价值的深刻同构。蔡东的《月光下》映照人的疏离与亲情，古老的诗意转化为现代经验的内在光亮。

有鉴于此，授予上述作品第八届鲁迅文学奖短篇小说奖。

刘建东：
有限的文字与无限的空间

许莹：您的小说《无法完成的画像》荣获第八届鲁迅文学奖短篇小说奖，您是如何想起创作这样一篇革命历史题材小说的？小说中有关画像技艺的描写很生动：如画线、打方格、毛笔笔头浸入糨糊处理、蘸炭精粉等。为什么选择以“画像”的方式打开这段历史？在您看来，绘画和写小说有哪些相通之处？

刘建东：2021 年党史学习教育时期，我阅读了大量以前的党史资料，以及我曾经生活过的邯郸的历史资料。阅读的过程，也是一个重新唤起我的记忆的过程。少年时期曾经经历的往事，会不自觉地出现在我的脑海中。我记得小学和初中时，每年清明时节，学校都会组织去烈士陵园瞻仰。晋冀鲁豫烈士陵园的建筑和事迹，成为我成长阶段一个无法抹去的记忆。重新阅读，让那段记忆复活，它们勾起了我文学的想象。另外，十三四岁时，我曾经短暂地跟一个姓徐的老师学过炭精画，这也让我对这一中国传统民间技艺有了初步的认识。这段经历在我的脑海中始终挥之不去，我一直想把这段经历转换成一个故事写出来。所以，当这两个想法在我的脑海里不断碰撞后，写作的冲动便慢慢转化成细微情感与渐渐浮现的人物，于是，便有了这篇小说《无法完成的画像》。这篇小说是对历史的敬意，更是对深埋在我记忆深处的情感的呼唤。

艺术都是相通的。绘画和小说都注重细节，而细节是决定两者成功的关键。我在绘画过程中积累下来的对细节相对敏感的把握，对小说创作也非常有帮助。细节是人物传神的灵魂，细节让历史栩栩如生，让情感波澜壮阔。还有绘画的构图，在某种程度上，它和小说中的结构也有着异曲同工的妙处。

许莹：“无法完成的画像”不仅是讲述人“我”心中一直牵肠挂肚的未解之谜，也是吸引读者继续读下去的叙事钩子。小说在叙事结构与表达视角上有怎样的考量？在细节描写方面您有哪些独特心得？

刘建东：短篇小说虽然篇幅短、字数少，但远远不是讲好一个故事那么简单，它也需要巧妙地谋篇布局，需要很高超的艺术水准。所以，从一开始我就不想写一个平淡而表面化的小说。我在意的是小说本身的艺术张力，在意的是讲述故事的方式，在意的是故事之外的延展。所以这篇小说从个人化的、不寻常的角度入手，去讲一个失败的画像过程。画像的过程虽然并不复杂，却又深藏着背后的历史与人物。通过三次画像的较为准确而详尽的细节展示，来完成人物形象的塑造和故事的一波三折。

这是一篇有关细节的小说。历史可以是波澜壮阔的宏伟画卷，也可以是和风细雨般的涓涓细流。而历史却无疑是由众多细节串联而成的，在文学的旅程中，细节展开的时候，才是历史打开的正确方式。而细节能够直抵历史深处，直抵人心深处，就像是在宣纸中落下的一滴水墨，蔓延开的是它后面的更宽广、更宏阔、更激情澎湃的背景。最好的小说是于无声处听惊雷。这篇小说就是想努力达到，在有限的文字之内、有限的故事之内，要写出的不是有限的文字，而是无限的故事和无限的空间。有限的故事足以提供无限的时空，有限的细节背后涌动着磅礴历史，而有限的人物是无数面孔的叠加。

许莹：您的小说总会让读者看完之后还想再看一遍，《无法完成的画像》就是很好的例证。您在创作时有过专门的情节设置和安排吗？这种小说从结构上来说是不是更考验作家的专业能力？

刘建东：是的，这篇小说看似情节并不复杂，故事的线索也很单一，但确实考验一个作家的功力和水平。衡量一篇小说的好坏，并不单单是小说展现出的故事和意义，还要有技术——小说的技术。这种技术是隐藏在情节和人物背后的。比如这篇小说三次绘画的设置，前两次是展示无法完成的过程，而最后一次揭示了小说的主题和人物的关系。这就使小说有了韵律和节奏，有了自然的张力。另外一条隐藏其中的技术线，是埋藏在故事中的时间线，从开始时的 1944 年，到 3 年前，再到向后推的 13 年、10 年……这些都暗示着小卿的年龄和她母亲的生活轨迹：1931 年出走；1934 年抱着小卿回来；1941 年单独离开；1944 年师傅画像；1945 年师傅离开，同年 10 月份邯郸城解放；1950 年晋冀鲁豫烈士陵园落成；1951 年“我”画像。这条暗藏其间的时间线非常重要，它参与了整个故事的进展和人物之间关系的联接。所以，小说是一门综合性的艺术，远不止有思想性与文学性。

许莹：《全家福》、《十八拍》、《女人嗅》、《一座塔》、《羞耻之乡》、《阅读与欣赏》……在您的一众作品中，您各有探索、绝不雷同，让我们看到了小说的多种可能性。此次《无法完成的画像》鲁奖颁奖辞中也谈到小说，“幽微剔透，沉静隐忍，实现了革命英雄叙事传统的新变”，请谈一谈先锋文学对您的文学与创作观念的影响。

刘建东：在我开始写作的时候，先锋文学给了我充足的营养，给了我震撼心灵的文学观念的撞击。所以，从踏上文学写作之路，我就走在一条不断地要去尝试种种写作可能的道路上。如果说，开始的写作可能更多地注重形式，注重小说所呈现出来的外观，讲究叙述的独特性，讲究故事呈现的方式，那么，到后来，我越来越感觉到，先锋只是一种理念，是一种要不断超越自己的文学理念，一种不断要否定自己的文学冒险。我觉得它应该是一个观念——写作的观念：一个不能停止自己对写作思考的观念，一个不断地否定自己、不断地不自信的一个过程。因为在我看来，过度的自信会守着一个一成不变的观念，而对自己的不自信，会催生一些改变，一些否定之否定，然后不断前行。

小说的天地永远不是故步自封的艺术自留地，永远不是终点，永远有未知的领域，未知的可能在等待着一个优秀的作家去发现并做出努力尝试。我觉得这个过程值得每一位作家去冒险。

许莹：小说《无法完成的画像》时间背景是从1944年春到1951年，也就是从抗日战争绵延到新中国成立后，小说用时间线串联起故事的不同面相。与此前我们看到的革命历史题材小说不同，全篇未着一字于战场，却尽得革命英雄精神之华章，亦如“踏花归去马蹄香”、“蛙声十里出山泉”等历史上经典的艺术典故，意境尽现。在您看来，短篇小说有无“意境”可言？

刘建东：有的。短篇小说是最讲究意境的，有如国画。我说过一句话，于无声处听惊雷。短篇小说就是要达到这种目的。短篇因为篇幅的缘故，它既不能像长篇小说那样洋洋洒洒，又不能像中篇小说那样意味深长，只能是意犹未尽，在有限的字数空间、有限的故事空间、有限的叙述空间内，尽可能展现出一个无限的空间。所以，这就需要技术，需要意境的烘托，来达到一个最佳的艺术效果。这篇小说虽然未着一字于战场的铺陈，却用时间，用一句话，用深埋在故事后面的故事，串起或者暗示了历史宏大的背景，如同国画中的一叶扁舟、一朵浮云，来表现整幅画的含义。

许莹：读毕小说，还是有许多疑问，比如究竟是谁烧掉了相册？第一幅画像为何丢失？小卿的母亲为何失踪？师傅又为何不辞而别？……对于这些尚未确切交代的空缺，读者也有很多不同的猜想，您本人有设想过或者说有自己的答案吗？

刘建东：回答是肯定的。我肯定是有答案的，如果没有确切答案，那么，小说是不成立的，而人物、故事以及背景，就都丧失了站立起来的条件。其实，这些答案都在细节当中，有的只是在一两句话中，好的叙述不是面面俱到，而是四两拨千斤。好的小说，不需要时时、处处去交代、去解释，而是在自然的叙述之中，去找到答案。也许，每个人的理解不一样，阅读的出发点不一样，所以得出的结论可能会出现某些偏差，这是允许存在的。小说就是这样，它只是展示出了作者的一种可能，而更多的可能会在不同的理解中，慢慢地丰富起来。

许莹：短篇小说《无法完成的画像》还入选了2021—2022年度《中国作家》· 芒果“文学IP价值”排行榜，您认为这部短篇小说的影视转化价值在哪里？在影视转化方面您有哪些期待？

刘建东：首先我要感谢《中国作家》· 芒果“文学IP价值”排行榜的评委们，对我这篇小说在影视转化方面的认可。任何一个作家，都不会希望让自己的创作成果束之高阁，我当然希望自己的小说能有更多的读者，能通过不同的传播渠道，尤其是影视化的传播，让原著得到更多人的认可，体现出它更大的社会价值和文学价值。我无法去评判这篇小说在影视方面的价值，我只是觉得，它提供了一个可以转化成不同艺术门类的想象空间，它也提供了一个广阔的历史背景，小说虽然篇幅短，却在有限的文字中涌动着长达数十年的时代背景，而这一独特的年代，正是英雄辈出的年代。小说提供了一个好的足以去延伸和发挥的故事框架，同时也提供了人物情感的基础。

许莹：什么样的短篇小说更能吸引您本人？

刘建东：这个问题其实很难回答。我喜欢的短篇小说有很多，可能会有不同的类型，作为一个写作者，我希望看到以更多方式来展现短篇艺术魅力的小说。所有让我感到能触及人类真实情感的、能够直抵心灵的、有着独特叙述方式和角度的短篇都会让我爱不释手。近几年来，我比较专注写短篇小说，我觉得短篇小说更能精准地把握一个人物瞬间的真实表情，一个故事闪现在历史中的复杂片段，一段人间情感的涓涓细流或者喷薄而出。

许莹：*在当代文学叙事中，特别是在革命历史题材创作中，如何更好地激活历史记忆中的生命经验？*

刘建东：这是个很宏大的命题。革命历史题材其实是一个巨大的富矿，还有许多未知的领域没有被文学发现，还有很多沉睡着的矿藏需要作家们去深入地挖掘、真诚地探寻。我觉得一个作家有一个作家的使命，一个作家有一个作家的优势，我自己的理解可能失之偏颇，但我觉得，革命历史题材的突破无非是两个：一个是内容的突破；一个是形式的突破。前者是对历史的再思考、再认识的过程，后者是探索更多写作方式的可能性。

张者：
我正在搭建自己的文学之塔

教鹤然：张者老师好，首先祝贺您获得第八届鲁迅文学奖短篇小说奖。从20世纪八九十年代的《苦泉水》、《沙漠边缘的林带》等作品开始，到入围第八届茅盾文学奖的长篇小说《老风口》，再到此次得奖的《山前该有一棵树》，书写新疆的小说始终是您文学创作的重要序列。作为兵团第二代，您年幼时就随父母在阿拉尔垦区生活，这段青少年生活经验给您的写作和人生带来了什么重要影响？

张者：我出生在河南，新疆是我的第二故乡，兵团是养育我的地方。兵团的日常生活当然是很苦的，但兵团的生活却是一个大的集体生活。有时候集体生活往往能克服日常生活的苦，给人带来希望，带来乐观的心态。

我的父母曾是新疆兵团一师一团的职工，我曾经跟随他们在一个荒凉的山谷生活过几年。那里曾经是一个水泥厂，没有淡水，要水罐车拉，没有蔬菜也要从山下运。水泥厂烧地窑的时候，浓烟弥漫开来，大家居然在烟雾中躲猫猫，犹如仙境，现在回想起来简直有点不可思议。记得在后山的苦泉水边生长着唯一的一棵沙枣树，在沙枣花开的时候，一群孩子手提录音机围着沙枣树跳迪斯科，如魔似幻。可是，无论多么艰苦，一群少年没有一个愁眉苦脸的，大家的生活还是那样天真烂漫。新疆兵团的孩子特别开朗活泼。高天，淡云，戈壁滩；昂首，望远，冰达坂。什么都不怕，再苦都没啥。这就是“疆二代”，兵团的儿子娃娃。

在寸草不生的天山南坡的山沟里，生活中最缺的是树。我们太需要树了，一棵树有时候比水更重要。水关乎我们的生命，树却关系到我们的心灵。这不仅仅是遮阴那么简单，人类是树上下来的，树才是人类真正的精神原乡。

水和树在我的潜意识中打下了永远不能磨灭的印记。

多年之后，我在重庆工作和生活了，我买房子一定要挑嘉陵江边，坐在客厅里能望得到江水才安心。小区里也要绿树成荫、鲜花盛开的。可是，在梦中我还会回到那个寸草不生的山沟。在梦中，那个山沟总是青山绿水的，当我醒来时不由得想念那个已经废弃的小学校。有小学同学居然经常开车去那个地方搞同学会，大家坐在那个废墟中兴奋地唱歌。

兵团人给一棵胡杨树赋予了很多神奇的力量。胡杨树可以断臂求生，也可以向死而生。胡杨籽就像风车一样，随风而去，见水而停，春暖发芽，随季而长。胡杨精神就是扎根边疆、建设边疆、屯垦边疆、守护边疆的兵团精神。父辈们很多已经去世，长眠在戈壁滩上，他们和胡杨一样睡去了。人们在胡杨树身上赋予了很多神奇的传说，说它三千年不死，死了三千年不倒，倒后三千年不朽。其实，树哪有不死的？死后的木头哪有不朽的？这只是人类对胡杨树的一种精神信仰。

我希望能唤醒天山南坡被旷野和风沙尘封的生命意志，表现大漠边缘和戈壁滩上与生俱来的生存状态。当我动笔写新疆的水和新疆的树时，我才发现，我写的不仅仅是树，原来也是人。人和树在那种环境下的死亡，总是让我无法忘怀。

新疆有好多民歌，唱的是现实中的缺失，表达一种美好的憧憬和向往。将荒漠开垦为绿洲，把荒山栽满树，这是父辈实践的结果。在文学创作中，一个作家在潜意识中缺失什么，曾经的现实生活中缺失什么，文学就要补充什么。这就是文学最重要的作用。我写了不少新疆题材，我的新疆题材是和一些作家朋友的地域背景和自然风貌不一样的，新疆太大了。我写了兵团人的生存环境极为不完美的地方，因为“从不完美中发现完美，便是爱这世界的方式”，就是爱我第二故乡的方式。

新疆是我文学创作之根。

短篇小说《山前该有一棵树》、长篇小说《老风口》都是描绘新疆生产建设兵团故事的作品，目前，我正在创作有关新疆兵团的第二篇长篇小说。新疆是我的记忆之根、文化之根、文学创作之根。未来我想回新疆去体验生活，喝伊力特，把酒唱胡杨，对酒望大漠。

教鹤然：除了新疆之外，《零炮楼》、《老家的风景》、《赵家庄》等作品，也编织出您故乡书写的另一个序列，那就是您的出生地河南。作为“故乡系列”的两个精神原地，河南与新疆序列取材不同，风貌有别，故事情感也有所差异，能不能谈谈这两个序列创作对您来说，有什么不同的意义？

张者：我的父母都是河南人。母亲生下我后，父亲去新疆加入了新疆生产建设兵团。母亲在我一岁多时把我托付给了我的姥娘，要上学时我就去新疆找父母。姥娘家的门口有棵大桑树。那是我少儿时玩耍的地方。大桑树很粗，至少有两搂。每到夏天，大桑树像一把大伞撑起了一片绿荫。树上的桑葚乌紫乌紫的，我会爬上树去摘桑葚吃，吃得满脸是紫色花。我会在树下铺一张席，在席上玩耍，在席上睡午觉，天太热时，晚上就睡在那里。在月圆之夜，孩子们会牵着对方的后衣襟。围绕着大桑树，唱无数的童谣。那些童谣全都是我的姥娘教的，那村叫贾坡，全村都姓贾，全村人中老的都喊姥爷、姥娘，年轻的都是舅，都是姨。作为一个外甥，我极为淘气。那真是上房揭瓦，下塘摸虾，翻墙摘杏，下地偷瓜。现在回想起来，想起那棵大桑树，心中还有一股暖流。我在那棵大桑树下度过了最美好最温馨的童年。同时，我在那个叫贾坡的村庄，也度过了一个最讨人厌的童年。

每一个作家都有自己的人生经历，特别是童年记忆和少年经历往往是文学起步的开始。我文学的起步就是从写河南农村题材开始的，当年我写了中篇小说《老家的风景》、《老调》、《老灯》等，后来写了长篇小说《零炮楼》，河南老家的童年生活对我的写作影响深远。从河南农村题材开始，然后写了新疆题材，最后到校园知识分子的写作。这样算来我的写作有三个方面，这三个方面的写作呈现了三种文学地理标志。

有人说，世界观的匮乏是由于地理知识的匮乏。我觉得这个说法非常有意思。就是说你如何建立起你的世界观，实际上要看你在这个世界上能走多远。你要了解地理观念，不是空的地图上的观念，而是你真的去过没有，你走过没有，你是在高原还是在平原。你曾经在大平原上生活过没有，你曾经在大漠荒原上睡过没有，你在大江大河边垂钓过没有？你曾经有过什么样的生活方式，有了这些经历自然就有了自己的地理观念，就建立起了自己的世界观和价值观。一个人的世界观是由他的人文地理观念所决定的。这就是所谓的“读万卷书，行万里路”。光读书还不行，读万卷书是一种准备，行万里路才是目的。对于一个作家来说，“读万卷书，行万里路”的最终目的是为了完成自己的写作，而写作是要有自己的世界观的。一个作家的世界观就是要有独立的思考，要有思想和人格，这是作家的立身之本。如果去一味地追随权贵，扑向资本，把写作变成既得利益者的服务工具，不为民众发声，不为作品立信，作家就成了跳梁小丑。好作品面对读者是要讲信誉的，不要用文字的垃圾去糊弄读者。

教鹤然：您在20世纪80年代进入西南师范学院中文系，在学院度过了充满文学气息的校园生活，在您的小说创作中，最受关注的可能还是以大学三部曲《桃李》、《桃花》、《桃夭》为代表的大学校园生活系列，这些作品想必也与您在嘉陵江畔的求学生涯密不可分吧？

张者：我的大学三部曲前后写了十多年。从第一部《桃李》出版，到今天已经有20年了。所以，人民文学出版社2022年为我出版了《桃李》20周年纪念版。

在西南师范学院读书是20世纪的80年代，是中国改革开放的开始，现在看来算得上中国的文艺复兴了。校园内有各种文学社团，每一个同学都是文学青年，都在写诗。整个校园氛围都是文艺的和文学的。文学的种子就在那个时候在我心中播下了。要说真正写以校园为背景的知识分子形象，或者说开始思考当代知识分子生存状态和命运应该是在北大读研期间，那已经是新世纪了。在读研时就开始发表作品了，当时在《钟山》上发表了中篇小说《春天里不要乱跑》，那应该说是我第一部写知识分子的小说。然后，在离开校园前，我开始集中发表文学作品。中篇小说《唱歌》在头条位置发表在《收获》上。那一年我在《收获》上发了三个中篇，两个头题。然后就是在《人民文学》、《十月》、《当代》、《花城》等刊物发表作品。2002年由人民文学出版社出版了长篇小说《桃李》。

这样在我的创作中除"河南老家系列"和第二故乡的"新疆系列"之外，就有了"大学校园系列"的作品。有批评家认为，我的"河南老家系列"主要写人性的丰富和悲哀；"新疆系列"则写生存的困境与抗争；"大学校园系列"主要写欲望时代的尴尬和选择，我认为这个总结很到位。

这样看来我的写作呈现了三个方面，我称之为写作题材的三角关系。我很信任这种三角关系。三角关系往往是一种稳定的关系。我希望我的写作有博大的气象，在技术上首先要拉开时空，不单纯地局限于某一个地域，所以我不断更换作品的背景、更换题材。曾经的童年和少年经历成了美好的回忆，也成为创作的宝库。这个地理的三角关系恰恰和生活经历形成了我创作的一种世界观。并不是每一个作家都会有这种经历，个人经历有时候不是以个人的意志而决定的。比方，你的出生地、你的童年和少年经历，往往是由父母决定的，那时候你不是一个完全的行为能力人，你无法选择。当然，并不是说每一个作家必须在童年或者少年时代有丰富的地理文化经历，也不是说没有丰富的地理文化经历就成就不了一个好作家。

有些作家在单一故乡的大地上深耕苦挖，挖出了水，挖出了油，也写出了好作品，这是一种创作方式。

但是，就我个人而言，我肯定不会在一个文学地理环境中学习前辈作家去深挖，我需要自己的文学标识度。如果让我只面对一种文学地理环境不断地写下去、挖下去，我肯定不放心。那会让我气馁，让我气恼。

我需要一种三角关系，这样才能让我搭建自己的文学之塔。只有这种稳定的三角支撑才能更高。我们现在不是提倡攀登文学高峰嘛，从高地到高峰需要稳定的文学高塔。

教鹤然：校园题材看似与我们的日常生活和现实经验非常贴近，却又很难拉开距离，真正处理好真实与虚构的复杂关系。您认为，书写青年知识分子生存境况和生活状态的时候，怎样才能避免流于一般现象的描述，进而实现小说创作的历史感与纵深感？

张者：小说创作要有历史感与纵深感，这是一种文学创作的理想，或者说这是一种文学常识。有历史纵深感的小说往往能让人怀念过去。怀念过去恰恰是阅读驱动力的一种。当《桃李》出版20年后，你再去读它的时候，你读出了什么？当然就有了历史纵深感。

最近，丛治辰先生重读《桃李》，读出了另外一种感觉。他说："《桃李》写出的是一派沦落颓丧的大学景象，但多年之后重读这部小说，我居然心生几分怀念。"

这种怀念是什么？这种怀念让我也吃了一惊。你看看现在的校园周边，别说酒吧和歌厅了，连餐馆都养不起几个。"00后"的学生们似乎更愿意猫在宿舍里对着手机、电脑打发闲暇时光，呼朋引伴吃肉喝酒的大学生活已成了前尘往事，缺少了醉后吟诗的校园才子显得无比寂寞。

那个生机勃勃的大学校园呢？我和丛治辰在北大校园中相识，至今我还能记得当年正读北大中文系本科的丛治辰帮我提着一大捆《桃李》穿过校园去开研讨会的情景。丛治辰本科毕业后，先读硕士又读博士，然后在大学里教书，他没有离开过校园。他见证了校园的过去和现在。他重读《桃李》发出了这种感慨：“《桃李》出版已经20年了，作品中邵景文的品行诚然值得商榷，但他和学生们亲如兄弟的平等交流还是颇有圣人遗风。而今学生们越发拘谨，老师们大概也日益庄严，一起面目可憎了起来。20年来校园之外越来越繁荣，也越来越安定，一切秩序都趋于稳固，而那些尽管毛糙幼稚却十足有趣的（准）知识分子也因此风流云散。当名校骄子们纷纷内卷，从进入大学校门的那刻起便致力于考研与考编，似乎《桃李》中那个新旧交杂的校园反而显得浪漫了起来。好的文学作品的确就像一坛美酒，时间会赋予它意想不到的醇香，只是《桃李》这一缕意外的醇香，闻来多少令人伤怀……”

从治辰的伤怀引得我黯然神伤。如此枯燥无趣的校园不要说和20世纪的80年代相比了，就是和20世纪末相比也让人望而生畏。过去的校园是我向往的地方，甚至是我周末散心的去处，在郁闷的时候，总是冲动着想回校园看看，在周末的舞会上搂着师妹疯狂地旋转。如今，那种激情和疯狂都没有了，校园是我们永远也回不去的地方。我的大学校园题材的小说从此也结束了。当然，人总是要从校园走出来的，出来后的文学地理是另外一种景象，而这些走出校园走向社会的人生经历我还没有开始呢！

教鹤然：您曾经提及西南联大的历史和人物，以及大后方抗战时期知识分子的生活，很值得写一部虚构作品，不知道您在未来的一段时间里，有没有关于这方面的写作计划？

张者：西南联大师生在特定的历史条件下为挽救民族危亡的坚定担当和心怀民族复兴的强烈使命，为民族独立、民族复兴奠定了坚实的人才基础。在抗战时期，西南联大师生一边跑警报，一边做学问完成学业。他们时不时昂头望着天空，时不时又低头看着书本。昂头向上虽然是防着敌人的飞机轰炸，同时也表现出了不屈的高贵和尊严。无论在什么地方躲避敌人的飞机，他们抬起的头颅望着的不仅仅是敌人的飞机，他们望着的是民族的未来，志在高远。当他们低头向下时，他们又回到了现实，必须认真学习，必须做好自己的学问，为一个民族留下文化的种子。

他们心中充满了对敌人的仇恨，同时又是乐观和豁达的，这从跑警报中可见一斑。不叫“逃警报”也不叫“躲警报”，就叫“跑警报”，既不“躲避”也不“逃遁”。跑着望天，跑着看书。那种紧张中透出的从容和风度是对日本鬼子最大的轻蔑，同时也透露出中国人最伟大的民族性。

在疏散的人流中，金岳霖拎着装满书稿的公文包，傅斯年扶着患有眼疾的陈寅恪，费孝通则牵着行动不便的妻子……这都是你现在无法想象的情景。陈寅恪的右眼失明，左眼视力也开始下降，他坚持准点上课。跑警报时，他跑不远，也上不了山，就带着凳子，在一个大土坑中躲避。昆明雨多，土坑里水深盈尺，他常常坐在水里望着天空，等待警报解除，陷入沉思。

从跑警报中，你能看到中国知识分子在遇到困难时的那种幽默，那种不屑，那种尊严。这一切显得夸张，从夸张中你又看到了荒诞，从荒诞中你又看到了魔幻。在现代人眼里的这一切才真是魔幻现实主义。抗日战争是一个民族和另一个民族的战争，是关系到民族存亡的战争。时局虽然艰难，但学生们坚信，敌人摧残了我们的艺术城，破坏了我们的象牙塔，可是毁灭不了我们五千年的文化种子。敌人的侵略，只能暂时改变我们的生活，可民族精神依然兴旺，而不可改变，中国的知识分子在炮火洗礼中变得更加刚毅、勇敢、坚强。

西南联大的历史和人物代表了中国知识分子的一种精神，而这种精神很值得写一部虚构作品。我虽然一直在思考这个问题，可要想真正完成一部长篇小说，确实很难。关于这方面的写作计划是有的，也不断地在收集资料，可是还没有完成构思，还没有达到灵感推动我动笔的那一刻，我甚至不知道那一刻什么时候来临。

钟求是：

用一生的努力追问命运

罗建森：钟老师好！请问是什么样的契机，让您产生了创作短篇小说《地上的天空》的想法?

钟求是：这篇小说并没有什么稀奇的诞生记。我平时有个习惯，喜欢在文字阅读、与朋友聊天、听音乐等过程中，把有意思的事记下来，用几个字或一句话记在笔记本上。这篇小说的核，就来自笔记本上七八年前的一句记录。在经过许多日子后，这个有意思的事儿与我的某种创作思考相遇，结合在了一起。这是此小说的缘起。

当然，能与一句记录相遇，重要的是你得揣着一种创作思考走过去。这些年我一直有一个写作主张，就是去捕猎日常生活里的隐秘，更具体一些说，去捉拿城市人心中潜伏的深层情感。在生活中，人们除了表层的高兴与难过外，内心深处往往藏着或大或小的困局。因为有了心中困局，许多人就会觉得累，觉得无法安放自己的灵魂，这种感受是很个人的，平时很少有人去追究这些。但我也说过这样的场景：一个人经过白天的喧闹和忙碌，在夜深独处之时，也许会抬头对着幽远的星空，心里一震，思想突然静了下来。这是内心隐秘探头的时候，此刻作家应该出现，并以深究的姿态观察它、研究它。我觉得，写作《地上的天空》的时候，自己就是这样的探秘者角色。

罗建森：小说构思很巧妙，有着出人意料的反转，也让朱一围这个角色有了很强烈的矛盾色彩，比如他虽然不是典型的知识分子，却热衷于搜集作家签名本；在朋友看来平凡而诚实，却另寻了“灵魂伴侣”，甚至希望来世与其结为连理；嗓子虽然不能出声，却用笔写下了诗一样的句子。能否谈谈您设计这些情节的想法和意图？

钟求是：这么些年，我写的多是平凡人不一样的生活。当下岁月里，有太多人过着普通的平淡日子，他们一辈子低头努力往前走，实际上只是在单调的走不完的地面上转圈。但平凡覆盖之下，必有挣脱的内心。总有不甘者要对自己的生活进行突围，甚至想往空中飞翔一次。朱一围就是这样的人，一个生活中很不起眼的角色，内心角落里却藏着不安分的力量。

对朱一围这样的人物，我没有做过多的设计，只是让他往文学上靠了靠。他因为读过一些文学作品，生活的轨道就发生了变化。他喜欢了解文学作品背后的作家，包括拿着小说去签名；他对人的下一辈子有了想象的能力，于是去做奋力的一搏；在生命的最后阶段，他甚至获得了具有诗意的告别心情。所以我说，每个平凡者都可能藏有“孤勇者”的心：对弈平凡，对峙绝望，试着去堵命运的枪口。作为作家，我们只要找到一个小切口，就可能将人物的内在之力引出来，并自流成字，自生情节。

罗建森：您在创作谈中说，这是个需要阅读两遍的小说，应该品一下，再品一下。您认为，读者在阅读它的时候，可能会觉得有点晃，因为文字里有些迷离的东西。为什么这么说？对于读者如何阅读这篇作品，您有什么建议？

钟求是：这的确是一篇艺术性较强的作品，不仅在细节的推进上设有悬念，更对人内心的隐秘部分进行了破解。读这样的小说，得有一些艺术准备。一位有阅读功底的女读者曾给我发来一段读后感，值得放在这里。她说："《地上的天空》是一部需要细细品味的小说，开放式框架结构，不同的读者会品出迥然相异的况味。'下一世婚姻协议书'这一设置，令人出乎意料又拍案叫绝。它基于更为宏大、混沌、深邃的生命存在本身，充满荒诞、错位和不为人知的秘密。然而，在当下这个粗鄙时空，如此寓意深厚的精致小说纵使获奖，亦可能不会拥有太多读者，能够与作者同频的读者更是凤毛麟角。芸芸众生的思维意识自古皆在红尘拥堵，思想深刻的小说家注定孤独。"在中国，有经验有功力的读者还是很多的，上面这位读者自己就是一个证明。一般的读者看一遍会觉得有意思，但可能不知道好在哪里。这时候再看一遍，是会很有帮助的。当然，在眼下这个匆忙的年代，我这个要求可能有点高。

罗建森：这几年您也写了不少其他重要作品，比如长篇小说《等待呼吸》。小说中的朱一围、陈宛等角色，跟《等待呼吸》中的夏小松、杜怡，或者说您笔下其他的人物形象，是否有什么精神上的连贯性？您的写作是否存在一个一以贯之的主题？

钟求是：这次获奖之后，我在感言中提醒自己，不要忘了少年时诞生的文学初心，更不要忘了面对生命逝去时形成的文学决心。1993 年冬天，我的一位工作搭档因为特殊工作在匈牙利的一家医院去世。当时在停尸间，面对他那张苍白的脸，我一边流泪一边恍惚。我不明白对某个生命而言，死亡到底有着怎样的秩序，命运到底有着怎样的轨迹？就是在那一刻，我下了一个决心，要用一生的努力去破解生命和追问命运。所以从大的主题说，我许多年没有变，一直是这个写作方向。

《等待呼吸》的立意就是写个体命运，写 20 世纪六七十年代出生的这一代人的个体命运。在作品中，一颗子弹击穿夏小松的胸口，使他只出场了部分时间，但其气息贯穿了整部小说。他身上的理想主义情怀，像一道亮光照进岁月，阻止杜怡的精神下滑，牵引着她走出泥泞的生活。《地上的天空》的故事背景和人物设计完全不一样，似乎与《等待呼吸》挨不上边，但细想一下，朱一围身上也有一种挣脱世俗日子的勇气，这种勇气像一道亮光照进他的生活，牵引他走出精神的困境和死亡的恐惧。你看看，在死亡和命运这样的文学母题上，两个互不相关的小说总归走到了一条路径上。当然了，今后也是一样——我的小说无论装入什么题材，这样的写作指向一定会内含在作品中。

罗建森：您大学是经济学专业，后来又做了许多年的对外联络工作，这些经历对您来说意味着什么？对写作有帮助吗？

钟求是：是的，在大学时代，我学的是经济学理论，《资本论》为重要的主课。我曾花许多时间一字一句通读了《资本论》三卷。当然，那时我也阅读西方经济学，譬如萨缪尔森、凯恩斯的著作。在我的脑子里，蓄满胡子的马克思经常与另一位西方经济学家面对面站着，相互用高深的语言反驳对方。这种专业学习是重要的，成为我日后思考问题的思维依托和理论基础。大学毕业后，我意外干了对外联络工作，而且一干就是 15 年。这份工作的好处是让人视野开放。那时我常常把目光投向世界各地，跟踪国外的热点事件和社会动态。

对作家来说，每一种经历都是重要的，是上天对你的赐予。事实上，我的这些学习和工作经历不仅帮助自己丰富了题材、拓展了眼光，也容易让作品的气象更大一些。作品的大不在于题材的大，而在于思想的力度。即使像《地上的天空》这样展示人性幽微和生活细部的短篇小说，我也努力注入大的思考，让作品内部生长出开阔的东西。

罗建森：在您看来，好的小说或者好的文学作品需要具备什么特质？评判标准是什么？

钟求是：什么是好小说，许多作家都能顺着自己的角度讲上半天。作为一个编辑，我只能强调几点：第一，基本功得过关。现在的不少作品，语言和叙述能力太弱，最起码的写作技术都未能掌握好。第二，要出新意。眼下中国文学作品的同质化太严重了，面貌相似，惰性明显，在思想上缺少对时代发出的独特声音，在文体上缺少变革创新的内在推力。第三，要进行更有深度的内心挖掘。小说不仅要讲故事，更要塑造人物，挖不深内心就塑造不好人物。我一直强调，人的内心是布着太多隐秘东西的大地域，值得作家用一辈子的时间去行走。

其实，真正的好小说是不讲究评判标准的。最近我在谈论短篇小说创作时，提到了“无界”一词。小说写作常常会受困于各种难点，但写到一定份儿上，随着驾驭能力的提升，也许某一天你会感到豁然开朗，渐渐走向无界的状态：在把控住写作规律后，打通自己的内心思悟，也打通小说的内部经脉，做到自由自在。若抵达此种写作状态，便做到了文学层面的“从心所欲，不逾矩”。这种抵达当然很不容易，但可以是努力的方向。

罗建森：获得鲁迅文学奖，对您而言意味着什么？接下来有什么创作计划？

钟求是：能获得这个奖，我当然很高兴，这意味着自己的创作得到了充分肯定，一个人孤独的文学之旅得到了重要的掌声。同时这也意味着，自己可以“了结”这件事。从某个意义上说，这个奖更像是一扇有难度的门，跨过之后，我以后的创作会更加自若，视野也会更加开阔，可以按照自己内心的指引往前行走。

我暂时没有写长篇小说的计划，接下来还是继续写一些中短篇小说，并要求自己投入心力，在质量上继续往上走。最新的中篇小说《宇宙里的昆城》(《收获》2023 年第 1 期）写的是一个海外科学家的生命故事，情节比较开阔，除了展示人的命运和人类的命运，也涉及量子力学和天体物理。作为一个文科生，能写出这样的小说，我自己都觉得有点意外。对了，这是我获奖后亮相的第一篇作品，我自己很看重，也期待阅读者的评价。

董夏青青：在场和注视

行超：董夏青青好，祝贺你获得这届鲁迅文学奖短篇小说奖。除了早期的校园主题，之后你的写作一直根植于军旅生活。我们熟知的许多经典军旅作品大都是以战争为背景的，而年轻一代的军旅作家，整体上成长于和平年代，你觉得在这样的背景下，军旅文学应该更多关注哪些问题？

董夏青青：谢谢鼓励！如你所言，年轻一代的军旅作家和参军入伍的青年人，整体上成长于和平年代。我在湖南长大，幼时对军人最初的印象就是每当洪水过境，军人都是大坝上最牢固的一道防线。老百姓将解放军亲切地称呼为“人民子弟兵”，一方面指军人们来自人民，一方面指军人们全心全意为人民服务的担当。还有汶川地震时，军人们逆行冲入震区抢救人民生命和财产的时刻，带给我很深的感动。我在新疆走边防的过程中，也看到很多连队和边地百姓团结一致、互相帮助的故事，由此更感到军旅文学一定要尽可能全方位捕捉素材，将军人们在每一道战线、每一个点位上的牺牲奉献和智慧才情充分书写。不能因为当下和平，就觉得题材不够“劲”。国家无战事，军人有牺牲。如今世界并不太平，我们当下的安宁，正是因为新时代军人们加紧练兵备战，时刻做好“召之即来、来之能战、战之必胜”的准备。习近平主席强调：“能战方能止战。”军人们为了“能战”而做的艰辛付出，同样值得记录。

行超：2009年，你主动申请前往新疆，在那里工作、生活了十年。小说集《科恰里特山下》中的作品也基本都来源于这段时间的观察。为什么大学毕业时做出这样的选择？这段生活给你的写作和人生带来了什么改变？

董夏青青：我是“80后”，赶上了文学热潮的“后浪”。从小就翻家里的藏书，向往理想主义的生活。幼时到长沙生活后，又深受湖湘文化熏陶。大学四年，系里经常请一些著名的作家、学者等到学校讲课，他们鼓励我们这些文学青年要扎根基层，在民间汲取创作养分。其中有一位老师的课讲得格外精彩，他告诉我们这些军队学员，如果要成为有出息的作家，成为一个有着与众不同写作风格的文学新人，就要敢于到新疆、西藏高原大漠中这些祖国最艰苦，也是最美、最有艺术特质的地方工作、生活。大学毕业时，我想“以文学为志业”，于是照猫画虎打算“到人间去”（高尔基），乐颠颠申请赴疆，寻找写作的富矿。只是没想到，作为独生子女的我，到边疆地区工作、生活，最先承受不了的是我的父母。在新疆十年，我在新疆独自工作和生活，在现实和精神层面“断奶”，过程不好受，但对于写作来说，这让我开始将目光投向更开阔的远处，收拢精力来观察、打量他者，重新审视过去“熟视无睹”的人生内容。

这段工作经历也是我心性的重要塑造期，可能在父母跟前需要十年才能获得的成长，在这里三五年内就完成了。其间，我每去到一个边防连队与战士聊天交流，都会感到如一位战友所说：“好像他们都是一个个诗人，用极短的时间就参透了人生的道理。”在新疆的经历奠定了我写作的基石，我也在那里找到了人生的意义，以前只感到我需要父母、长辈和朋友的爱与关照，在那里，我感到战士们也需要我，他们关心和爱护我，因为我的在场和注视，也因为他们希望我能将他们的经历讲给更多人听。我也很想通过新时代戍边官兵的故事，让更多读者获得面对困顿和磨砺时的勇气，精神更有韧性。前些天，一位高三的妹妹说做语文考卷时，在“阅读理解”一栏中读到了《冻土观测段》的节选，这叫我有了愿望成真之感。对于常年戍守边关的军人来说，每天面对荒无人烟的雪山戈壁，忍受极限环境是一方面，最难忍受的是没有通信信号，担心被人遗忘或忽略，如同置身于宇宙边缘。但当这些优秀的中学生阅读和了解到他们的生活，并在内心向他们不惧艰险的无私品质深深致敬，也就证明了战友们理想的意义。

行超：你的小说多是以国境线上的部队生活为背景的，尤其关注这里基层官兵的生活现实和精神状况，比如《在阿吾斯奇》中的无名烈士、三班长，《冻土观测段》中的许元屹，《垄堆与长夜》中的刘志金，《科恰里特山下》中的李参，等等，这背后其实有一个重要的问题，就是当家国、历史、现实乃至责任、义务等问题落实到具体的个人身上时，这个人该如何理解、如何背负——《冻土观测段》里的上等兵就面临过这个问题。小说写作中，你是如何处理宏大叙事与个人立场这一辩证关系的？

董夏青青：人艺的蓝天野老师曾说，“没有小角色，只有小演员”，我觉得这句话换到文学中也成立——没有小角色，只有被作者写“小”了的人物。想想这些年的写作经历，就是努力坚持最基本的“照实说”。所写的边防军人是我所见到的、交谈过的众多基层官兵的凝缩。他们纯粹、深刻的心灵质地和表述过程中不时迸现的思想火光，时常让我感到恍惚，甚至有时我会再抛出一个话题，来试探和确认他们思考的维度。结果每每令我信服，他们对于个人和时代之间关系的思索，常让我心生敬意——其实学校教育和军旅生涯的锻造，已使他们足够睿智，能看清自己在时代中所处和能够身处的“位置”，因此他们的情思，自然体现了这个时代的氛围，也展现了这一代青年人在道德、智识等方面的基本特征。所以每当提笔，我都会告诫自己，别找机会抖机灵、满足虚荣，或者自作聪明代人发言，而应找来认知范围内最好的写作方式和方法，保证这些大时代中了不起的平凡人物所做的不平凡的事业得以呈现，且让人信服。只要诚实地观察和记录，就是像你所说的，当家国、历史、现实乃至责任、义务等问题落实到具体的个人身上时，这个人该如何理解、如何背负，就能寻到写作的路径。

易卜生曾说，每个人对于他所属于的社会都负有责任，那个社会的弊病他也有一份。每一个个体都是时代的“因”，众人精神状态的总和与积累推导出社会的“果”，如果先看“果”，反过来推测“因”，就可能落入编造，脱离现实的虚构就没那么有说服力了。

行超：小说《冻土观测段》里有一个细节十分动人。牺牲者许元屹的母亲来到儿子生前所在部队，教导员问她有什么想法、什么要求都可以向上级报告。她却只想知道儿子最后的表现是不是勇敢，她问教导员：“我儿子，他是英雄吗？”英雄形象一直是军旅文学中一个核心的问题。你觉得我们今天该如何理解新时代的英雄，如何书写英雄？

董夏青青：你提到的这个细节，原型来自烈士陈祥榕的母亲，当时得知儿子牺牲后，她告诉部队的领导没什么需要帮助的地方，只想问一句，儿子在战斗的时候，勇不勇敢。

我觉得“英雄”一词在军旅文学中的内涵一直在演变，经过几代军旅文学作家的开拓和积淀，以及大众认识的变化进步，时至今日，军旅文学和文艺作品中的“英雄”形象内涵得到了极大丰富和拓展。电影《长津湖》中，段奕宏的一句台词打动了很多观众——“没有打不死的英雄，只有军人的荣耀”。在读兰晓龙的小说《冬与狮》时，我也反复被这句话击中。这启发我们在书写新时代的英雄、在新时代书写英雄时，应当深入了解和思考其作为普通人和其身心当下性的一面，而不是“想当然”，一拍脑袋提笔就来。英雄有其生活的具体时代背景和周遭环境，正是通过具体描写其作为一个人的“普遍性”和其身上体现的时代特性，当他做出一件不平凡的事情时，才能更令人震撼和思索——同样是人，身处一致的环境，为什么他做出这样的选择从而成为英雄？

行超： 读你的小说，我常常想起苏联作家巴别尔。巴别尔以战地记者般的方式写战争小说，叙事简洁，情感深沉，追求语词的准确性。我觉得你的小说也具有这样的特征。战争是人性的试炼场，面对其中时常出现的极端情境，有的作家选择浪漫主义式的情感抒发，有的则趋向于现代主义的冷静、自控。你怎么理解这两种风格？

董夏青青： 我很喜欢巴别尔的小说作品，从他的写作方法中得到很多启发。记得他曾说过，大意是一定要亲眼看到马辔头上缀的穗子，他才能安心下笔，来写骑乘这匹马的骑兵。这让我之后在观察时，也注重现实细节。同时他偏于冷静和自控的语调，也让我思考——既然他是不动声色的，为什么我仍能从中感到汹涌澎湃的情感？一种对人类命运整体性的悲悯？我想，也许正因为他做到了“不隐恶、不虚美”的前提。

另外让我感到惭愧的，是我崇敬的大作家，像莎士比亚、托尔斯泰、陀思妥耶夫斯基、鲁迅，他们都有能力一方面追求叙事和语词的准确性，一方面阐释哲理、抒情感怀。但我自知能力有限，写起来只勉力能顾上一头，因为我作为女性，观察细腻一点、心思敏感一点，感到有些许优势，所以横下心来，先躲进了您所说的——“趋于现代主义的冷静、自控”。

实际上，我也向往《战争与和平》这样的雄浑作品，托翁既能将故事人物写得生动精彩，夹叙夹议的思索也令人获益匪浅。但刚健的思辨是一种卓绝的能力，需要涉猎哲学、社会学等多领域的学习才能具备一点底气，将来我会努力精进，希望有一天也能让自己的“风格”更丰富和多元一些。但有一点会坚持，就是坚信契诃夫所说，“简洁是天才的姊妹”。

行超： 我个人认为，你小说最珍贵的部分就是对那些默默无闻的基层官兵的关注和发现，没有扎实的生活和切身的感受，是不可能写出这些作品的。当下许多青年作家生活相对封闭，导致作品的视野不够开阔、主体比较单一，你觉得青年写作者该如何建立与人民大众的血肉联系？

董夏青青：我想首先，作为文学工作者，都应站在生活的第一线，来切身感受大自然的万物、人们的悲喜，记录人的创造。如果只是和自己待着，凭空的虚构终究是无源之水和无根之木。

在新疆时，也接到过两位学妹的询问电话，说想到大西北来锻炼几年。我当时和她们说，可以做选择，但一定要有充分的心理准备，接受选择带来的全部后续。从我来讲，一次决定也让我的亲人承担了很多。青年写作者不必说一定要跑出去“讨苦吃”，但对于自身之外的人和事物，也要有足够的好奇心和耐心，能敞开心界地真听、真看、真感受。不然即便去到一个陌生化的地方，看来看去还是只能看到自己，封闭和困于个人感受。“人民大众”也随处都可遇见，比方说我们的父母，如果善于提问和倾听，把他们的故事了解清楚，其实也能看到一代人的境遇浮沉，其中也有很强的“文学性”可以挖掘。

蔡东：
遇见好的小说，拥有梦境的气息

康春华：作为教师，您一直承担着一线教学教务工作。同时，您也数年专注于小说创作，产量稳定且质量高。您曾说“生活是写作的真正家底”，职业、理想与生活三者，在您这里是什么关系？

蔡东：均衡、自洽大概是较为理想化的状态，总有撕裂和失调的时刻。闲来无事，做家务，研究做菜，相当于正念减压，也很有乐趣，但改小说改到紧要处，突然发现还得做饭，菜市场和厨房就没那么可爱了。时间和精力的分配，能有个相对均衡的状态已很满足。我从未想过跟平淡的生活战斗，平淡生活不是战斗对象，要警觉的，是身和心分离时茫茫的焦虑。一个写小说的人没法儿在半空中飘荡着，也不会天天思念远方。珍惜生活日常的点滴，它们跟书籍一样，能抚育好一个人。

康春华：《月光下》以短篇小说的容量讲述一段亦亲情亦友情的情感，确如鲁迅文学奖颁奖辞所揭示的，其中有古老的诗意，也有现代经验的内在光亮。这个故事的灵感来源于何处？您对都市空间中人的情绪流动、情感变迁的内在洞察一直都非常敏锐，这个向度为何如此打动您？

蔡东： 跟过往的作品一样，《月光下》也是神秘性和自觉性共同孕育的生命，神秘的部分由她神秘，自觉的部分大概体现在两方面。

一方面，我不认为短篇写作以封闭、突然和集中为要义，只可以写片段，写瞬间，写反转，属于写作艺术里的小杂耍和小戏法。论者常以精巧形容短篇，但这份精巧，应未曾叫人察觉到刻意，不油也不小聪明。另外，我们写小说，不就是享有了一点收缩或舒展时空的自由嘛，很多短篇经典早已显现了短篇开阖张歙的气度。

另一方面，年轻的时候不知道，你跟许多人注定只能并肩走一段路，此后各走各的。去年夏天的一个黄昏，我好朋友的孩子要离开托班了，他跟多日来朝夕相处的小伙伴泰然道别，我开始还纳闷，小孩子不该撕心裂肺地哭叫吗？后来才想明白，他们哪里知道，以后可能再也见不到了。随着年龄增长，难免要回望，回望时万千滋味就涌现了出来。回头看看，从小到大，多少刻骨的情感随生活的水流消逝，多少好朋友见不见面都已无言，“咫尺天涯”这个词从未如此切近人们的生活。5G了，新社交媒体了，群一个个拉起来了，时光不可逆，情谊难再续，重温是痴念，连回忆也零星斑驳，在堆满爱意碎片的黑暗地带里偶一闪现。到此才知，人跟人第一次的相遇，有多奢侈。从《伶仃》开始，到《她》、《月光下》，我开始关心无常之常，关心生命和情感的离合聚散，这里头，伤感、惋惜、接受混杂在一起，亦有人生沉淀过后的澄澈。

康春华：“月光”是您小说的核心意象之一，《照夜白》里“一小半月亮敷着一层新熔掉的淡金”，《月光下》里“在河面上晃荡的浩浩月光”，诸如此类。还有您小说中对于时节、气味、色彩、光影等的刻画，都构成小说内在有机部分，而且其分量远远比小说情节和叙事本身要重。想请问一下，您的叙事观是怎样的？您对短篇小说的叙事艺术有怎样的看法或心得？

蔡东： 古人对月亮的书写太充分了，月亮是审美的、情感的，也是哲学的。月亮本身，及文化和文学中的月亮，都引人神往和亲近。当我观察这个世界时，总跟月亮不期而遇。某个夜晚，坐在副驾座位上听歌，路一转，月亮迎着窗玻璃出现，低低的，蜜黄色的，又圆又大，叫人想起甜食和棉被。《月光下》里的李晓茹，接近于月光般的存在。很多人的生命中曾有过这样一个人，她温暖和安慰了一段成长的时光。

短篇小说的艺术表现方式很多样，相比于长篇，短篇拥有更轻盈的身姿、更别致的形式、更讲究的语言，以及天赋——观察世界的灵动视角和表现世界的丰富手段。但短篇小说创作者不要仅满足于做一个巧匠，写一些机灵、单薄、不堪重读的作品。比技法更重要的是对人生的关切，以短篇关切人和人的生活，篇幅有限，意味亦可深远。说到小说中对于时节、气味、色彩、光影等的刻画，这部分并非叙事的装饰和附庸，而是让叙事真正具有了韵律、美感和气质。一种区分和一处隐秘自信的源头，我在用自己的风格处理那些别人也处理过的题材。

我很喜欢大提琴双人组 2Cellos，2Cellos 让观众有机会重新认识或者说发现一种经典乐器。他们使用大提琴，创造性地演奏听众熟悉的名曲，却叫人惊讶，怎么好像是第一次接触这首曲子？这种陌生感和独特感，既是技巧层面的，更是演出风格上的。我喜欢他们调动情感的方式，是从内心发生，外化为神情和身体语言。跟小说相比，音乐会带给人更强烈和直接的感受。他们演奏“权游”原声音乐的视频，看了得有几百遍吧，没夸张。那演奏有长诗和戏剧的风度，银瓶乍破的激烈，幽咽泉流的宛转，一曲终了，江上数峰青，旧曲中破壳而出新的生命。

康春华：您曾阐释过理想中的短篇：注重营造气息和意境，写出供读者漫步流连、可供徜徉的短篇小说。气息和意境的营造，离不开小说家锤炼字句、意象的匠心。读者能鲜明地感受到您对待自身小说时那种恭谨、节制与高要求的状态，您的小说美学观既有古典性，也有深刻的现代性经验。能谈谈自己的小说美学观吗？

蔡东：首先是“精准”，精准不在于使用了新奇华美的词语。很平实的字句，照样能写到人的心坎上，给每个人都在经历的普通生活染上一层异样光泽，叫人一个愣神，忽而有所领悟。很多时候，精准的描述以最俗常的面目示人，但具备一种直抵本质的力量。我写作的时候总在找一句话，一句充满洞察力和穿透力的俗常句子，具有唤醒经验、引发觉察、打通情境和带来联想的神奇力量。它躲藏在人类习焉不察之处，尽情鄙视人类麻木混沌的样子。这句话，有时候我找到了，有时候没。

其次是“耐读”。为了结尾的所谓“震撼”，用过于表面的机巧来牺牲反复阅读的可能，不值当的。“神转折”差一点火候就拙劣了。我喜欢内藏筋骨、生活细节丰盈的小说，但这种细节密集型的写作，往往意味着作品不会太多。说到耐读的小说，首推《红楼梦》。

最后是“梦境的气息”。遇见最好的小说，像走进一场辽阔、生动、亦真亦幻的梦境。或者说，这一类小说生成了古诗的意境，缓缓浸染，生发无限，余韵不尽。

康春华：您平日生活中有看剧的爱好吧，能跟我们分享一下喜欢的剧吗？

蔡东：疲惫的时候选欢乐轻松地去看，换换脑子当休息了。真正喜欢且反复看的，是能体现成年人心智的作品，这样的作品艺术上也精微，耐得住回味。心智成熟与天真并不相悖，而是尊重人的生活现实，不抓马不幼稚不自恋。用前几年的一部英剧《贴身保镖》来具体说明一下。这个剧由基莉·霍斯和理查德·麦登主演。基莉·霍斯演过《德雷尔一家》里的单身妈妈，《德雷尔一家》在浩浩荡荡的剧里算出挑的，光看风景都行，何况其表现家庭生活的方式不俗气，一家子的生活那么困顿糟糕，又那么明朗美好。理查德不用说了，他曾经是罗柏·史塔克，罗柏和艾莉亚都是追剧的理由，所以“权游”血色婚礼后，一度想弃剧。演员值得期待，剧名却叫人心里打鼓。贴身保镖和保护对象间的故事，这预先的设定本来就有创作风险，何况还有惠特尼·休斯顿的《保镖》珠玉在前。但后来此剧在心中的地位远远超过名唤《保镖》的电影。

好就好在不空洞，一切都有合适落点，没写过了，也没写飘了。剧情方面，起承转合干脆利落，所有线头收放高妙，毫不低智，也不为续作挖坑。一切发生皆自然，不是套路地发生，而是经由微妙发酵，充满魅力地发生了，不生硬，更不狗血。让人相信也让人感慨，这是真实的世界和人生。

康春华：女性写作是近两年来文学界的热议话题，相信您对此也有许多自己的思考。您作为“80后”、“90后”新女性写作的一分子，以自身的创作提供了新的经验视角、新的感受方式，也提出了女性与时代关系的新课题。您对当前女性写作的期望或者说愿景是什么？

蔡东：很开心您提到了作品中的女性气质。最近这几年很自觉地以女性为书写对象，尝试写不同人生阶段、不同生命状态的女性。《天元》的陈飞白是一个有能力爱的热烈生命，《照夜白》的谢梦锦对现代职场的工具理性有较深入的反思，《伶仃》里的卫巧蓉重新整理好了脱序的生活，她们年龄各异、境遇不同，有困惑有麻烦，也在困惑、麻烦中觉察和自省。我最偏爱的小说是《她》，里面的文汝静是让我心痛的人物，但我无法违心地给她更圆满更平衡的人生。

这些年也看了大量女性题材的小说和影视剧，好东西很多，是鲜明的女性意识成就的好作品。我觉得优秀的女性写作不是爽文爽剧，是真正体察女性的处境、命运和内心，要有特别真诚的情节和细节，对女性生存的展现是非概念性的，能够把女性所面临的困境中的复杂性，精细又深入地剥开。

综述：新时代小说的可喜气象

□李林荣

随着第八届鲁迅文学奖于2022年盛夏时节如期揭晓，在回望和重温中，参评第八届鲁迅文学奖的短篇小说类作品（276部短篇小说和10本小小说集），愈加鲜明地显现出总体态势和细节脉络上的一些特点，有以往鲜见的可喜亮色，有令人遗憾的偏失，还有需要作为问题来对待的新情况。

荣获第八届鲁迅文学奖的5篇短篇小说，依作者姓氏笔画数为序，分别是刘建东的《无法完成的画像》、张者的《山前该有一棵树》、钟求是的《地上的天空》、董夏青青的《在阿吾斯奇》、蔡东的《月光下》。获奖作品在其所属的题材类型领域实现的创新、引发的启示，值得我们思考。

《无法完成的画像》主题落点是对革命先烈的诚挚缅怀和深情赞颂，但作品的独特贡献并不是简单图解这一主题，而是真切还原具体历史情境下人物的心理活动细节。作者始终让当初在小城画像馆当学徒、最后又盘下画像馆做了画师的"我"站在故事前台，进而使纯粹由"我"的叙述构筑起来的整个文本，成了一个不识英雄真面目的庸众（或者说革命事业的局外人）在时过境迁之后才终于恍然大悟的记忆搜索过程。这种从不知内情的旁观者视角侧写甚至反写英烈形象和牺牲事迹的小说做法，反衬出英雄当世无名、牺牲者死于暗地的悲壮和残酷。《无法完成的画像》继承了鲁迅《药》的笔法，又利用跟《孔乙己》里那位专管温酒的小伙计相似的叙述视点设置，改写了《药》里一派阴冷的社会环境底色。

张者的《山前该有一棵树》叙述形式质朴，历史感和现实意义充盈。作品与人情常理所能共鉴的童年经验的本真状态相合，所处理的素材在儿童文学领域或成长小说的类型框架中，大有继续伸展推衍的余地和必要。要矫正儿童文学创作以取材域外或仿造、移植洋题材为时尚的风气，正是要发掘像《山前该有一棵树》真实感人而又富有时代意义和教育意义、更有文学表现价值潜能的少年儿童成长题材。

钟求是的《地上的天空》对都市情感小说进行了突破和变异。单看故事，它好像只是在讲述一对男女不顾阴阳两隔也要执着于柏拉图之恋的哀情罗曼史，但根据作品独特的叙述方式和叙述层次设置，总是由身为局外人的“我”来打探和转述女方的一面之词，20 万元借款和那份只在手机图片里出现的协议，连同协议上一个认真、一个随意的签名，其来龙去脉的种种情节，都不能排除只是故事中人善意合谋的虚构故事。这种幻影般婆娑、回声般混响的叙事效应，正是闪耀在《地上的天空》中最新奇特异的亮点。

《在阿吾斯奇》以主副双线和显隐两层的相互推动拼接起来的叙事链条，以忆旧述往和近景铺陈的视点穿插造成的情境转换，这些在传统的军事题材小说中不常见的表现形式，很容易被误解为创作手法的随意或生涩。但即使是随意和生涩，经过在多部作品的反复磨砺和逐渐积淀，也有转化为成熟个人风格的可能。《在阿吾斯奇》和作者此后的另一力作《冻土观测段》相似，着墨深处不是人皆景仰的壮烈和宏大，而是整个军人群体和每一位普通战士的日常奉献。要呈现好这样的素材，浓墨重彩和轩昂高调的传统英雄叙事方式已不敷使用。《在阿吾斯奇》、《冻土观测段》没有因袭中外文学中久已存在且仍在流行的非英雄和反英雄叙事模式，而是采用了褪色、降调、减光的处理，相应地，也对人物、情节和场景进行了一定程度的淡化和零散拆解。

蔡东的《月光下》从叙事形态上看，与《在阿吾斯奇》有异曲同工之处。细节的隐约含混、心绪的弥漫升腾，弱化甚至打乱情节顺序，以人物内心话语牵动情境迭变，凸显心理空间和时间，加强叙述的主观质地和个性色彩等技巧，是年轻一代女作家女性主义表情的流露，也是《月光下》叙事风貌上最独特也最见神采的一层亮色之所在。

伴随城镇化建设日益深广的加速推进，近20年来，现实题材短篇小说创作所呈现的社会生活背景和故事情境，越来越显著地集中到了城市。近年现实题材短篇小说中的城市书写，已将笔触从实际上发展得空间体量更加庞大、现代化内涵也更加丰厚充实的都会级城市，移向了体现着更多城乡融合的风貌特色和人文气质的中小城镇。

为此，相当一部分作品甚至还刻意回避或模糊了真实地名和确切的地理方位及城市地标。这使得读者不能再轻易地把作品中的地点、场景对号入座到实地，更使得展现在作品中的人物、事件和环境带上一层普遍指涉的意味。于是，从当前的现实题材短篇小说中，一方面可以看到大都市和乡村的同步退隐，一方面又可以看到糅合贯通了城市和乡村两种气息、两种质地的城镇社会的叙事布景大面积铺展。

参评本届鲁迅文学奖的短篇小说中，老藤的《一滴不剩》把人物和故事都投放在了新区管理建设这一极具都市特色的现实场景中，颇有几分剑走偏锋、举重若轻的寸劲。艾玛的《万象有痕》和《芥子客栈》在海滨岛城展开故事，个体生命经验层面的垂暮意识和忏悔意识，社会和家庭层面的老龄化困扰、代际冲突、女性维权，以及跨社会阶层的对话沟通和同情共感，这些看似散落在现实生活不同领域、不同角落的现象和问题，在作品中获得了妥帖有致且感人至深的整体表现形态。王威廉的《野未来》把中文系毕业的叙述者“我”和科幻迷、机场保安赵栋，安排成了蜗居城中村出租屋的室友。现实和科幻两重情境的无缝焊接，精细的心理状态和人物关系刻画，使作品浮出了景观化的城市书写大潮。班宇的《逍遥游》和界愚的《春暖花开》都是限知于故事中人的视点立场的内聚焦倾诉。只不过在《逍遥游》里，这种爱的回归是源于旁人对叙述者的施与，而《春暖花开》却直接出自叙述视点所依托的人物本身。

雷默的《盲人图书馆》、南翔的《伯爵猫》、吴君的《莲塘饭店》、左马右各的《广场上的母亲》、付秀莹的《地铁上》，分别从图书馆、书店、饭店、社区广场、地铁车厢这几个符号化的城市生活空间，摄取置身其中的人物言行举止和内心活动的幽微细节，力图勾画出沉浸于特定环境、交互于特定景观的世态人情的常与变，进而也赋予表象化的城市景观以足够的心理深度和精神厚度。

短篇小说一向以雕阑画础式的细小和分明，既与宏大壮丽的长篇文类相依为命，更以见微知著的精描细刻见长。假如把长篇小说比作一棵大树，那么，短篇小说或许就该像一座绿植小盆景。而要做好这座小盆景，最管用也最得力的办法，仍不外乎百余年前胡适所介绍的那样：从只有一个纵剖面却有无数个横截面的人生、历史和社会变迁的流脉中，选准最具全体代表性的要紧处，横面截开一段。换言之，短篇小说的体裁优势在于盆景式的精当剪裁和精华缩微，发挥这一优势的关键在于选准“横面截开一段”的下手处。而横截下手的准与不准，又取决于取材立意的范围和境界。在参评本届鲁迅文学奖的短篇小说中，为短篇小说体裁的增容承重和思想艺术境界段位提升所做的尝试，可归结为以下 5 条路径：

一是深化细化女性叙事。如王芸的《薇薇安曾来过》，以交叉变奏的视角，为不同身份、不同个性却又同样选择独居自处的老年女性，展开面向生命终点怀想似水流年的内心叙事；张惠雯的《飞鸟和池鱼》，以非情节化的散文式片段絮语，展示一位女儿陪伴老病失智的母亲一日间的所见所感，时现尖锐的心灵刺痛感；付秀莹的《腊八》以自言自语的无声倾诉，为最寂寞的心情写照。姚鄂梅的《旧姑娘》叙述利落、细节绵密，女儿的成长心迹与母亲的职场风采、婚姻际遇，以及单亲家庭生活的特别气氛糅合得恰到好处，把城市生活背景下中年女性的明朗坚韧和母女之间既相濡以沫又自尊自立的温暖清新，烘托映衬得可亲可敬。

二是探索折射大时代的小叙事。周瑄璞的《星期天的下午餐》、万玛才旦的《水果硬糖》、王占黑的《去大润发》各以独特的选材和叙述形态，支撑起了自带悠远景深的凡常人生画面组合，具体而微地牵连起历史脉络、折射出大时代风貌。它们精心探求短篇小说以小博大、以轻驭重的新方向和新可能的蓬勃干劲，很值得称道。

三是为乡土叙事注入传奇幻想元素。乡土题材数量偏少是本届鲁迅文学奖短篇小说参评作品的一大缺憾。所幸还有李约热的《喜悦》、汤成难的《奔跑的稻田》、晓苏的《老婆上树》这样别开生面、饶有新意的佳作，以质朴诙谐、流转自如的灵动描述，证实脱贫攻坚、生态农业、乡村振兴这些绽放着新时代光彩的主题以及中国农村的生活场景和人文风俗，可以在吸收故事话本、民间传说、现代奇幻等文类元素的基础上，锤炼提升为源于生活而高于生活的典型情境、典型形象和典型叙事。《奔跑的稻田》构思和叙述个性充沛、灵气激荡，熔铸超现实元素与细腻传神的写实肌质于一炉，将人和土地、农民和耕作之间极新而又极旧、极现代而又极古老的深切联系描绘得淋漓尽致、诗意盎然。

四是复兴工笔风俗画式的世情叙事。这方面的作品，首推斯继东的《禁指》和冉正万的《鲤鱼巷》，其次是哲贵的《仙境》和东君的《秋鹿家的灯》。《禁指》状写琴人暮年，些微俗事的刻画中处处透出雅致，素净中若有绍兴方言翻版林斤澜小说话语的风味。《鲤鱼巷》笔调老练风趣、瓷实有神，讲述退休的公交车司机老柳在大拆迁来临前的时光里，依傍着位处闹市深处的鲤鱼巷老宅，在记忆闪回中对巷中市井风景做最后流连的一段没有故事的故事，尽显汪曾祺式散文体小说的冲淡神气。《仙境》演绎了当下城市社会情境中一出“教会徒弟、饿死师傅”的梨园行故事，外挂了戏里戏外多少有些情迷意乱的桥段。《秋鹿家的灯》讲述浙南老街许家三代的人生遭际，凸显时代一角的世情沧桑。另外，这类作品中别具一格的特例，是蒋子龙的《寻常百姓》。它以笔记小说九题集束的体例，接通别传、志异、野史和小说、散文、非虚构等古今雅俗多重文类的血脉，虚实相映，庄谐并用，言近旨远，烛照凡尘。

五是开辟国际题材叙事新路向。在历届鲁迅文学奖短篇小说入围和获奖作品中，国际题材都属小众类型和稀见资源。但这种现象在本届评奖中有所扭转，朱山坡的《萨赫勒荒原》、张怡微的《字字双》、金仁顺的《小野先生》等篇什，已在这方面表现出可贵的拓荒意识和试验勇气。此外，另有一些光亮闪烁但未臻圆满的作品，如朱文颖的《分夜钟》、西元的《生》、双雪涛的《杨广义》、李宏伟的《沙鲸》，以及津子围的《救赎》和劳马的《无语的荣耀》这两部小小说合集，似在提示我们“新写实未竟，先锋派尚存”。文学上的“新”或者“先锋”，一如其他领域的“新”和“先锋”，唯有落地、重生于本土才能获得真生命，并焕发出开枝散叶、值得接续传承的活力。当前，厘清近 30 年来中国小说代代相承、环环相扣、波浪相继、紧密衔接的层累式发展本相的时机已经来临，行进于文坛前沿的创作和理论两队人马直面来路，整合资源，汇聚能量，重续并且促成小说艺术真正更新迭代的时机，也已经来临。

丁晓平《红船启航》

欧阳黔森《江山如此多娇》

钟法权《张富清传》

龚盛辉《中国北斗》

蒋巍《国家温度》

报告文学奖

授奖辞

丁晓平的《红船启航》沉雄厚重，在历史与现实的映照中讴歌、弘扬伟大建党精神。欧阳黔森的《江山如此多娇》以新颖灵动的形式生动描绘新时代的“山乡巨变”。钟法权的《张富清传》中，共产党人不变的初心与无私的奉献铸就一座人格和精神的丰碑。龚盛辉的《中国北斗》是中国科技工作者自立自强、攻坚克难、勇毅前行的壮美画卷。蒋巍的《国家温度》中，阳光灿烂，激情澎湃，全景式展现了脱贫攻坚伟大实践中的国家意志与人民力量。

有鉴于此，授予上述作品第八届鲁迅文学奖。

丁晓平：
发现更真实的历史和更历史的真实

许莹：您是从什么时候开始进行党史研究和写作的？您认为党史研究和写作的重点、难点在何处？

丁晓平：我是业余从事党史研究、写作的。我也没有想到我会从事党史研究和写作。或许是机缘巧合，或许是命中注定。2000 年，作为军队基层部队的文学爱好者和写作者，我从海军部队调到解放军文艺出版社从事编辑出版工作，开始接触党史出版物。2001 年，我无意中在民间发现了尘封 64 载的《毛泽东自传》，凭着对历史的好奇心和职业的敏感，成功地再版了这本传奇之书。该书再版后一下子轰动全国，从而也为自己的文学创作开辟了新的道路，进入党史研究和写作之门。20 多年过去了，现在回头来看，我的选择是正确的。历史写作不仅给我带来无限的知识和惊喜，也给我带来巨大的力量。

从创作实践来看，历史写作的最大难点在于，如何在人人都知道结果的情况下让故事依然保持新鲜和悬念，在推陈出新中无限接近和抵达历史的现场和真相，从而让人人都能在历史中看到新意，读出新思想，获得新启迪。

许莹：作为军旅作家，部队生活对您的文学创作产生了怎样的影响？

丁晓平：军营增长了我智识的厚度，军装增加了我做人的高度。没有军队的培养，就没有我的今天。我是1990年入伍的，军龄有33年了。新兵连是在河南济源太行山下度过的，那里离“愚公移山”的王屋山很近。后来分配到青岛，在北海舰队航空兵后勤部政治处做图书广播员工作，所以我经常跟战友们开玩笑说“我是海军没有下过海，我是空军没有上过天”。当兵那一年，我高三，荣获了第十届华东六省一市中学生作文比赛一等奖，成为轰动学校的大事件，创造了学校乃至全县在这项赛事的历史。也正是凭着写作给我带来的荣耀，怀揣文学梦的我，走进了人民军队这所大学校，从一名水兵成长为一名军官，成为一名军旅作家。13年前，我回到已是安徽省示范中学的母校——新安中学，看到校史馆里赫然张贴着我的照片和简介，那一刻，心中也不免升腾起一丝虚荣。我知道，这是文学赐予我的，也是小小少年所做的那个“文学白日梦”所照耀的。

许莹：《红船启航》的创作周期大概是多长时间？是什么契机使您着手创作这部作品的？

丁晓平：历史写作需要积累，需要沉淀。要说《红船启航》的创作周期，从采访、构思、写作到出版，前后有4年多时间。但是，如果没有我20年历史尤其是党史写作的积累，或许这项工作更漫长、更艰巨。2009年，为了纪念五四运动90周年，我与中国青年出版社合作，出版了《五四运动画传：历史的现场和真相》，也就是从那个时候开始，我默默地决定以1919、1949、1979这三个特殊的年代为中心，前后辐射30年，完成了20世纪中国历史从觉醒、崛起到开放的“时代三部曲”。其间，我先后完成了《中共中央第一支笔（胡乔木传）》、《王明中毒事件调查》、《光荣梦想：毛泽东人生七日谈》、《硬骨头：陈独秀五次被捕纪事》、《世范人师：蔡元培传》以及《人民的胜利：新中国是这样诞生的》等涉及党史、党史人物的写作，并开创了属于自己的“文学、历史、学术跨界跨文体写作”道路。你瞧！这是一个十分漫长的周期，充满着诱惑和喜悦，又充满艰辛和寂寞。正是在这样的一个从不自觉到自觉的过程中，我找到了属于自己的方向，也找到了历史写作的价值和意义。众所周知，2021 年是中国共产党建党 100 周年，无论是文学还是出版，谁也不会错过，谁也不想缺席。或许因为自己深耕党史，在业界有了一定的影响力，浙江作为红船启航地正好需要这样的作品。在寻找作家的时候，我就成了合适人选。无论是当初还是现在，浙江的朋友们和我自己都感到，这是一次成功的合作。《红船启航》出版后，在文学、党史、出版等各界尤其是读者朋友中产生了较好影响。

许莹：从上海石库门到嘉兴南湖的建党历程，很大程度上已然成为被众多文学艺术家书写、表现的公共资源，您是如何在“同题”写作中最大程度葆有作者个性的？

丁晓平：你这个问题问得好。我之所以能够有勇气继续在建党题材、在“红船”题材上动笔，还是源于我 20 年历史研究的积累。这种积累让我在看其他同类题材作品时，看到许多问题和错误，一些作品既失去了历史的真实，也谈不上文学的真实，甚至胡编乱造，我很奇怪，这些作品是怎么顺利出版、播出和上映的？从上海石库门到嘉兴南湖的历史，时间跨度并不大，人物出场并不多，但它不是偶然的事件，而是历史的必然，也是时代的缩影。如果历史写作者只是在那里编故事、搞传奇、炒花边、吸眼球、玩噱头，而没有发现和揭示历史的规律、真理，传递历史的真善美，那么他的写作其实是不尊重历史的，结果是捡了故事，丢了历史。如何在“同题”写作中表现自己的个性，除了个性的叙述方式之外，就在于你发现了更真实的历史和更历史的真实，并让读者从中获得新的启示，不是给读者“洗脑”，而是让读者“开眼界”。

许莹：《红船启航》从历史和现实两个维度翻开了从红楼到红船、从石库门到天安门、从开天辟地到共同富裕的百年党史的壮丽篇章。请您结合创作谈一谈您对“大历史观”的理解。

丁晓平：何谓“大历史观”？我的认识是这样的，就是要明白历史是一条长河，不是浪花；历史是一个坐标系，不是一个坐标点；历史是一个立方体，不是一条直线。这就要求我们必须要整体地、全面地、联系地、发展地考察历史，要有大局观，要有历史纵深感。因此，“大历史观”必须坚持宏大叙事。一说宏大叙事，许多人抱有偏见和误解，那是因为他没有掌握宏大叙事的方法、逻辑和技巧。其实，宏大叙事并不排斥任何微观性的、细节性的、个性化的书写，也从不排斥小人物、底层角色的书写。宏大不是粗疏和空洞，而是从大处着眼、小处着手，表现在文字和文本整体上的是一种大格局、大气象。宏大是“道”——“道可道非常道”的“道”。

许莹：该书的一大亮点在于，真实详尽地记述了党的一大召开的曲折过程。对于一大召开的其人其事，您下了哪些史学方面的功夫？

丁晓平：从史学角度来看，中共一大研究至今依然还有许多疑点和未作最后结论的历史。因此，历史写作要以问题书写牵引故事书写从而完成思想书写。对于中共一大的参会代表，如李汉俊、李达、包惠僧，乃至后来叛党的张国焘等，我必须尊重他们在历史现场的真实表现，这就是历史的复杂性和人的复杂性。史学是复杂的，把复杂的变成简单的，这就是我们写作者需要下的功夫。当然，我所说的“简单”，不是词典意义上的，而是指要学会在复杂的历史和事物中提纲挈领、纲举目张，抓住历史的主题主线、主流和本质，或者说要抓住事物的主要矛盾和矛盾的主要方面。

许莹：在《红船启航》中，能够感受到不同文体对您此次创作的滋养。您出版过诗集、散文随笔集、文学评论集、长篇小说、报告文学、传记文学等，您更鼓励新一代的写作者尝试跨文体写作还是执于一隅？您对解决报告文学作品“文体趋同性”问题有哪些建议和想法?

丁晓平: 爱好是最好的老师。喜欢什么就做什么，并坚持下去，就能成就自己。但是，在这个道路上，要学会发现自己，再发掘自己，从而发展自己。发展就是开放，就是改变。如果你有跨文体写作的能力，为什么不尝试多箭齐发呢？“文体趋同性”问题我没有研究，但我相信这不仅仅是报告文学的问题，其他文体也同样存在，甚至包括其他艺术门类也一样。对于作家个体来说，重要的就是不重复自己。

许莹:《红船启航》下卷“精神聚人心”中，容纳了许多您深入基层群众采访挖掘的动人故事，譬如第六章“中学生的5元捐款引爆‘我为南湖增光辉’”、第八章中的“‘红船一家人’都有一颗红亮的心”……这种深入实践、深入基层、深入群众的求真意志，使得这部红色历史题材报告文学写作具有现场感和时效性。请谈一谈您创作时，在“行走”中“唤起”红船精神所做的努力。

丁晓平:《红船启航》不好写，是一种挑战。它与我最初设计的“时代三部曲”是不同的。作为主题写作,《红船启航》之所以写了那么多鲜活的、名不见经传的小人物，就是大历史观的追求，也是红船百年历史写作的应有之义。这就是“国之大者”，这就是国家叙事，也是以人民为中心的人民叙事。我在嘉兴生活了十天十夜，聆听他们传承红色基因、弘扬红船精神的故事，更加让我体会到伟大建党精神不是一句空话，是老百姓的心。

欧阳黔森：
走马观花不是真正的写作

罗建森：欧阳老师好！祝贺您的《江山如此多娇》获得了第八届鲁迅文学奖报告文学奖。这部报告文学作品聚焦贵州的五个贫困地区，以此为缩影，记录了贵州脱贫攻坚的艰辛历程，您为什么选择这些地区作为切入点？

欧阳黔森：贵州是中国脱贫攻坚的主战场，贫困人口多，搬迁人口多，在国家14个特困连片山区中，贵州的武陵山脉山区和乌蒙山脉山区名列其中。截至2020年底，贵州923万贫困人口全部脱贫、66个贫困县全部摘帽、9000多个贫困村全部出列、192万人搬出大山。我常年在脱贫攻坚一线走村过寨，与老百姓们促膝谈心，进行了细致入微的田野调查，以眼见为实的采访见证了"精准扶贫"带给山乡的巨大变化。

之所以选取乌蒙山脉、武陵山脉连片贫困区域中的毕节市赫章县海雀村、遵义市播州区花茂村、遵义市正安县红岩村、铜仁市万山区朱砂镇、安顺市紫云县沙坎村作为重点书写对象，是因为这五个村镇浓缩了贵州脱贫攻坚战中最具代表性的事例。比如在海雀村，我看见连绵不断的群山绿树成荫，当年光秃秃的山头和大风一起就沙尘漫天的情景已经不复存在，森林覆盖率从5%上升到70.4%，不毛之地变成了生机盎然、郁郁葱葱的生态之地。海雀村的奋斗历程，浓缩了国家脱贫攻坚战的奋斗历程，也是中国农民坚韧不拔、生生不息向贫困宣战的一部史诗。海雀村有 222 户居民，原来衣不蔽体，住的是茅草房，年人均收入只有 33 元，说是饥寒交迫并不为过，如今家家住上砖混结构的黔西北特色新民居，人均收入上升到 1260 元，年人均占有粮食从 107 公斤到 495 公斤，这样的数字令人惊喜也令人震撼。

花茂村的脱贫致富，只需从这几个数据就可以看出来：2012 年花茂村外出务工者多达 1200 余人，村中出现大量留守儿童及空巢老人，5 年后，花茂村各项产业得到健康发展，外出打工者也逐渐回到村里，现在外出务工者仅有 200 余人。现在花茂村有 1345 户人家、4950 人，人均收入 14119 元。花茂村原名“荒茅田”，意指贫困荒芜的地方，如今这里成了远近闻名的“生态美、百姓富”的模范村庄，来到这里，就给人一种“换了人间”的感觉。

在沙坎村、朱砂镇、红岩村的数十次采访，我都是在震撼中度过的。作为作家，我一般不会轻易使用“震撼”这个词，因为有些眼睛所见的震撼，是文字无法充分表达的，仅仅使用“震撼”这个词来讲述，是作家欠“功夫”的表现。如果作家的描写能够触动人的心灵，能够给人留下不可磨灭的记忆，那一定不仅仅是因为落在纸面上的“震撼”两字，而是因为作家一唱三叹的深入讲述。

罗建森：在此之前，您的大量创作都是以小说、剧本、诗歌等体裁为主，选择创作报告文学的契机是什么？

欧阳黔森：是的，在这之前我没有写过报告文学。2017 年，我正在花茂村创作长篇电视剧《花繁叶茂》，接到了《人民文学》编辑杨海蒂的电话，她约我写一篇有关花茂村脱贫攻坚的报告文学。我当时第一反应是拒绝，一是那时我正在写电视剧本，确实腾不出手；二是我没有写过报告文学，怕辜负了约稿。可杨海蒂并不放弃，在她的劝说下，我只好答应。

既然答应了，就要写好，所以在花茂村做了细致周密的采访之后，我开始写作《花繁叶茂，倾听花开的声音》这篇报告文学。这一写，才知道要写好真难，我曾开玩笑说，我宁愿写 3 集电视剧，也不愿意写这么一篇报告文学，其花费的精力是几集电视剧所无法比拟的。作家嘛，讲好故事是基本功，而电视剧就是讲好一个故事，有时候被逼急了，两天就能写一集电视剧，而这篇 1 万多字的报告文学，我却花了近 20 天时间，逐字逐句琢磨，而那些支撑报告文学的数据，还要运用得当，否则就成了“报告”，而没有了文学。报告文学的文学性是报告文学的灵魂，如何让数字灵动起来，阅读起来不显得枯燥乏味，这是我需要思考和解决的。文章写毕后，在《人民日报》整版发表（标题为《花开有声》），几天后又以原标题在《人民文学》2018年第1期头条发表。在《人民文学》的再次邀约下，我又创作了以乌蒙山区为采访对象的报告文学《报得三春晖》，该作品在 2018 年第 3 期《人民文学》头条发表；创作了关于武陵山区的报告文学《看万山红遍》，在《人民文学》2018 年第 9 期头条发表，后被当年《新华文摘》第 24 期全文转载。之后我又陆续写了报告文学《悠然见南山》、《江山如此多娇》，分别在《人民日报》、《中国作家》、《人民文学》上发表。

罗建森：您认为报告文学和其他文体创作的最大不同在哪里？对写作者有什么特殊要求？

欧阳黔森：报告文学最大的特点是非虚构，是要注重细节的真实。记得习近平总书记在花茂村调研时讲过，党中央的政策好不好，要看乡亲们是哭还是笑。这句质朴的话，可谓是掷地有声、振聋发聩。理解了这句话，我在走村过寨的采访中，便始终坚持一条这样的原则：不管是谁提供什么样的资料素材给我，不到一线眼见为实地访问，决不引用。善于观察洞悉是一个作家的基础本领，你是皮笑肉不笑，还是发自肺腑的笑，我当然感受得到其中端倪。有了这样的认识，我坚持与每一个相遇的贫困户促膝谈心、交朋友。可以这样说，我到过无数贫困村，见过无数贫困户，只要与他们拉开话匣子，我就没有见过愁眉苦脸的人，他们灿烂的笑容真真切切地感染了我，我的笑便也灿烂起来。有了这样的笑，我想无须再多说什么，此时与他们分享幸福和获得感，比什么都快乐。

罗建森：在采访和创作的过程中，让您印象最深刻的事是什么？是否有感到困难的时刻，或者感到欣慰的时刻？

欧阳黔森：记得有次到贵州省正安县采访，得知这里的一个搬迁安置点很不错，我便突然提出要去看看这地方，让接待方有些措手不及。这是我一贯的采访原则，即“耳听为虚、眼见为实”。另外，我采访的线路和目的从不提前告诉当地的朋友，在没到采访地之前，无论谁问我采访对象和目的，我都坚持不说，只说到了再说再商议。这样做有可能会让人产生误会，可我还是愿意这样做。我只是希望用我习惯的方法进行采访，虽然看起来随意性很强，但我却乐此不疲。

深入生活是我工作学习的常态，我喜欢与老百姓打交道。所谓“打交道”，其实就是一个沟通和认识的过程，这个过程使我愉悦。而这份愉悦，只有深入老百姓中才能体会到。我的愉悦来自他们的愉悦，而他们的愉悦来自党的政策、党的关怀、党的温暖。在采访过程中，体会最深的是与老百姓促膝谈心时，他们的表白是质朴的，质朴的表白却令人震撼，这些话语至今在我耳边回响，让人听后内心不由得升腾起一种对共产党的热爱之心和敬佩之情。印象最深刻的，是在花茂村采访时，有一位年近耄耋的老人跟我说：“辛苦了共产党，幸福了老百姓。”老人家的这句话，听起来很简单，细想起来却一点都不简单，因为“辛苦”和“幸福”这两个词，代表了这一时期党的形象和老百姓的感受。如果不是身临其境，如果不是和老百姓促膝谈心，我就听不到这样纯朴的心声，而老百姓这样真实的心声给我带来的不仅是心灵的震撼，更是灵魂的洗礼。

我在采访和创作的过程中，没有感觉到有困难的时候。我曾经说过一句话，地质队员都当过，还怕搞写作吗？报告文学于我而言是一种新的文体，是一种新的尝试。欣慰的是，我的尝试获得了读者的认同。

罗建森：您的文学创作具有很强的现实性和时代性，勾勒当下时代的画像是您的创作重点。每个创作者都不可避免地要面对如何处理个人和时代、理想与现实之间关系的重要命题，您如何看待这一问题？您的创作理念是怎样的？

欧阳黔森：我想，如果一个作家，身上只带着汽车尾气，下到田间地头后也只是随便逛一逛、看一看，再进村里吃一顿农家乐，然后抹抹嘴巴拍拍屁股走人，这样走马观花，是永远不可能写出真正贴近百姓生活的作品的。真正的作家，只有充分深入生活、扎根人民，才能写出“沾泥土、冒热气、带露珠”的文章，这就要求作家在人民群众中体悟生活本质、吃透生活底蕴，只有把生活咀嚼透了、消化完了，才能使生活变成深刻的情节和动人的形象，才能创作出人民群众喜闻乐见的作品，也只有这样的作品才能激荡人心。

钟法权：
用笔为新时代立一座雕像

路斐斐：2022 年，第八届鲁奖报告文学奖颁给了《张富清传》（又名《藏功记》）等 5 部作品。与往届相比，有 338 部报告文学作品参评的本届鲁奖，更加突显了其“对准时代与历史的主战场”时所绽放的多彩光芒与强劲力量。《张富清传》能从如此众多的选题与多样叙事中脱颖而出，成为鲁奖历史上首部获奖的单人传记作品，对此您有哪些特别的体会？

钟法权：《张富清传》虽然写的是“传”，但依然是一部报告文学作品，符合文体的一切基本要素。2019 年先在《延河》杂志首发，名为《藏功记》，献礼新中国成立 70 周年，当年便获得了读者的广泛好评。“藏功记”这个题目具有强大的文学张力，正如“棕色牛皮箱”的密码那样，吸引人逐层打开。成书后改名《张富清传》主要是基于文体的考虑，使作品主题更加直截了当，直击人心。在我看来，一部优秀的文学作品不仅需要耐读好看，还必须赋予其灵魂和思想，给人以精神营养和心灵的启迪。书写像张富清这样的重大典型，就好比盖房子，地基挖得越深房子才能建得越高。2019 年，张富清在很短的时间里先后荣获了“时代楷模”、“共和国勋章”、“最美奋斗者”等荣誉。面对一位受党和国家领导人高度肯定的、深受全国人民敬仰的模范英雄人物，如何写出与其崇高道德相吻合、精神境界相一致，思想性和艺术性并驾齐驱的作品，是我在写作前就下定决心要跨越的“高山”。回眸张富清的一生，需要从他 98 年的人生长河中找到指引英雄成长的灯塔，发现贯穿他一生的思想脉络。最终我从大量的采访素材中，从主人翁的成长足迹中，发现了一个照耀他一生的东西，那就是闪耀着毛泽东思想光辉的名篇《为人民服务》。1948 年张富清参加人民解放军后，正赶上西北野战军军事政治整训，连队组织学习的第一篇文章就是《为人民服务》。从此，为人民服务的思想就像一粒火花点燃了他的理想之光，又像一粒种子播在了他的心田，张富清的人生从此有了追求的方向与力量的源泉，由此，我也找到了打开金矿大门的钥匙，获得了寻找宝藏的路径，从而构建了写作《张富清传》的坚固基石。

路斐斐：2018 年以来，一大批为新中国作出杰出贡献的先进模范、人民英雄受到了党和国家的表彰。以长篇报告文学的体量与视角深度开掘民族精神富矿，在“大与小的辩证法里”完成对宏大历史的微观书写，成为本届鲁奖评选中的一道亮丽风景。作为历经民族独立、新中国建设的亲历者、见证者，张富清用朴实纯粹的一生诠释了平凡而又伟大的共产党员精神。选择为这样一位深藏功名 60 余载的老英雄作传，您写作的起点与想要抵达的目的地是怎样的？

钟法权：2019 年，老英雄张富清一夜之间成为媒体焦点，他的事迹传遍神州大地。看了媒体上的宣传我觉得还不够解渴：是什么让他深藏功名 60 年？也许因为版面有限，很多关键节点被一笔带过，为此，我萌生了为老英雄写一部传记的想法。在当今这个伟大的新时代，张富清是这样一位近乎完美的时代楷模，他用一生不改的初心书写了共产党员的忠诚，用一生不变的纯朴塑造了共产党员的崇高，用一生不悔的奋斗诠释了共产党员的誓言。在改革开放取得辉煌成就的新时期、国家处于繁荣昌盛的新时代、人民生活进入丰富多彩的新阶段，张富清隐藏功名、淡泊名利、永葆初心的崇高精神，自然而然地成为我们这个伟大时代的精神坐标。在《张富清传》创作之初，我就定下了“为新时代立一座雕像”的愿景，想让这座雕像成为这个时代最有力量、最具感召力的偶像之一。2022 年 12 月 20 日，张富清因病在湖北武汉逝世，走完了他 98 岁的壮丽一生。英雄已逝，精神长存。当得知《张富清传》一书被老英雄的家人和亲友当作最好的哀思寄托摆在了他的遗像下，我想，这是张富清家人对他最有意义的追思，也是我献给老人的最好纪念。

路斐斐：《张富清传》以 8 个“世纪之问”开篇，从“血战永丰”起笔，到“初心永恒”作结，26 个精心选取的故事形成 26 个章节，完整勾勒了张富清无私奉献的一生。其间以插叙、倒叙、补叙等手法打破时间的线性脉络，在历史与现实的对话中发现、提炼并刻写了共产党员的不变初心，“铸就了一座人格和精神的丰碑”。在您看来，报告文学应如何避免“类型化”书写，而从文体层面“穿透”题材，完成“超越事象的追寻”？

钟法权：报告文学最易完成的是“报告”，最难实现的是“文学”。如何做到从文体层面“穿透”题材本身，这需要作者拿出“十八般武艺”，使“报告”与“文学”两者共生兼备。《张富清传》的创作过程其实就是一个思考“怎样记录”的过程。表现张富清平凡而又波澜壮阔的一生，需要像巴尔扎克所说的那样，做好书写英雄一生的“记录员”。从何处记录？怎样记录？我注重宏观把握，强化微观透视。由于老英雄年事已高，所以我的采访首先从外围开始，每一个采访对象都很宝贵，每一个细节我都要亲自到“现场”去看，尽可能地多方核实。比如写“铁匠铺”那一节，采访那天我冒着暴雨赶到了革勒车镇，亲眼见到了当年张富清动员铁匠杨圣和徒弟们一起建造的水轮发电机，亲身感受到了小镇居民从松油灯、煤油灯到用上电灯的那种喜悦和幸福，才能写好那段已远去的历史。采访完成后，在作品结构上我也下了很大功夫去摸索、梳理，从中外传记经典中汲取了很多有益于写作的养分。在张富清人生的重要转折点上进行了如实记录，通过“奴仆”、“瓦子街的转折”等，让读者对英雄的身世有了清晰的了解；“风暴”一节，让读者对张富清在特殊岁月里一心向党的忠诚有了更深入的了解；通过“找水”，还原张富清急人民之所急、想人民之所想的爱民之心。“连心路”中，张富清攀绝壁、放炮开山的壮举，记录了他一心为民，不怕难、不怕牺牲的献身精神……正是这些对历史原模原样的记录，使英雄的形象更加高大真实起来。可见，坚守报告文学“真实”的底线，并不是简单地取舍，而是需要在人物伟大而又平凡的人生长河中提炼出“真金白银”，确保重大典型人物在真实的记述中凸显崇高，通过对故事的精准描绘与生动叙述，让读者穿透历史的迷雾，发现事物的本质和历史的真实。

路斐斐：《张富清传》中，大量丰富生动的细节构筑了文学想象的基石与心灵对话的桥梁。作品高度还原再现了张富清从出生、成长到战斗、工作、生活中所经历的种种磨难与考验，以对主人公生命中最本真闪光的精神世界的刻画，拉近了时代楷模与当代读者的心灵距离。可以说，在“同题”作文成为独特现象的人物传记领域，没有广泛扎实的采访以及“从人民中来、到人民中去”的创作指向，就没有这部作品的成功。

钟法权：在《张富清传》创作之初，我就给自己立下了一个写作要求：尽可能少用人物对话，尽可能不发感慨议论、不采用为先进人物提供的“事迹材料”，力争做到一个故事就是一个画面，让无数的画面使作品既好看，又丰满。因此这部作品中少有铺陈、渲染与解释，只有素描般的呈现。从头至尾，我就像旁观者一样，不议论、不评价，只是充当了一台“摄像机”的角色。由于采访量很大、写作素材很多，所以写作的过程也是一个不断取舍的过程。最终，无论是硝烟血雨的战场，还是大漠戈壁的征程；无论是隐藏功名向深山，还是初心永恒担道义；无论是迎接黎明的曙光，还是置身贫困的农家；无论是困局坚守永向前，还是为民修路攀绝壁；无论是病痛的折磨，还是大爱与甜蜜；无论是最后一站，还是本色一生；无论是山水的壮美，还是大自然的清香，作品传达给读者的要么是生动的故事、直观的场景，要么是鲜活的细节，就像4D影院中的呈现一样，让读者“亲闻”英雄人物的“原声”，直接感悟其人生轨迹与初心，读后让人看得见、摸得着，读后有感觉，心中有温度。在写作张富清的人生历程时，我也当然地涉及了对不同时代中存在的一些“问题”的书写，能不能通过一种中正、柔软的态度来表达我们对历史、对人的思考与认识？这也是我在写作中一直思考的问题。

路斐斐：《张富清传》以质朴清爽和高度凝练的诗性语言突显了报告文学的“文学”魅力。作为一名经验丰富的报告文学作家，您亦有着多年的小说创作经历，从虚构到非虚构写作，从书写大时代、大事件的群像类“报告”到写好一个人、一生事的文学叙事，您的写作观都经历了哪些变化？您如何理解报告文学的文学性与新闻性？

钟法权：创作是一个个体的劳动，需要经历不断实践、积累、锤炼、总结、提高的过程以及从盲目、模仿到自成一体，从混沌到觉醒，从小题材到重大题材的把握转变，从量的积累到精品观念的确立等。关于报告文学我一直认为，它的文学性是最主要的，犹如一块黄金，含金量的高低决定了黄金的成色与存世的久远。报告文学的写作关键也在于题材，如果是历史题材，就更需要作者在文学性上下足功夫，把史料写活，让人读后有近在眼前、近在当下、近在身边之感。报告文学的“文学性”体现了作家的功力和文学境界，而其新闻性则如春夏秋冬的自然交替一样，不应是一种刻意的追求。这其实也对应着报告文学写作中的一个老问题，即如何把握艺术性与真实性的关系。对报告文学来说，没有艺术表达的“真实”只能称之为“罗列”，反之也要尽量避免把小说创作中浪漫的主观臆想写进来，因为虚构的报告文学首先就是一部失败的作品。另外在写作手法和理念上，我也一向反对作者“一感三叹”的空泛议论。我曾读到有的作品，几十万字中几乎五分之一都是作者的感叹和议论。作者为什么要感叹、要议论？无外乎煽情，无外乎担心读者“看不明白”，或是作者掌握素材太少而有意拉长文字。在我看来，报告文学只要挖掘得足够深，把情节细节写到位，自然就能起到“情到深处自然浓，意到浓时怎忍舍”的效果。报告文学的高度首先取决于选题立意的高度。报告文学更要写有价值的东西，无论是写“大”还是写“小”，都一定要给人以启迪。当然，今天的报告文学已与百年前大有不同，但在写作中我们还是应把报告文学特有的那种仪式感、历史感呈现出来。我们依然要讴歌，但要注意不能“言过其实”，不能把真实写得“虚假”，要多想想还能不能写出“不一样”的东西。在《张富清传》的创作中，我摒弃了报告文学创作中长期存在的模式化、概念化的英雄传记“套路”，尽可能给读者带来一种情感饱满、内容扎实的传递。我力图用生动的文学语言写一个接地气、食人间烟火的英雄人生，不仅写英雄的伟大，也写他的平凡与成长。我用故事切入又借助故事展开，让人读了第一句就想读第二句、第三句，我想让精彩的故事和与生动的细节骨肉相连，让读者欲罢不能，让作品的“骨感”与“肉感”相互依存并浑然一体。这样的叙事就如一座山离不开石头和泥土一样，土是山的肉，石头则是山的骨。没有石头的山是无法矗立的，而只有石头没有土的山则是缺乏生命力的。《张富清传》从头至尾都在讲述故事，一个个故事被巧妙地衔接起来，就像汩汩有声的西河水，贯穿来凤山川，两岸尽是奇妙的风景。

路斐斐：第八届鲁奖获奖作品中，军旅作家作品有6部，其中报告文学占3部，体现了近年来军旅文学特别是军旅报告文学的长足发展。作为一名在部队走上文学创作之路的作家，文学与军旅生活给予了您哪些积淀与启发？对军旅文学在探寻重大历史、汇聚精神力量、引领时代风尚等方面所起的重要作用，您有哪些切身体会？在您看来，写好当代的军旅文学还有哪些可以着力之处？

钟法权：2022年，我写军队改革的小说《风过昆仑山》获得了《解放军文艺》双年奖，这部小说的写作中其实就体现了我对当代军事文学可以表现什么、表达什么的一些思考。追溯军事文学的历史，中国的古典文学中，《史记》有很大一部分记录的就是战争。在人类历史的进程中，军事题材始终是文学创作的主题和高峰之一，古今中外产生了不少名著，像《三国演义》、《水浒传》、《战争与和平》、《静静的顿河》等。军队是一所特殊的熔炉，不仅教人怎样走路，怎样系好人生第一粒纽扣，还教人如何树立正确的世界观、人生观、价值观。军队是一个崇尚英雄又英雄辈出之地，我曾在军队干休所短暂工作过，那里的老干部大多是老红军、老八路、老解放，他们无不经历过生与死、血与火的战争考验，不经意间讲出的征战故事都成为我日后创作的重要素材。军队也特别重视文学创作，各大单位以前每年都要举办军事文学创作培训班，不断为部队培养文学新人。我就是在这样一个优越的环境里一边写着公文一边进行业余创作，不断得到鼓舞与激励的。军队也是重大典型产生的摇篮，因此讴歌英雄、引领时代风尚，从来都是军队作家义不容辞的责任。张思德、董存瑞、黄继光、邱少云、雷锋、苏宁、李向群、杨业功、林俊德等英雄模范之所以深入人心，与文学作品的讴歌有着紧密关系。如原总后青藏兵站部之所以成为一个英雄群体的符号，就离不开散文家王宗仁几十年的不断书写。一个时代有一个时代的风貌，一个时代也需要先进典型的引领，在重大典型人物的书写上，写作者必须树立"精品化"意识，防止刻意"拉长"注水，要坚持文学性、思想性和真实性的高度统一，防止顾此失彼，杜绝假大空。报告文学作家还要坚持深入生活的理念，多写接地气的，有烟火气、鲜活气的报告文学作品，对已经成为历史的人和事，少用个人想象和夹叙夹议的写作方式。现在我也有幸成为"文学陕军"中的一员，切身体会到文学大省对文学的重视、对作家的关心爱护，而长期的军旅生活使得军事题材仍是我最熟悉和热爱的领域，这"一亩三分地"依然是我创作的故土原乡。未来如何写好我们今天的军事文学，我认为还需要突破一些固有的局限。比如，我们写军人艰苦奋斗、无私奉献的牺牲精神，这当然是军事文学的永恒主题之一，但是今天的书写不能与时代割裂开，我们还要写现代的生活、现代的军队，要把军事文学放在新时代的背景下去打开新的文学空间。

路斐斐：创作完成《张富清传》之后，您的另一部报告文学作品《硝烟中的号角：百战英雄王占山》作为中国作协的重点扶持项目亦获得了众多关注。从张富清到“七一勋章”获得者王占山，鲁奖的肯定对您同类题材的写作带来了哪些影响与启迪？您认为一个优秀的报告文学家应具备哪些基本素质？未来您还有哪些想要践行的写作目标？

钟法权：一位优秀的报告文学家首先应该是一位好作家。身为作家，就要让自己的作品体现出强烈的思想性，同时还要展现出良好的文学功底。作为报告文学家，尤其还要能做到腿勤、口勤，只有亲眼见到，作家才能真的想到、写到。同时，一名优秀的报告文学家还要有崇高的使命追求，有对文学的无限热爱和不断进行自我挑战的创作自觉。荣获第八届鲁奖于我来说是一种肯定、一种鞭策、一种激励，使我要创作文学精品的意识更加自觉、强烈。一个作家如果没有对精品的追求和自我超越的精神，那他接续创作的作品要么将原地踏步、要么就会后退。一个成功、成熟的作家，其作品的体裁、内容和方式应该是丰富多彩的而不能拘泥于一种。法国作家罗曼•罗兰在写出《贝多芬传》、《米开朗琪罗传》、《托尔斯泰传》等名人传记后，同样写出了长篇小说《约翰•克利斯朵夫》等名著。鲁迅先生既写小说、诗歌，还写散文杂文等。以前我一边写报告文学一边写小说、散文，日后我会把更多时间和精力用在小说创作上。如今，我们有幸处在中国发生巨大变革的新时代，现实生活就是一个奇妙无穷的世界，给作家提供了丰富无尽的文学想象。在创作《张富清传》之前，我已完成了长篇小说《重生》的初稿，完成《张富清传》之后，我又对《重生》进行了认真反复的打磨，同时还创作完成了纪实文学《硝烟中的号角：百战英雄王占山》、《为珠峰测高的人们》等，并将于2023年国庆节前出版发行。我始终坚信，一个作家只有不停地写作，才有不断接近文学高峰的可能和希望，作家只要把讴歌人民、讴歌英雄、讴歌新时代作为己任，坚持不懈、持之以恒地在文学道路上持续发力，就一定能创作出与时代同行的磅礴之作。

龚盛辉：
高科技时代的文学小蜜蜂

丛子钰：您在获得第八届鲁迅文学奖之前已经获得过中宣部“五个一工程”奖、中华优秀出版物奖、中国好书奖、解放军文艺奖新作品奖，创作出《铸剑》、《决战崛起》、《中国超算》、《国防之光》等优秀的军事题材报告文学作品，我注意到您也进行小说创作，比如《绝境无泪》、《通天桥》、《老大》、《导师》等。从1994年开始创作到现在已经过去了28年，在这些年的创作中，《中国北斗》对您个人来说有什么特别的意义？

龚盛辉：我近30年的文学创作，大致分为三个阶段。开始文学创作的前三年，主要写反映部队基层连队生活的中篇小说，先后发表了《通天桥》、《老大》、《野火》等。随着对国防科技大学科技工作者工作生活的不断了解、熟悉，我开始转向反映高科技攻关的小说创作，先后发表或出版中篇小说《导师》、《章鱼》和长篇小说《绝境无泪》。21世纪初，我开始结合本职工作创作长篇报告文学，先后出版了《国防之光》、《铸剑》、《向着中国梦强军梦前行》、《决战崛起》、《中国超算》、《中国北斗》。在这些作品中，《中国北斗》是最想写、最难写的一部作品，也是获得扶持力度最大、获得奖项最多、对我影响最深的一部作品。

从子钰：当初为何选择写这个题材？这部作品的创作过程如何？

龚盛辉：其实《中国北斗》这部作品在我心中酝酿已久。我是一名军人，而且参加过 1979 年自卫还击战，因此对世界军事动态一直比较关注。而《中国北斗》的创作缘起，正与此有关。

1991 年初，美国发起了代号为“沙漠风暴”的第一次海湾战争。作为军人，我非常关注这场“既让人惊心动魄，更让人耳目一新”的战争。战争中，以美军为首的多国部队，大量投入高科技武器装备，使第一次海湾战争向人类呈现出一种崭新的战争形态。事后，我对这场战争进行了长期跟踪研究。在这场战争中，美国为什么胜得如此干脆利落，伊拉克为什么败得这样彻头彻尾？主要原因，就是高科技武器使战争的天平，完全倒向了美国一边。高科技武器有多大威力，从“战斧”巡航导弹就可看出一斑。当时的伊拉克总统萨达姆耗时近十年，苦心经营了一座深入地下数十米、富丽堂皇的地下总统府。战争爆发后，美军实施“斩首行动”，从战舰上发射的两枚“战斧”巡航导弹，飞行两千多公里后，一前一后钻进了直径不到两米的位于沙漠腹地的地下总统府地面换气窗，一举摧毁了萨达姆的地下宫殿。两千多公里发射的两枚导弹，钻进了不到两米的目标，令人不可思议。当时，看到这段录像时，我真的被惊到了。然后我就想，美国的巡航导弹是怎么找到两千多公里外、直径不到两米的换气窗的？后来我在无意中看到一份介绍美国 GPS 的资料，才终于解开了这个谜团。当时美军的导航卫星为防区外发射的巡航导弹提供精确制导，美军那两枚摧毁伊拉克地下总统府的导弹，就是在 GPS 导航卫星引导下，飞行两千多公里，并精确击中目标的。从那时开始，我就开始关注美国 GPS 导航，以及中国开始建设的北斗卫星导航。2017 年，我的前一本书《中国超算》完成出版，北斗三号全球系统也恰在这时拉开了卫星组网的序幕。于是，我也迈出了创作《中国北斗》数年“长征”的第一步。

北斗卫星导航系统是中国航天史上系统最庞大、建设难度最大、参建人数最多、建设时间最长的航天工程之一。对我而言，是数十年文学创作生涯里，采访、写作难度最大的作品，曾为此失眠复失眠，吃尽苦中苦。我先后采访五六十名北斗人，四进四出西昌卫星发射中心，飞行里程可以绕地球数圈。本书的采访与创作，也是感动之旅。这种感动来源于北斗人“自主创新、开放融合、万众一心、追求卓越”的北斗精神。这种精神充盈于他们为北斗卫星导航不懈征战的漫长历程，也体现在千万个北斗人身上。每采访一个北斗人，就被他们感动一次；每写一个北斗故事，就受到一次北斗精神的洗礼。这一次次感动、一次次洗礼，赋予了我坚持下去的激情。

丛子钰：这几年来军事题材佳作不断，比如获得第十届茅盾文学奖的《牵风记》，还有同样获得这届鲁迅文学奖的小说《荒野步枪手》、《在阿吾斯奇》等，这些作家有些是您的长辈，有些还很年轻。您的创作受到过哪些作家影响？除了一些经典作家，当下的文学和生活给您在创作上提供过什么启发？

龚盛辉：任何一名作家，都是在阅读名家作品并吸取其创作思想精华中成长起来的，我也不例外。但我的阅读比较杂，没有专注并深入研究过某一位大师的作品，而且由于工作的需要，除了阅读文学作品，还要阅读并撰写许多新闻稿件，甚至要阅读和书写许多政论文章、工作报告。

有两名老作家对我的文学创作帮助、影响很大。一位是中国人民解放军原装备部创作室已故老作家苏方学。苏方学老师不仅创作出原子弹系列小说五部曲，而且极力扶持文学新人。在我基层连队生活小说创作遭遇“瓶颈”时，苏方学老师引导我说：“野战部队生活小说，现在大家都在写，而且基本上是名家，好作品太多，你难以抢到风头。国防科技大学那么多高科技作品，那么多名家大腕，是时代关注的焦点，是块文学富矿，别人不熟悉，写不了。你熟悉，你能写，只能潜下心来深挖几年，一定会挖出几块‘狗头金’。”他的一席话，把我创作的笔触引向了高科技这座文学富矿。

还有一位是评论家丁临一老师。1994 年，我的中篇小说《通天桥》几经退稿，自我怀疑之际，时任《解放军文艺》编辑的丁临一老师发现了《通天桥》的另一种价值，在 1994 年第 9 期上刊出。这是我的中篇小说处女作，它给了我在文学之路上继续前行的勇气和信心。难忘当年与丁临一老师一边漫步，一边聆听他的指点和教诲的情景；难忘在《昆仑》杂志社，张俊南主编和我交流改稿意见时，他那循循善诱的话语、和蔼可亲的笑脸；难忘在《昆仑》编辑部，与余戈编辑并排而卧、畅谈文稿的夜晚。在 1995—1997 年短短两年多里，《昆仑》相继推出我的《老大》等三部中篇小说和一部小长篇报告文学《路在脚下》，其中以高科技攻坚为创作背景的《导师》、《与我同行》、《章鱼》均获得全军文艺奖新作品奖。虽然《昆仑》在 20 多年前休刊了，但它至今依然如昆仑山一般耸立在我的心中！

我的高科技系列文学作品之所以能获得成功，要感谢当今这个伟大的时代。在这个崭新的时代里，高科技发展突飞猛进、日新月异，呈现出井喷式、爆发式发展的繁荣景象，推动着人民军队现代化战车滚滚向前。她就像一片无边辽阔、繁花盛开、百果沉枝、轻风荡漾的大花园，任由我这只文学的小蜜蜂，随风起舞，追花逐香，肆意酿制文学的琼浆，收获高科技文学创作的芬芳。

丛子钰：您的身份既是报告文学作家，又是军人，是国防科技大学的一名新闻工作者。不同的身份对您有怎样的意义？

龚盛辉：我首先是一名军人，然后才是一名作家。参军入伍后，在连队从一名新战士，到班长、排长，再到副连长、连长，一步一个脚印，扎扎实实、摸爬滚打了十年，培养了我坚忍不拔的毅力，为我此后走过漫长、艰辛的文学创作之路奠定了性格基础。至于新闻写作与文学创作，它们是一种相辅相成、互利共赢的关系。我作为新闻记者，经常深入科研攻关一线，经常接触专家教授，了解他们的喜怒哀乐、奇闻逸事，搜集到大量素材，为文学创作提供了源源不断的源头活水。从事文学创作，可以掌握灵活多样的文字表达方式，让新闻作品更鲜活、更灵动、更打动人。也许正是这个缘故，这些年我在《人民日报》、《光明日报》、《解放军报》、《科技日报》等国家级新闻媒体上发表大量新闻作品，其中数十篇作品获奖，真正做到了文学创作、新闻写作双丰收。

蒋巍：
与英雄奋然同行

许婉霓：首先祝贺您的长篇报告文学《国家温度》获得第八届鲁迅文学奖。为了完成30万字的《国家温度》和35万字的《主战场：中国大扶贫——贵州战法》这两部大作，年过七旬的您一年半没回家，先后跑了陕西、新疆、贵州、上海和黑龙江的许多地方，真是令人敬佩。您能和我们具体分享一下您在这场全国脱贫攻坚战中的创作体会吗?

蒋巍：你用“大作”这个词真是恰如其分（笑），不过这个“大”不属于我，而属于这个气象万千、磅礴奋进的新时代，属于所有的奋斗者。历史进程再伟大宏阔，也是靠人推的。写扶贫故事，就得翻山越岭、进村入寨，坐在田间地头跟乡亲们聊大天。在新疆，我曾遇到一位维吾尔族乡长，叫艾江什么，名字一大串，扶贫工作做得特别好。我说你的名字不好记，干脆改名叫艾江山吧！周围的老百姓都笑了，热烈鼓掌。

许婉霓：您在报告文学写作上总是保持着蓬勃激情，文采飞扬，您是怎么走上报告文学创作道路的？您最初是专攻诗歌的，为何后来又选择了报告文学这个领域?

蒋巍：我是在北大荒时开始写诗的。那时从哈尔滨的小家一下进入广阔的天地，目光和心胸顿然开阔了许多。尤其当了兵团战士，不过扛的枪是木头的，出了食堂就能看到黑龙江对岸的俄罗斯大地和农庄，家国情怀油然而生。回城后当了记者。改革开放后，我忽然发现，诗这种形式已经装不下我遇到的种种杰出人物了，于是改写报告文学，结果连获第二届、第三届、第四届全国优秀报告文学奖，从此一发不可收，一直奋斗至今，已经半个世纪了。

许婉霓：好的报告文学离不开大量生动、感人的细节。您的作品中，细节总是令人印象深刻，您是如何抓住并呈现这些细节的？

蒋巍：所有这些故事细节都不是我想象和瞎编的，而是生活中真实发生的，这就是我酷爱报告文学的原因。正如歌德所说："生活是上帝的作坊。"它远比所有作家都更有想象力和创造力。在新疆采访时，一位70多岁的老兵已经糊涂了，老婆、孩子的名字都叫不出了，但只要问他是哪个部队的，他会立即站起来敬个军礼，吼着嗓子大声说："我是四十七团三营二连战士李为东！"这辈子他就记住这句话了。坐在一旁的维吾尔族老伴说："我每天看着他，不让他出门，可他还是像老鼠一样，天天溜出去找活干。"类似的老兵故事很多很多，让我一次次深受感动、震撼，写作的冲动和激情便油然而生。新疆兵团曾搞过一次大型露天演出，我为他们写了一首歌颂十万老兵的诗，其中有几行是这样的：

我登上昆仑峰，再没下来过；
我走进大戈壁，再没出来过；
我举起砍土镘，再没放下过；
我种下一棵树，再没离开过。
一生一世，死也不占一块绿地；
墓碑上的姓名和籍贯，永远向东！

当时全场掌声如潮，很多老兵泪流满面，连两位朗诵家都哭了。我为什么能写得如此动情？因为我去调查过，我也是含着眼泪写的。

许婉霓：有人说，报告文学是时代的镜子，是为历史作传的。在长年的报告文学写作中，您对这一点有什么看法？又是如何处理时代和人物的关系的？

蒋巍：文学界常说，真实是报告文学的生命，但仅仅做到这一点是远远不够的，因为那就成了好人好事表扬稿、黑板报了。写人写事，你必须把他放在大时代的地平线上加以考察，作出具有宏观意义的价值判断，这样才有广泛的公共性和可读性。比如，20 世纪 80 年代初，我采写了哈尔滨林机厂上任两年的厂长邵奇惠，他毕业于哈工大，通过改革使一个濒临倒闭的老厂起死回生。如果只写他的事迹，那就是个人化的表扬稿了，但我在文中得出一个结论：以邵奇惠为代表的一大批知识分子走上各级领导岗位，标志着国家的现代化建设将从此走上科学的轨道。可以说，我的判断是敏锐的，预言是准确的。此文名为《在大时代的弯弓上》，由《人民文学》1983 年第 11 期头条刊发，后来获了第三届全国优秀报告文学奖。

当然，我也常写时代中的平凡人物。比如，我写过佳木斯市一位长驻农村地区 20 多年的普通警察王江，文名就叫《王江的意义》。那片管区很大，有山有水有平原。当地警室就王江一个人，那也是他的家，他外出办事，妻子就在家帮他接群众来的求助电话。此文在《光明日报》刊发后，受到党和国家领导人的关注，王江则被公安部授予“全国公安系统一级英雄模范”称号。这就是作家的贡献，也是义不容辞的责任。

在我看来，深入基层，用心用情写这些人物，不需要动员，甚至也不需要觉悟。唯有感动，在激励我不断发现、不断出发。妻子说我“虽为老骥，并不伏枥，天天在上空飞来飞去”，虽然辛苦，热血却总在沸腾，内心也总是充实的，精神是昂扬的。

许婉霓：您的报告文学新作《光芒中的光芒——中国激光探秘》近日由浙江教育出版社出版。这部新作涉及复杂深奥的前沿科学领域，想必面对复杂的科学知识，创作并不容易，您是怎样面对这样的挑战的？

蒋巍：《光芒中的光芒——中国激光探秘》写的是中国科学院上海光学精密机械研究所的故事。20 世纪 60 年代初，中国的第一束激光就是那里的科学家创造出来的，比美国晚了不到一年，比苏联和西方其他发达国家提前了许多。现今，中国的激光已经进入太空，登上月球，深入大洋，在社会各个领域得到广泛应用。可以说，激光从它诞生的那天起，就创造了一个属于自己的时代。为采写本书素材，我拖着重重的行李箱，从贵阳飞到上海，到地处嘉定区的中国科学院上海光学精密机械研究所深入生活，手腕因此受了伤，疼了一年多。为减少对方的麻烦，我自费住进附近的旅店。其间，我采访了很多老中青科学家，参观了他们的工作室和实验室，当然有些让看，有些不让看，严格保密。同时我阅读了很多相关科学著述，“恶补”了大量知识，几乎可以给学生讲激光史了。

许婉霓：您在报告文学界奋斗了半个世纪，至今不知疲倦，还在继续创作。您的动力是什么？

蒋巍：伟大的时代必然是英雄辈出的时代，作家不应该是旁观者，不应该只关心自己的“小宇宙”。一滴水融入大海，才会有足够的深度和广阔的蔚蓝。我以为，面对实现中华民族伟大复兴的历史性机遇，作家的使命就是不让英雄寂寞前行，而应与英雄奋然同行！

综述：文学的旋律与和声

□张志强

第八届鲁迅文学奖与往届相比，面临着更为复杂的社会、自然、历史与人类的语境。作家们面对的是已经和正在发生着的变化，这些变化骤然突袭，振动了每个作家的神经。报告文学作家们敏感地触摸和书写着这个丰富而多向的现实，书写触及国运、民生、人性的话题。在呈现时代精神、展示大国风范之外，多了许多人文关怀、文化思考与深度的精神挖掘。

尽管 338 部参选作品最后获奖的只有 5 部，但在一轮又一轮的淘汰赛中，在评委们激烈交锋的讨论中，我们窥见到了近年报告文学作品的鲜明刻度。我们可以从题材、表现手法、叙事深度等方面看出这届参选作品的一些特征。

第一是作品题材的丰富性、广泛性。仅就获奖的 5 部作品看，已经覆盖了自 2018 年以来的诸多社会焦点的靶心，如建党百年（丁晓平的《红船启航》）、航天科技（龚盛辉的《中国北斗》）、时代英模（钟法权的《张富清传》）等。特别是脱贫攻坚成为 2020 年最重要的社会现实，我们也读到了全面描写国家扶贫行动的《国家温度》（蒋巍），以及反映区域脱贫攻坚行动的《江山如此多娇》（欧阳黔森）。

丁晓平的《红船启航》穿越时间，写出了“从红楼到红船、从石库门到天安门、从开天辟地到共同富裕”的百年建党史诗。龚盛辉的《中国北斗》以亲眼看见航天科技发展过程的经历，描写了大国重器研制与发射组合的全过程，作品宏大壮阔。蒋巍以他有力的步伐跑遍多个扶贫地区，以细腻而优美的文字完成了《国家温度》。可以说，这部作品的厚实度是近年来报告文学创作所少有的。欧阳黔森的《江山如此多娇》以激情昂扬的文字，发出了贵州人民脱贫攻坚的声音，读来给人以震撼之感。钟法权的《张富清传》是一部独特而又新颖的作品。张富清是一位隐藏功名60载的英雄人物，受到过习近平总书记的表彰，该书用细节完满地还原了传主90余年的本色人生。

最终入围前十的作品除了以上类型外，还有从一个精神病患者角度叙述精神抑郁症的作品《野地灵光——我住精神病院的日子》（李兰妮），书写曾经影响了新中国一代人的“大三线”建设主题的《热血在燃烧——大三线峥嵘岁月》（鹤蜚），描写影响了几代人的楷模焦裕禄的作品《大河初心》（高建国），全景式呈现青藏高原科考历程的《青藏光芒》（马丽华），描写隐姓埋名的志愿军英雄柴云振的《迟到的勋章》（王龙）等。

第二是表现方式的多形并重。传统的单线结构、顺时叙事不再是唯一的呈现方式。表现国企改革后工人命运的《百炼成钢》（唐朝晖），以口述实录的方式和客观冷静的叙事姿态，描述首钢工人搬迁后的遭际。在历史叙事中，有些作品不但是在叙事历史，还在历史的密林深处窥见到了历史的另一副面孔。何建明的《革命者》、徐剑的《天晓：1921》等作品正是在历史话语中攫取出独特的叙事空间，从而让人耳目一新。即使是主题创作的作品，在主观视角之外，也能够看到客观呈现和多维突进并举的状态，形式与内容、故事与话语都具有了令人惊异的表现。

第三，本届参选的作品在题材的新鲜程度上也有了一定的变化。作家们在现实题材中找到了新视角，在历史话题中有了新发现。航宇的《路遥的时间》从作家朋友的角度出发，有深度、有新料，也有贴近的观察、理性的叙事，让我们看到了作家路遥平凡的真实。蒋巍的《国家温度》虽然是宏观描写扶贫，但是作家却找到了几个不同的独特的切入点，找到了宏大架构下微观进入的方式。高建国的《大河初心》写的虽然是焦裕禄，却发现了新材料，找到了独特的表述语言。作家不只是事件的复述人，更是观察与发现者，他们挖掘到了叙事对象的与众不同，并果断地以文学的方式介入现场。

第四，大多数作品在思想深度与认识高度上有了一定的提高。虽然相当多的作品只是再度重述与复现过往的题材和事件，却从深度思考中挖掘出更为深刻的认识。古岳的《冻土笔记》，肖林、王蕾的《守山》，肖睿的《库布其与世界》，董保存的《涅槃：北京"动批"三十年》，禾素的《春天里的人们》，詹文格的《寻路中医》等作品，在事件叙述的基础之上，对事件的起因、现状有了较为专业与深度的剖析，提出了在人物与叙事之外的反思与追问。读这样的作品，不仅能够清晰地厘清事件原委，更能认识到事件的本质，至少提供了对事件的个性认识与剖析，具有一定的思想性。

主题创作也有较深入的探索，如厉彦林的《延安答卷：脱贫漫记》、曾平标的《中国桥：港珠澳大桥圆梦之路》、叶梅的《粲然》等，虽然在主题写作方面向前走了一小步，却是点亮作品、使作品升华的关键一步。留给读者思考和回味的可能恰恰就是这一小步，正是这一小步隐秘着作家激情之外的理性与见识，让读者触摸到了事件的精神高度。

第五是作品的文学性有了明显提高。白描的《天下第一渠》、韩小蕙的《协和大院》、孔见的《海南岛传：一座岛屿的前世今生》等作品文字厚实，抒情说理，叙事精当，都有较高的文学性，体现了作家们良好的文学修养与功底。蒋巍的《国家温度》显示出作家一贯的文学素养，语言讲究，结构严密，叙事洒脱，展现出报告文学的独特品质。马丽华的《青藏光芒》语言讲究，在文学描述之中加进了更为严谨的科学思考。

从根本上来说，报告文学是报告，更是文学。语言、叙事、结构都要具备新颖独特的、美的实质。总体上看，作家们秉持文学理想，恰当地使用了叙事话语权，让作品释放出独特的馨香味道。

但众多的参评作品中，我们也感受到了某种单一性，如主题创作几乎成为大多数作品的风格。这种写法本身无可厚非，但问题是有些作品却成了简单的宣传与口号，甚至成了某种单纯的正面描述。有些撰写英雄业绩的作品，除了简单的赞美之外，几乎看不到作品要表达的社会、道德和文学意义，这是需要我们深刻反省的。如果在作品中看不到作者的思考，更不能在叙述中找到震撼与启发，作品所散发出的那些“一路激情一路歌”的情绪，除了能够暂时唤起某种冲动之外，其实没有更大的价值。好的报告文学作品必须具有强烈的说服力和思辨性，好作品应该在冷静客观的叙述之外，具有深刻而独特的思想性。只有在主题写作之外加入个性化的、有深度的思想判断和哲思描写，作品才会丰富且具有灵性。

旋律与和声是构成音乐表现的核心，如果把文学作品比作音乐，那么我们这个时代所需要的旋律就是作品的主调和叙事主题。同时，一部作品只有主音没有和声，就会失去曲调的悦耳与和谐。只有当和声加入进来，作品才具有艺术叙事性。旋律与和声是不可分的，正是两者的配合与合理的比例才使音乐具有一定的高度。文学作品亦然，含蓄性、委婉性、语言的优美性不只是其他体裁的专利，也是报告文学创作的特征。

另一个现象是作品的问题意识、反思意识不够。虽然有表现比较突出的反映粮食问题的《中国饭碗》（陈启文）、《粮食，粮食》（何弘、尚伟民），表现生态保护的《治沙愚公》（陈玉福）、《荒野归途》（张赫凡）等，但还有很多作品虽然触及了一些社会、精神层面的现象，深度远远不够。这一方面反映了作家社会责任感的缺位；另一方面说明作家创作准备的不足，甚至是仓促上阵，没有想到向题材的深度和难度探索，去寻找叙事的力量。

虽然有上述问题的存在，但从参选的作品中也能感觉到某种大可期待的未来。首先，从参选作品的数量上就能够感受到报告文学创作繁荣的态势。338部报告文学作品在所有参选的类别中是最多的，差不多都是几十万字的长篇，有的甚至是几卷本的大长篇作品，这极大表明了作家们高涨的创作热情。其次，大时代、大事件、大眼界为作家们提供了不尽的创作来源。我们距离五四新文化运动已过百年，而今天所面临的文化变革与思想进步更加复杂、更加丰富。除了时代的变迁，还有自然、生态、社会、政治、军事等多重变革与寻路。历史交错、时代进程的大幕为作家们打开了一个个崭新的、有深度阐释价值的视域。“无穷的远方”和“无数的人们”都在等待着作家们去真实地描写和表现，这是报告文学创作无尽的源泉与不尽的矿源。

刘笑伟《岁月青铜》

陈人杰《山海间》

韩东《奇迹》

路也《天空下》

臧棣《诗歌植物学》

诗歌奖

授奖辞

刘笑伟的《岁月青铜》弘扬政治抒情诗的优秀传统，诗意诚挚、旋律豪迈，抒写强军壮歌，吟咏家国情怀。陈人杰的《山海间》，立意高远、意象丰赡，眼中山河壮丽，心底时代巨澜。韩东的《奇迹》，洗练而精密，宽远而平和，提示了凝视和感知日常生活的特别视角。路也的《天空下》，亲近生生万物，融汇内心万象，率真的语言闪耀着圆润晶莹的光泽。臧棣的《诗歌植物学》，体悟大千宏微，辨听灵性回声，在深邃的对话中抵达对人和自然的双重赞美。

有鉴于此，授予上述作品第八届鲁迅文学奖。

刘笑伟：
艺术化地抒写人与时代

黄尚恩：刘老师，您好！祝贺您的诗集《岁月青铜》获得第八届鲁迅文学奖。这部诗集分为“钢铁集结”、“谁能阻止青春的燃烧”、“写下太阳般闪亮的诗句”和“一个大校的下午茶”四辑。您在编排的时候有什么样的总体考量？

刘笑伟：诗集《岁月青铜》能够获得第八届鲁迅文学奖诗歌奖，我一直认为并不仅仅是授予我个人的，而是授予有着悠久历史传统、光荣使命任务的军旅诗的。毕竟，从第五届鲁奖之后，已经连续12年没有军旅诗人获得鲁迅文学奖的诗歌奖了。这次获奖，让军旅诗的光荣得以延续。

说到这部诗集的编排，我认为还是有一些亮点的。第一辑“钢铁集结”主要讲述的是当下中国军队生活的一些重要场面，记录和讴歌的是新时代的强军事业。比如，《你张开双臂》热情讴歌了新时代爱国戍边英雄群体，《快于光》讲述的是中国空军“金头盔”竞赛背后的热血比拼和战斗故事，《朱日和的“狼”》描述的是红蓝对抗演习中的“蓝军司令”满广志钻研高科技战争的精神意志，等等。或许可以这样说，“钢铁集结”是我对新时代中国军队“体制一新、结构一新、格局一新、面貌一新”的近距离观察和诗意化抒写。第二辑“谁能阻止青春的燃烧”主要写的是我30多年的军旅生活。比如，前三篇《火焰》、《刀锋》、《花海》，就是对我1997年7月1日作为首批驻香港部队的一员，冒着滂沱大雨进驻香港时的深沉追忆。在这一辑里，我写了入伍的场面、老连队、军装、军被、军姿、齐步走和拉歌等军旅生活的生动回忆和细节体验。《红海》写了中国军人在海外执行护航任务，《移防之夜》写了军改中部队移防的场景。其中一些是过去的军旅诗没有写过的题材。第三辑“写下太阳般闪亮的诗句”也是比较新的题材，那就是高科技。这一辑中的诗作，是我对于军旅诗新题材的一些积极探索，主要描绘了近年来中国军队取得的高科技成果。比如《巨浪》、《东风》、《极度深潜》等。第四辑“一个大校的下午茶”则侧重于表达我的诗歌观点，以及对于人生和日常生活的理解感悟。可以说，这部诗集中的77首诗作，都是散发着新时代光泽的军旅诗，都打着鲜明的时代烙印。

黄尚恩：诗集《岁月青铜》的首篇诗作是《朱日和：钢铁集结》。您曾说过，这是自己比较重要的一首诗。请简单介绍一下这首诗的创作背景，并谈谈它对于您来说为何重要。

刘笑伟：为庆祝中国人民解放军建军90周年，2017年7月30日上午，人民解放军在内蒙古朱日和联合训练基地隆重举行了大阅兵。这次以庆祝建军节为主题的盛大阅兵，是人民军队整体性、革命性变革后的全新亮相。当时看着央视的直播，想起自己作为《解放军报》记者采访过的一些重大历史性活动，不禁心潮澎湃。特别是看到、听到战机翱翔、战车轰鸣，地面部队跑步集结时升腾起的尘土折射着金色的阳光，心中的诗情一下子就被点燃了。我用了50行左右的篇幅，对这支军队的历史与现实进行了高度概括，特别是对新时代人民军队的巨大变化进行了具有现场感的速写。这首诗对于我来说之所以重要，是因为它是一道“分水岭”——自此之后，我的诗歌自觉地向着新时代军旅诗不断迈进。

黄尚恩：《岁月青铜》处理的是比较“硬”的军事题材，比如宏观的军事场面、先进的军事科技等。一般来说，这样的题材比较难进行诗意转化。您在具体的创作过程中，面临了怎样的创作甘苦？

刘笑伟：军旅题材无疑是宏大的，但越是宏大的主题越需要“小”的切入角度，否则就会变成生硬的口号。也就是说，越是历史大事，越需要个体生命的独特体验。因此，一定要捕捉到并表达出自己独特的生命感受，同时要折射出整个时代。当下的诗歌创作有些小众化倾向，问题就在于有些诗人只写出了自己的个人感受，没有折射出这个时代。

我在创作过程中，尽自己最大的努力，去辩证处理“大题材”和“小视角”的关系。例如，军改之后，许多部队一夜之间就要移防到千里之外。这个题材如何表达？我在《移防之夜》中，选取了一个最典型的场面——与妻子和孩子告别，选用了一个最直观的意象——壁虎断尾。这首诗是这样开头的：“只有今夜，我才感觉身如壁虎 / 头倒悬着，紧贴着墙壁一角 / 身材矮小，面对你和孩子的爱 / 你的泪水流成一条青蛇 / 一下咬在了我的尾巴上 / 我一阵剧痛，尾巴总是要断的——/ 且让它挣扎一会儿”。描写军改的诗本来就不多，这首诗之所以引起一些关注，最关键的还是以“小”见“大”，以自己的独特生命体验，折射出了“时代之变”。其实，诗歌创作更像是一种冶炼的过程，需要大量的矿石（素材），需要炙热的火焰（激情），需要高超的冶炼技术（技巧），而且要经过不知多少次燃烧、多少道工序、多少回打磨，才能炼出真金。就我自己的创作而言，有些尝试成功了，有些尝试失败了。这其中的甘苦只有自己知道，只有深夜知道，只有孤灯知道。

黄尚恩：《岁月青铜》中有一些“诗中谈诗”的诗，比如《拆弹手》、《不一样的诗》、《我的军旅诗》、《语言是粮食，诗是酒》等，从多个角度呈现了您的诗歌观。从一开始写作到现在，您的诗歌观念经历了怎样的“变”与“不变”？您现在追求怎样的诗歌美学？

刘笑伟：《不一样的诗》、《拆弹手》、《我的军旅诗》、《茶杯风暴》等诗作，呈现了我对于诗歌的认识：诗歌要艺术化地抒写时代的风貌、表达人民的声音。如果说我有“诗歌观”的话，其实很简单：就是写出时代中的人和人所处的时代。我觉得，在诗歌创作中自己始终不变的是对现实生活的书写，变化的是书写的方式与方法。还有一句很辩证的话：始终不变的就是变化。要想成为大河，必须不断有支流注入。这些年来，古典的、现代的，豪放的、婉约的，中国的、世界的……总之，始终在学习之中，诗歌写作自然也在变化之中。当下，我追求的是高扬爱国主义和英雄主义旗帜的、雄浑阳刚的、令人热血沸腾的诗歌作品，自然也就崇尚刚健、崇高、壮美的诗歌美学。当然，这些也会出现变化。大河入海之时，就平缓了、平淡了、平实了，但依然隐藏着瑰丽奇崛和惊涛骇浪。

黄尚恩：《在杜甫的怀抱中》一诗中，您借杜甫之口说出：“让大多数人读得懂诗！”实际上，也有一部分诗人认为，诗歌是写给“无限的少数人”的。这是两种不同的读者观。与此相对应，读者对新诗可能有两种截然不同的评价：一是认为有些诗歌太口语化或者口号化，不算是诗；二是认为有些诗太晦涩难懂，不想去读。面对这样的情形，我们如何更好地沟通新诗与读者的关系？

刘笑伟：对于中国诗歌的现状来说，我的诗作在某种意义上讲是一种反叛：对过于私人化，我说诗歌要书写时代；对于过度西方化，我说诗歌要回归传统；对于学院化倾向，我说诗歌应该让更多的人读懂。事实上，让“多数人”还是“少数人”看，诗作本身是“好懂”还是“晦涩”，都不是问题，问题是这首诗是不是好诗。这很重要。好诗有通俗易懂的，也有晦涩难懂的。有些好诗的读者群也很小，但并不影响它是一首好诗。我认为，沟通新诗与读者的关系，最好的方法就是诗人们真正能写出好的诗歌作品来。而这个“好”，并不是诗人自己说了算，也不是“小圈子”说了算，而应该成为时代、读者和评论家的共识。

黄尚恩：作为当下活跃的军旅诗人，同时也是军事文艺领域的编辑家，您如何看待当下的军旅诗歌创作？年轻一代的军旅诗人，在创作中体现出什么样的新特质？

刘笑伟：由于种种原因，当下的军旅诗创作的现状并不十分令人满意，没有出现与新时代要求相匹配的繁荣局面。很长时间以来，没有出现影响大、流传广的军旅诗佳作。军旅诗创作队伍也在萎缩，但即使是这样，一些军队诗人近年来把军旅诗搁在一边，把主要精力投入到其他题材的诗歌创作中，真正钟情于军旅诗题材写作的并不多。从读者的阅读评价来看，一些军旅诗作品热衷于喊口号、太直白，大家不愿看；还有一些作品则远离传统、简单模仿西方翻译体的诗作，太晦涩、看不懂。那么，如何改变这种局面呢？我认为，第一，要书写“变化”。军旅诗的创作，在和平年代不能局限于对一些浅表层现实的描述，更应该是对军队的武器装备、人员素质、心理状态等深刻变化的深情抒写。发现和写出“时代之变”，才是新时代军旅诗的真正突破点。第二，要抓住“特质”。军营充实紧张的生活、军人博大的胸怀、令人惊叹的奉献精神、对生与死的独特思考等，都是军旅诗所独具的巨大魅力。对于军旅诗歌创作而言，如果舍弃生与死的考验、革命英雄主义的情怀，而只聚焦个体的自怜自爱；舍弃雄浑和壮阔的意境，而去表现庸常的“一地鸡毛”；舍弃阳刚的、壮美的、雄浑的艺术境界，而一味追求纤细的、柔弱的、甜腻的表达方式……这与其说是一种遗憾，不如说是舍本求末。

一般来讲，诗人处于一个新的时代，就会有新的感受。年轻一代的军旅诗人，其创作一定会呈现出新时代的特质。比如，在整体写作上更加轻松自如，在题材选择上更加自由多样，在表现手法上更加多元现代。我对于年轻一代军旅诗人的期望是，他们的诗作既宏大又精微、既古老又现代、既雄壮又柔情，让人阅读后充满新鲜的阅读体验。我相信，通过老中青三代军旅诗人的共同努力，新时代的军旅诗一定能够迎来新的辉煌。

陈人杰：在雪线上丈量理想

黄尚恩：您是浙江人，因为援藏，后来又决定调藏工作，至今在西藏生活了10年。在这个过程中，您经历了怎样的心灵转变？

陈人杰：我是浙江天台人，研究生毕业以后在杭州工作，后来有援藏的机会，就在2012年到了西藏。在西藏那曲市申扎县，平均海拔4700米的地方，我整整工作了7年。可以说，来西藏是个意外，但也是冥冥注定的事，从而开启了血亲般的爱之旅。一个游子，或者说一个内心的“逃亡者”，突然被置身于原始的蛮荒之境，我所看到的生命似乎都以原初的血液流淌。人在原始的自然面前，顿生渺茫之感、敬畏之心，这与杭州西湖经过千百年来的人工雕琢的美完全不同，所喷发的诗意也是天壤之别。在西湖的歌舞柳风中，是很难唤起宇宙意识、祖先情结、苍生情怀的，而在羌塘草原，不长一棵树却生长精神和传说的藏北腹地，抬眼望去，都是人类文明难以掠取和改造的自然，保留着特提斯古海隆起为世界屋脊以来的冰封时间和地理形态，我无时不被星星垂怜、被露珠指点，仿佛每一片草叶都处于起源、发端和重新开启的时间。在这里，身体之墙突然被拆掉，灵魂潜入了这大地之家，让人产生一种莫名的感动。在这自然的伟力前，隐蔽和敞开、黑暗和澄明、辽远和封闭、孤独和胸怀、呼喊和哑默永远以其存在的本质，以更高的对立统一深深地启示着我：这里就是灵魂的家园。对于西藏，短暂的停留是不够的，需要身心长时间地融入和观照，付诸生活，就像水滴一样渗入它的大江大河里。

黄尚恩：《西藏书》是您到西藏后写就的第一部诗集。从中可以看出，西藏的山水、风物是您进行诗歌写作的重要灵感和素材。您是如何从大自然中提取诗意的？

陈人杰：诗歌的源头离不开人们赖以生存的自然。头顶悠悠苍穹，四周荡荡莽原，与心底升起的渺小的感情、混沌的玄理，相互交融，共同催生出美妙的诗句。但现代人在杂事中奔波劳累，常常忘了关注自然，更不要说与自然对话，因此，人与自然的关系也变得相对疏离了。在一些诗歌作品中，欲望完全凌驾于自然之上，堆积着个人的情感宣泄。西藏因为独特的地理环境，基本保留了较为原始的自然性和宗教性。所以，米拉日巴笔下的自然是充满着和谐、明朗与欢乐的，是真正的在观照自然时产生的“泯物我、超生死”的愉悦。西藏的神奇不言而喻，从自然事物到宗教文化，但有多少人真正读懂它？现在的时代多的是游客心态，走一路炫一下。然而，西藏所吐露的隐秘的生命含义，需要你独对万物静修冥思才能等来内心启明。来到西藏，我时刻承受着大自然带来的冲击，感受辽阔世界对于语言的刺激。我慢慢感觉到，我不再是这片土地上的旁观者，而是它泥土上的居民。我行走于雪域高原的每一条肌理，抚摸着花朵、青草、小溪、石头和群山，将自我沉入这奥妙里。所以，《西藏书》吟诵自然，以期从宁静中升起诗歌本质的抒情性，在自然中搜索诗歌的金子。

黄尚恩：从《西藏书》到获得鲁奖的《山海间》，写的都是西藏题材，但无论是从诗集分辑还是具体诗作的运思来看，诗人的主体意识增强了。您作为作者，如何看待这两部诗集之间的连续性和变化性？

陈人杰：这两部诗集之间的差别还是挺大。《西藏书》主要记录的是2012年至2017年援藏期间的观察和感悟。其中写到的内容和情绪包括：初到高原的陌生、惊奇，对当地大美山川、地理、人文的体验，对援藏事业的凝视，等等。不可否认，刚开始的时候，是有一种游客心态的，但随着时间的推进，我走遍了西藏大部分的地方，更加全面了解高原的现实生活，也更加深刻体悟到人与自然之间的复杂关系。也就是说，写《西藏书》的过程，也是自我心灵不断成长的过程。后来，连续三届的援藏工作结束，我决定调到西藏工作，整个心态又发生了比较大的变化。援藏的时候，我再怎么融入，也只是个援藏干部，像孙悟空，一只脚在地上，另一只脚在天空，有很多退路、念想，随时可以在浙江、西藏两边跑。但当决定留在高原上工作，两只脚便重重地落在现实的土地上，再也飞不走了，就必须重新思考和这片土地、人民的关系，只有建立血亲般饮水思源的感情，才能彻底地融入，开拓属于自己的新故乡，创造属于自己的精神星空。因此，《山海间》对于我而言就有着更为重要的意义。可以说，《山海间》是我在高原上"走"出来的心灵之书，是大地诗章，是精神版图上的诗歌地理学，是我留在西藏之后的灵魂拷问之诗、精神再造之诗，也是我向着诗歌高原迈进的愿望之书。因此，在创作这些诗的时候，可能会注入更加强烈的主体情感，同时随着对写作对象更加熟悉，笔法也相对更加娴熟、从容一些。

黄尚恩：诗集《山海间》中的短诗《月亮邮戳》、长诗《光的谱系》等，都直面了新时代的主旋律题材。您在写这些诗歌的时候，是如何进行情感和技术的处理，以避免陷入口号化的困境？

陈人杰：就新时代诗歌而言，现实题材是一个巨大的营养宝库。我在《山海间》中进行了大量的现实题材书写。比如说，2017年，习近平总书记给长年牧守边疆的卓嘎、央宗姐妹回信，她们的事迹引起广泛关注。如何从小处入手，呈现重大的历史事件，在含蓄委婉中隐而不发，营造无尽的想象和诗意空间，使政治诗写得轻盈深沉？我想起了个人的援藏经历，不也是在一封封的书信里寄托着“两地情书”，想起了海明威的冰山理论，露出海平面的只是冰山的那一部分小角，庞大的、深沉的部分却一直被掩埋在大海之下，也想起了李白、杜甫、苏轼笔下的月亮，还有进入邮政时代之后的邮戳……最后凝结出“月亮邮戳”这一书写在天空中的意象。“月亮邮戳”不是“千里共婵娟”的现代表达吗？念及此，虽然如水的时光将一切变成过去，却也促使了一首诗的诞生。《月亮邮戳》中写道：“春风吹开雪莲花的时候 / 我给你写信 / 信封像雪一样白 / 上面盖着月亮的邮戳。”新时代诗歌还是要回到文本本身，除了要关注题材的选择，还要强调一种审美创造性，将思想性和艺术性更好地结合起来。

长诗《光的谱系》处理的是易地搬迁、脱贫攻坚的主题。2019 年 11 月，我来到八宿县林卡乡叶巴村驻村，亲身经历了叶巴村 75 户贫困户整体搬迁到县城附近西巴村的过程。能够搬到更加安全、舒适的环境生活，这无疑是令人高兴的事情。但叶巴村毕竟是这些搬迁者世代生活的故土，我在他们眼神中看到了不舍和惆怅，因此，在写作中，我将自己多年农村的生活经验切入其中。人生的丰富性、诗歌的深刻性，都需要我们回归事件本身，所以，我在诗中写道：“这早起的草是中年之书 / 乡邻如同抽走的偏旁 / 虫鸣月光，是萧瑟的减法。”而这故土也不会完全荒废：“有些东西不会真的消失 / 它趁我不在的时候 / 人间失去的 / 鹰，正从天空找回。”自然的力量会修复这一切，使之成为新的生命的家园。对于县城新生活，“从敞开的庭院到平地高楼，从泥土到钢筋水泥”，“我要重新研究潜藏在物象里的性格地理学”，看看他们如何成为城市新人。在这个过程中，“故土的风，吹着新居，一直吹，吹向鸿蒙的未来”，村民们在对传统与现代、过去与未来的辩证思考中走向新生活。我想，我就是尽量在诗歌中提供多个思考侧面，多角度地真实地反映出村民们的生活发展、精神变化。

黄尚恩：《山海间》中有很多篇章是站在高原回望江南。高原的经验、江南的经验是如何在您的诗作中实现融合的?

陈人杰: 西藏和浙江是截然不同的两个区域，但都给了我诗歌写作以巨大的营养。在江南，我可以写出很多小情小调、委婉柔美的诗作；但是到了西藏以后，一旦进入关于高原的写作，就比较可能写出一种崇高、壮阔的境界。我是尽量把这两种元素融合起来，进行一种新的诗歌创造。比方说，在《山海间》里写到一个意象——“世界屋脊的瓦片”。我们知道，“世界屋脊”是高原的经验，而“瓦片”是江南的经验，带着发现的眼光，将两者一叠加，就会出现新的意象。

在长诗《与妻书》和《山海间》中，更是多方面融入了高原和江南两地经验。我刚到叶巴村驻村的当晚，回想起自己在藏北援藏的7年岁月，如今又到了藏东横断山脉的旮旯角落，从人间天堂杭州，到几乎不见灯影的村落，此中滋味只有经历了才能体悟。我无法不生发命运的寻问，并思索诗歌在一个人身上到底肩负着怎样的使命与荣光。尤其在静夜，当我听着怒江的涛声，恍惚中仿佛这涛声也是来自钱塘江。一时间，江南的岁月，援藏的时光，一并涌上心头，深感沧海桑田、时代变迁，天空似乎有一道神谕劈过：你既无路可循，便只有以诗救赎，把黑白相间的日子化作诗歌的金色矿藏。于是才有了用生命经历写成的血泪之书《与妻书》，和为西藏脱贫攻坚、不断铸牢中华民族共同体意识交出的文学答卷《山海间》。“放心，我们的孩子 / 我照顾好，白云上的孩子 / 你轻轻擦去忧伤……”,“你看，儿子又长高了 / 他的年龄，恰是你在藏的年轮”。《与妻书》便成为我和家人的生命记录，其中写到聚少离多的命运对话，以及新时代援藏干部英雄气儿女情的“精神地理志”。而在《山海间》中，我主要聚焦的是自己从浙江杭州到西藏申扎，再从申扎到八宿的一个偏僻村落，想到一个人的生命线到底有多长，只能通过自己的脚步去丈量，于高冷、孤绝、自省中，一次次拓宽内心的精神疆域，仿佛故乡和他乡，一半在九霄高悬，一半在体内下沉，以我为虹，架起两个天堂间的对话，神性和苦难，都在用闪电划开诗行。在地理上的山海间，在大时代背景下，变成铸牢中华民族共同体意识的一个小小注脚。

黄尚恩：您在创作谈中说，诗人“要秉承杜甫等现实主义诗人的诗歌精神，持有恒常的悲悯之心”。您在具体的诗歌创作中，是如何实践这一诗歌观念的？

陈人杰：到了西藏以后，我深切地感受到，诗人要有苍生情怀。因为你关注自然，关注每一棵草、每一块石头，你就懂得万物有灵、万物平等。在《山海间》中，有首诗叫《冻红的石头》：“高原并不寂寞 / 世界上，不存在真正荒凉的地方 / 孤独，只是人感到孤独 / 一天夜里，我看到星星闪烁的高处 / 雪峰在聚会 / 又有一次，我从那曲回来 / 看见旷野里的石头冻得通红 / 像孩童的脸。而另一些石头黑得像铁 / 像老去的父亲 / 它们散落在高原上，安然在 / 地老天荒的沉默中 / 从不需要人类那样的语言”。我们要善待大自然，相信那无形的力量。

更重要的，诗人要热爱生活——只有这样，生活才会热爱诗人。说出生活里的光和盐，就是说出生命里的爱和痛。从最初的诗集《回家》，到《西藏书》，再到《山海间》，都有很多笔墨关注身边的普通人。当然，书写西藏大地上的牧民，视角可能需要做一些转变。他们有信仰作为支撑，很少为生存的困境而抱怨，置生死于天地间。他们过着简朴的生活，像一棵饱经风霜的树，顽强坚韧，具有一种宗教感。“所有的日子都是一个日子，所有的道路都是一条道路”，从这里，我仿佛看到了所有的情感最终都指向灵魂深处的家园。

黄尚恩：您接下来有什么样的写作计划？

陈人杰：作为一名靠语言的星粒取火温暖的人，我来西藏难免有精神寻根的意味，希望通过诗歌来一次精神飞升。只有内心像泉水一样和西藏山川融在一起，才能完成超越。我现在主要是在写《高原高峰》这一部诗集。在其中，当然不能缺少关于喜马拉雅山的长诗。我想把它的山川、地理、宗教和苦难的历史结合在一起。通过走边防，我也了解了我们边防工作的艰辛、强大，以及边防部队肩负的光荣使命。这些都需要我们通过诗歌语言进行挖掘、深化，写出时代性的诗歌，以感恩这片土地、这个时代。此外在天人合一、万有相通的中华文化中，青藏高原，这片庄严神秘静穆的母土完美象征着高原高峰的精神版图。它不仅是地理意义上的坐标，也是中华民族的精神脊梁，更是每一颗艺术良心仰望的精神高地，我期待这份属于诗歌和西藏的使命荣光。

韩东：

我从来不想神化日常或者尘世

宋晗：诗集《奇迹》收录了许多追忆或悼念亡者的诗，这些诗非常打动人，面对逝者，诗人的表达会因抒情对象的不在场而更加轻盈吗？我在这些诗句里几乎感觉不到人情的纠缠和死亡的负重，写逝者，写病痛，写生之卑微，余味却都是日常生活的“天清地宁”，您是如何在诗歌中面对这一切的？何以将重的变轻，动荡的变平静？

韩东：面对死亡时我不太使用“轻”和“重”这样的概念，但能明白你的意思。美化或者诗化死亡并不是我写这些诗的目的，当然，这样的诗歌是有的，甚至是某种文学化的常态。或者神化死亡的魔力，或者对死亡仪式津津乐道，二者我都没有。我认为死亡是苦涩的，这一层底蕴无法去除，但同时死亡也是超越，是导向另一维的重大契机。死亡在我这里是宗教性的，而非日常生活的延续。日常生活中的自我安慰或者自我感动，无论是“天清地宁”或者“背负十字架”，对死亡而言都是无效的，给不出死亡的意义。死亡就是彻底的赤裸，是彻底的离散，同时也是根本的解放。日常生活中的自由有死亡的意味，但死亡中可能出现的自由却无半点日常生活的意味。在这些地方我们的确是很容易混淆的。是不是可以这样理解，我写日常生活有时会导出死亡，而写死亡时却经常会和日常隔绝，使之变得比较抽象了？

宋晗：读您的诗歌，眼前常有这样的画面：一个人在医院和殡仪馆之间散步，中间下了一场雨，雨停后，他在长椅上坐了一会儿，他不累，不需要休息，他只是需要坐一会儿，而诗歌就发生在他起身后。描述这个画面，主要是想说两个词语：散步，雨。您诗歌中细微的情感表达，就像是散步途中观察到的微小动静，是足够敏感的心灵才会注意到的那种细部，例如"夏夜水面上有一些动静"（《玉米地》），"母亲囤积的肥皂已经皱缩 / 收集的塑料袋也已经老化"（《母亲的房子》）等。您会邀请哪些词语进入自己的诗歌？

韩东：文学提供感受世界的语言形式，这也是常识了。"细微的动静"在我这里并非是细节的罗列，由此我们就和现实主义的逻辑区别开了。在我这里，最让我有感觉的其实是那些"未经表达"，细枝末节也好，宏观构造也行，未经表达而经由我手得以表达会刺激到我。你提及的这两句"母亲囤积的肥皂已经皱缩 / 收集的塑料袋也已经老化"就属于这一类。至于词语我不做文学化的挑拣，比如力图建立自己的词语库，或者认定有某种前提性的诗歌语言的存在。诗歌是形式，是词语的结构和相应错动，但仅仅在言辞之内并解决不了问题。诗歌的成立和语言之外更大的东西有关，和别样的生命以及精神认知有关，这些就不说了。一个好的诗人不仅是语言专家，更是存在专家，当然后者已超出了他所谓的"专业"范围。

宋晗："雨"这个意象好像在您的诗歌中有所承担："雨是休息"（《安魂小调》），"我们就像雨水来到这里"（《又回到了医院附近》），"因为那场淋漓尽致的雨他觉得可以忍受"（《致敬卡瓦菲斯》），"他已经成为一件雨中的事物"（《清晨，雨》），"我专注于雨水的声音"（《雨》），等等。将不同诗歌中的同一意象陈列起来，这种做法略显僵硬，但它们恰恰在不同诗歌中呈现出同一种命运笼罩感，雨水好似一场“生死相对运动”，让世间一切变得柔软、流动、循环，却有生命力量。您对这个意象是否有偏爱？

韩东：哈哈，这是你的“再创作”，这么体会也的确是那么回事。“柔软”、“流动”、“循环”。也许我的确喜欢写雨，对雨有特别的感觉，但每一次写雨在我都是孤立的，没有作为一个延续性的意象加以文学化地考虑。写雨的诗横跨很多年，也无法做到通盘筹划。很多年前我写过一个随笔，说道：“如果我有孩子会让他听雨声，雨正在下的声音和滴落在某物上的声音。”我说：“我会有一种感动，但完全是物理性的——雨水的声音就是那么好听。”我会对我的孩子说：“这就是雨的声音。”早年写作我比较反对意象，强调“去魅”，当然，现在已经不那么极端了，但学艺时期服膺的“美学”是会影响一个写作者的一生的。我说的语言需要“纤弱”，可能也与这种“去魅”有关。马原说过，死亡每次都是新鲜的。我觉得万事万物，写作者每次经历它们时都应该是新鲜的、特别的。自然，这是一种理想状况，或者也是一种“老生常谈”的美学方向。

宋晗：我留意到这本诗集中频繁出现一些小动物，尤其是陪伴过您和家人的小狗们，写人与小狗的感情和人与人的感情是平等、对等的，对于读者而言，理解爱的维度又扩宽了。生之尊严，不仅仅是对于人类，也是对于所有生灵，这种平等的书写非常打动我。死亡之外，爱是这本诗集最重要的主题，您在写作和诗集的编排上是有意识地想要呈现这二者吗？

韩东：生命平等是绕不过的“终极问题”，真理如果只局限在人类的范围内，怎么说也是不牢靠的。这方面我们有建立在文化甚至文明之上的强大的遮掩，某种自辩的传统一以贯之。如果从动物的角度看，人类只能是一个魔鬼的族类，还能是什么呢？人类精神的最高成就，爱，到底是建立在自我中心之上的，还是建立在宇宙公理之上，实际上是这样的一个问题。爱身边的动物或可出于本能，就像爱家人一样，但这并非爱的究竟。爱小猫小狗是爱最初级的形式，和性欲之爱其实也区别不大，但它的确重要，是爱之初体验，是它片面或者不完整的映现。大道理就不说了，总之爱有层级，由近及远、由人到动物、由狂热激烈到冷漠广大。如果说我的主题是爱与死，我想写出（或者导向）的爱其实就是这种最辽远深广的东西，和死亡也相差无几，它的另一面就是死亡，或者，自我之死的另一面就是某种超越性的爱。我最近出版的40年诗选，用了《悲伤或永生》作为书名，其实也是这个意思。作为我一贯的主题，并非是一开始就那么明确的，是写着写着才有了某种自觉。把它们（爱与死的主题）有意识地比较集中地编排在一本诗集里，在我肯定是一种设计，但也属于顺水推舟。

宋晗：我想和您聊聊“奇迹”。这本诗集您命名为《奇迹》，同名小辑里只收录了五首诗，有三首是同题诗。读完感觉似乎依然是事物的日常性，这让我联想到意大利导演阿莉切·罗尔瓦赫尔指导的电影《奇迹》，在她的镜头里，奇迹也只是养蜂的少女口中吐出的蜜蜂。您如何理解“奇迹”？

韩东：在我这里，奇迹并非是日常发现，可能是相反的东西，是对日常的超越。它不是自然的，而是超自然。“奇迹”一辑里所选的五首诗，第一首《奇迹》写在想象中与神圣相遇，其中隐含了耶稣履海的意象。《奇迹2》写在近处感受一位菩萨。《奇迹3》由以马内利回忆录中的一个情节发展而来，虚构了一位圣人。《他看着》无须多说，“他和我们毫无隔阂我们却与他相距无垠”。《紫光》写物象化的神圣或者神秘。“奇迹”在我便是这样一类的奇迹，可能出现在日常生活之中，但本质上不是属于这个有限时空内的事。如果存在这个世界上，那也是世界之光，而我们这个世界从必然性的角度说，并不是一定就是有光的。从物理的角度说，人是大地之子，而从精神维度说，人和一切存在都另有根源。我从来不想神化日常或者尘世，这也是针对我的写作和诗歌经常造成误解的地方。我只是不愿意屈服于任何神圣的替代品，日常或者生活的“本来面目”是对这些的最好抗击，但生活本身却丝毫不值得神化。

宋晗：您的创作对年轻写作者持续产生吸引，一方面因为您的作品，另一方面源于您创作生涯中的个人魅力。您是如何保存这种创造活力的？就诗歌而言，在不同的人生 / 创作阶段，您的追求发生过变化吗？

韩东：我只不过是一路写了下来，究其原因，可能我干不了别的吧。我是一个没有其他多余才能的人，从年轻时代到现在，只是做了一件事，写作而已。我的一切问题都需要在这个范围内解决，无论是现实的维生还是精神上的索求，离开写作我没有其他的工具和方便。就写作形态而言，无论我写作诗歌还是小说还是其他，甚至也包括拍电影，对我来说都是做作品，是同一件事。如果说到变化，随着年龄的增长，作品意识逐渐变强了。一切都应该凝结在作品里，而写作者本人藏身其后，隐蔽得越深越好。一方面是精神物化之后的作品，另一方面是借此而有的虚己的可能。伟大的杰作和彻底匿名在我这里是两个并行不悖的目标，当然，其中有相辅相成的关系。

路也：
发生在内心里的对话，使人永不寂寞

黄尚恩： 诗集《天空下》分为三辑，第一辑着重从身边的景、物、人着手，抒写生活中的细微情思。其中的内容非常丰富，但我尤其注意到《落地窗》、《小山坡》这样的诗作。它们写的就是倚窗发呆、仰卧草坡等再普通不过的细节，但又写得诗意盎然，生动表达出了抒情主体的心境。您是如何从“无诗的地方”发掘出“诗意”来的?

路也： 其实，这世界上并不存在“无诗的地方”，只存在“无诗的状态”。有没有诗，跟外部生存和外部环境关系并不大，而是跟一个人某个时期的生命状态甚至内部语言状态更有关联。我的日常生活无非是备课、上课、读书、写作、行走而已，这样的生活看上去平常、平稳、平静、平淡，但我的身心内部却不定期地掀起惊涛骇浪。我写诗过于倚靠个体生命状态，这就导致了我会在某个短时间之内写出很多诗，又会在另一个很长时间之内一首诗也写不出来。

这样的写作方式，使得诗意不是靠“发掘”，而更像是靠爆发或喷发，活火山是间歇性的，有休眠期也有爆发期。我的任务不是寻找，而是等待，在这个等待过程中，该干什么就去干什么。我干得最多的事情是：发呆。常常有人打来电话，一上来先寒暄，如果问到“你现在在干什么？”我就脑子一根筋地如实相告：我在发呆。我想“发呆”也许就是“冥想”的另一种非正式表达方式吧，如果非要区别二者不可，那么冥想是无功利的，发呆则更加地无功利。但，也许从客观上看，发呆对于写作是有利的，谁知道呢，反正我也不是为了写作才去发呆的。

所以，偶尔，我会表现得相当勤奋，忙碌得像119火警，而在有些时候甚至大多数时候，看上去则非常懒散。还有，同理，我写得越多的时候会越好，写得越少的时候则越差。多与好，少与差，这时机又不完全由我自己来掌控，我从一开始写作就了解自己身上的这个特点和规律，于是就很少有写作焦虑，写得出来就写，写不出来拉倒。

黄尚恩：在《天空下》第一辑中，我注意到，《寄自峡谷的信》、《山中信札》、《致一位生日相同的诗人》、《致一位捐献遗体的亡友》等诗作都带有“信件体”或者说“对话性”的意味。在其他诗集中，2004年写的“江心洲”组诗，还有2020年写的《野菊来函》等也是如此。您的诗歌中为何有这么强烈的对话意味？您写作的时候，有预想中的理想读者（倾听者）吗？

路也：所有诗歌里应该都有对话与潜对话吧，潜对话也可看作内心独白的一种延展。

T. S. 艾略特认为诗歌里有三种声音：第一种是诗人的独白，第二种是诗人对读者说话，第三种是诗人借用他创造出来的人物在说话。这三种声音归根到底都是诗人自己发出来的声音，只不过表现角度不尽相同。这些情形在我的诗里肯定都是存在的。

另外，我确实特别喜欢自言自语。每时每刻我都会在内心里进行一场场对话，与另一个更遥远的“我”对话，与预想中的某个现实而具体的人物对话，与虚构的人物对话，与巨大而无形的至高者对话。我经常感到身体里面有两个以上的人在说话，甚至一群人在发言，有问有答，有时还会以“焦点访谈”的形式就同一个事情来各抒己见，还会发生辩论和争吵，拍案而起。越是独处的时候，这种情况就越发明显地发生。这种对话当然基本上都是以无声的方式进行的。可笑的是，偶尔——当然这种情况极少发生——也会成为有声的，我会不由自主地说出声来。这个习惯从小就有，父母不在家，我一个人在屋子里时，会看着墙上的相框说话，上厕所的时候，挺喜欢把自己关在里面说话，甚至说出声音来，家里人就在外面问："你一个人在里面，嘟囔什么呢？"这种发生在内心里的对话，使人永不寂寞。

这个特点肯定影响了诗歌写作，但是，具体的诗歌写作过程又是一个混沌的过程，我从未有意识地去预想出所谓理想读者或倾听者。那么，我潜意识中是不是预想过这样的读者或倾听者呢？我不知道。

黄尚恩：《天空下》第二辑主要是写您在游历过程中的所思所想。根据您的诗文，您一方面是"社交恐惧症患者"，另一方面又是买了许多旅行箱随时准备出发的人。这种"遁世"和"云游"的矛盾，如何在您的身上协调起来？"云游"对您的诗歌认知和写作产生了什么样的影响？

路也：我从来没有打算"遁世"。我可能生来身上携带的那台马达就比别人的马达功率要小一些，应付不了大场面、大事件。同时，我还是一个需要终生服药的桥本甲减病人。最关键的是，我从小就怕人，无缘无故地怕，我为此很苦恼，看了很多心理学方面的书，认为自己患有典型的"逃避型人格障碍"，我还做了测试题，社交恐惧症达到最高级别。

你用的"云游"这个词真好，比我常用的"行走"和"旅行"都更加准确地表达出了我想要的那个状态。我的所谓"云游"，就是到大自然当中去，尤其去环境完全陌生的异国他乡，并且尤其偏爱去往荒野僻壤。我基本上都是一个人独行，这反而让我感到无比自由、无比自在，零社交。

诗歌并不是旅行的记录，诗歌也不应该是旅行的记录，但是诗歌写作者可以通过旅行，让久存心底的一些情绪和经验被重新激活，精神的地平线被打开来，内心的激情和困厄会投射到途中的风物上去。比如，在一个荒僻旷远之地，一个人生命中潜藏着的冲突和苍凉，会突然被激发出来并得以释放，这对心理伤痛有治愈作用，同时在诗歌中也会有所反映。

当然，“云游”的动力和目的只在于生命本身，并不是为了写诗，如果不写诗，我也照样会去“云游”。

黄尚恩：《天空下》第三辑收录了《巧克力工厂》、《徽杭古道》两首长诗。一般说来，短诗适合表达片光零羽的思绪，长诗适合书写一些复杂性的经验。但是，这个时代的经验大多是碎片化的，您是如何尽量把碎片化的经验，转化为具有总体性、连贯性的长诗来？

路也：自2010年至今，我所写的长诗已经近20首了吧，从《心脏内科》到《城南哀歌》、《老城赋》，再到《巧克力工厂》、《徽杭古道》，直至更近的《大雪封门》。现代生活就是碎片化的，诗歌在反映它时，亦可以用碎片化来表达——但关键是，这些碎片如何被处理，不是把一堆碎片摆在这里就完了，而是应将碎片在诗中进行“整合”，整合到一个统一的调式或语势中去，这种调式或语势会形成一个大气压或者说形成压强，用以统领全诗，嗯，这可能需要听觉想象力……其实，T. S. 艾略特已经这样做过了。

黄尚恩：从“郊区”到“城南”，再到“南部山区”，您一直在诗歌中建构属于自己的诗歌地理。从名称的变化来看，这是一个不断具体化的过程，始终不变的是您对于自然的亲近。您不仅在自己的诗歌（比如“南部山区”组诗）中书写自然，而且还刚出版了一本探讨古代诗人与植物关系的随笔集《蔚然笔记》。执着于自然、植物，是什么原因呢？

路也：每当我看到一棵草，向别人请教这种草的名字，对方不知道，却一定要回答“它叫野草”，我就很生气。人家这棵草是有名字的，跟一个人一样，有学名、有乳名、有笔名，现在统统叫作野草，那就等于说人类也没必要称呼彼此的名字了，都叫“男人”、“女人”、“中国人”、“外国人”、“男生”、“女生”、“工人”、“教师”算了。这样做，实在是不够尊重。在有网络之前，无法上网查证植物名称，也买不到帮助认识植物的书籍，我就买了一本《绘图儿童植物辞典》来看，那上面有错误，把迎春花和连翘给弄混了，后来我干脆买来插图版的《本草纲目》，有相当多的植物都属于中草药，通过中草药的图片来认识植物，也是一个好办法。

将大自然或者说自然风物的元素融入写作，对于我，由来已久。不知道是不是与幼年的成长经历有关，我在济南南部山区出生并长到十岁，那里其实就是泰山的北坡，山重水复，青未了，一个后花园式的地方……当然，这很像是有些刻意地构想出来的理由，其实我对自然的亲近，可能出自天性和个人认知，说成个人偏好也许更恰当吧。

《蔚然笔记》是以活泼的散文随笔语调和口吻写出来的一本“轻学术”类书。结合我的个人经验，力求寻找到一个新鲜角度切入主题，同时还要祛魅并颠覆一些刻板印象，最终通过定睛于中国古诗词中的植物，试图刻画出诗人的命运和魂魄。

黄尚恩：在翻阅您的创作年表时，我看到这样一句话：“2009年，写出长篇小说《下午五点钟》，以此书作为自己多年小说创作生涯的终结。”但据了解，您最近将有一本写童年的长篇小说出版。是什么原因让当时的您停下小说之笔，而现在又重新拾起？诗歌和小说两副笔墨，对于您而言有何区别？

路也：我真的计划不再写小说了，主要是身体不好，同时又遇到了写作瓶颈。但是，在2022年夏秋之交，竟又出乎我个人意料地完成了一部与童年有关的长篇小说，内容围绕我十岁之前生活的济南南部山区“仲宫镇”来展开，笔法介于小说和散文之间吧。

我写这部长篇小说，不为文学理想或文学目标，只是为了完成一桩心愿，主要是觉得我的童年需要这样一份文学化的记录。过去听人讲起童年对于一个作家的重要性，很不以为然，觉得实在有夸大之嫌。但是人到中年之后，我才感到童年的重要性，几乎可以用“重大”来形容，童年是一个人的内核，既是始也是终，是计算机运行中的“0”和“1”……就是这样，在外面转了一大圈，我的心态似乎又回到了小时候。

我私下经常对好友谈起一个奇怪感觉。很多年以来，我都感到自己身体里面似乎一直都有一个小女孩，而且不大不小，正好 8 岁，她像套娃娃一样套在我身体里面，这个小女孩经常对我发号施令，指挥我干这干那，一般都是她赢，我乖乖地去干。我想把这个 8 岁小女孩写出来，其实她就是我当年在“仲宫镇”时的模样。

诗歌和小说，或者再加上散文随笔，甚至再加上文学评论，这样的两副笔墨或者三副笔墨、四副笔墨，只能说明我三心二意，不够纯粹。我这个人就是一辆稀拉行当的大篷车，什么都往里面装载。或者这么说吧，我有一套房子，三室一厅或者四室一厅，一间房子用来写小说，一间房子用来写散文随笔，一间房子用来写诗，一间房子用来写评论，而门厅是用来教书和过日子的。当然，我的思维是发散式的和跳跃式的，带有很大的不确定性，更适合写诗。如果非选择一个不可，我选择诗歌，我最喜欢“诗人”这个身份。

臧棣：对植物的辨认，源自对生命本身的感受

宋晗：您的诗集《诗歌植物学》的整体样貌非常繁茂、壮观，诗名多采用“简史”、“入门”、“丛书”、“协会”等人类创设出来表达众数或整体演进的名词呈现出一部“植物诗典”。诗集几乎涵盖了所有常见植物。您过往的诗歌创作也显示出极高强度的写作训练意识，可以讲讲您决定完成这样一部诗集的最初心意吗？

臧棣：立下一个默默的心愿，写一部以植物为主题对象的诗集，始于十年前。在此之前，虽然也写过很多涉及植物的诗，但基本上属于信手写来，并不明确写作意识。十年前，应编辑之约整理旧作，准备出一本历年诗选时，发现自己竟然写了那么多以植物为对象的诗，因而萌生了出一本植物诗集的想法。也可以说，从那时开始，有了一种自觉地书写植物诗学的审美感觉。回想起来，家传的影响也不容忽视。我母亲喜欢植物，外公精通中医。所以，我能感觉到自己对植物的亲近，源于一种特别的喜爱。

宋晗：从古典文学到当代文学，植物经常出现在文学作品中，但以植物为主要写作对象的作品却罕有。以中国古诗为例，在山水田园诗和咏物

诗中出现的植物多为托物言志或季节表征，是一种为诗人抒情达意服务的具体修辞，最终托出的都是人情世故。但在您这部诗集中，植物 / 大自然是大于人的，“人生的苦痛有多抽象 / 它的样子就有多具体”（《莳萝简史》），人好似成了草木的注释。您可以谈谈这种诗歌传统以及您想在作品中呈现的自然观吗？

臧棣： 其实，就中国的诗歌传统而言，以植物为隐喻的诗，还是渊源深厚的。《诗经》里的植物诗何其美哉。《关雎》中就有这样的神来之笔：“参差荇菜，左右流之。窈窕淑女，寤寐求之。”古典诗歌的书写中，植物作为一种言述的托物，其审美功能的表现，可以说是相当复杂的，并不能完全归之于一种修辞媒介。在我看来，古典诗歌的植物书写，非常高级地体现了中国诗歌的文学智慧。古人写植物，从来就不是仅仅把它们作为与人无关的植物来表现，而是将植物作为一种生命的原型来书写的。以今天的眼光，不管这种书写是否足够自觉，但它们的审美性是极其高级的。西方古典诗歌对植物的书写也很丰富，但都带有过度的象征因素，因而与人的生命感觉多少有点脱节。但中国的诗歌传统中，植物和人的相互关联非常紧密，共存于同一种生命情境中，对植物的感觉提升了对生活的体会。

宋晗： 读您的诗作，会出现“修辞的苦炼”这样的剧烈感受。放眼世界，好的诗人、作家都在尽力更新、拓宽着本民族语言的使用方式。完成对字词句的创设，是创作者在文本中最大的权利，但这种权利也是一种“个人集权”，随之而来的可能会是评判与误解。您如何看待这种创造与接受之间存在的误差？

臧棣：“修辞的苦炼”，或许在任何时代都是一个从事书写的人要面对的问题。杜甫就曾坦言过：“语不惊人死不休。”如果仔细咂摸杜甫的语气，这句话包含的意思其实非常耐人寻味。听上去，它已涉及创作过程中无限的艰辛，但又是以一种自得的甚至自傲的口吻说到这件事的。所以，我理解，诗歌语言的使用，作为一种写作事件，无论它包含怎样的主体的呕心沥血，但归根结底，它触及的应该是一种生命的愉悦。如果语言的表达只是为了验证一种“修辞的苦炼”，我会觉得它已有点反人类了。面对写作时，我要求自己既是无限深入的参与者，又是超然物外的审视者。从根本上，我不认为自己信奉“修辞的苦炼”。也就是说，我不是语言上的禁欲主义者。比较起来，我更信任“语言的欢乐”。甚至，我并不害怕我会被误会成语言的欢乐主义者。古典的诗性写作中，“修辞的苦炼”似乎更受青睐。比如，汉语诗歌传统中的“推敲”之说。大的方面，“修辞立其诚”也有助于确立一种高标准的诗歌道德。我当然也追求表达的真诚，但也深知修辞和表达的关系，实际上是非常复杂的，甚至是非常矛盾的。从庄子开始，汉语的意识中已嵌入了“言不及义”的审美警惕，如果再考虑到西方人讲的“美丽的谎言”，我会让自己格外留意诗性语言的道德化。“修辞的苦炼”，说不定也有这样的道德化的倾向。所以，回到你说的“放眼世界”，我在设定我的诗学目标时，从来都更追求如何更新和拓宽“汉语的诗性肌理”。我觉得，这也是很长一段时间，我的诗歌实践受误解的原因之一。我和当代很多同行的语言观念，其实也有很大的悬殊。古代汉语无疑是一种非常伟大的诗歌语言。对我来说，这不会构成任何障碍。但作为生活在现代的人，我也能感觉到，现代汉语作为一种诗歌语言对我们构成的巨大的机遇。说到“个人集权”，现代的表达，在本质上，就是对写作的个人权利的深刻让渡。前提是，我们认同现代写作对独创性的尊崇。按西方的传统，这种尊崇带有浓厚的“祛魅”色彩，因为它相信生命的个体存在是世界的目的。现代的诗歌写作，最醒目的特点就是回到“自我之歌”（这里，不妨回想一下惠特曼的自豪）。所以，“个人集权”，如果换一种说法的话，其实就是在现代的表达中，“自我”和“独创性”构成了写作的本质。所以，环顾当代的诗歌书写，现在的批评主要忧虑的是，当代诗歌的“同质化”。就我自己的情况而言，我不太担心自己会被流行误解和批评困扰，反而时时提醒自己要保持“修辞的敏感”。

宋晗：我留意到个别几首诗的副题，如“仿苏东坡”“仿白居易”“仿王维”“仿杜牧”“仿佩索阿”等，数量虽不多，但很有意思。用现代汉语诗仿古诗、仿外语诗，这中间都存在“转释”这个步骤，您是侧重于哪个方面进行“仿作”呢？另外，古代诗歌对您的创作影响大吗？您的诗歌中也常常呈现出植物的姿态与气节，这一点非常中式古典。

臧棣：按一般的诗歌惯例，题记中出现“仿某某”，应该是对该诗人在诗体或风格方面的“套用”。我早期的诗歌，有很多即遵例而为的。但20世纪90年代后期，我突然产生了一种新的感觉，要是古代诗人在当代复活，他会怎么表达？比如，杜甫、李商隐、杜牧、白居易。按现在通行的文学史的描述，这些古代大家应该充满了生不逢时的哀叹，或满怀诗道不古的忧愤。但我的感觉不同，我觉得，这些古代诗人如果真的复活，他们一定会和我们彼此相见恨晚，并欣喜于现代汉语的诗性机遇。他们会大胆尝试更多的汉语表达的可能性，而不是畏手畏脚于所谓的现代和古典的“断裂”。所以，从那时开始，我的这些“仿作”更多的是想象这些古代诗人在我的身体里复活之后，是怎么投身现代汉语的诗性书写的。换句话说，这些诗作，不是对他们的具体的某部作品或某种风格的“仿写”，而是从诗性写作的精神的契合中去感受一种贯通古今的汉语气质。它们更接近于一种精神的致敬。古典诗歌对我的影响非常大，以至于有段时间，我故意想全然忘记小时候已经记诵的诗句，以避免它们对现代的诗歌语感的渗透。但说到底，特别是深谙中西诗学的差异之后，我知道，这辈子只能做一个汉语诗人。

宋晗：我了解到这部诗集收录的作品写作时间跨度有30余年，就好像您有一个小植物园，在里面不断种植陌生的植物，园里永远有新生，您也永远有新认识。当代社会的一切建设基本都是基于人，人们关注科技体验，关注周身利益，关注个人的情感体会，在这种状况下，逐渐出现了“多识草木少识人”这样的反思现代化的生存观点。而“识草木”是难的，尤其生活在城市，我很好奇您如何辨识植物？也可以说，您是如何为这样的书写做准备的？毕竟需要很多知识与细节，才能达到您诗中所言的“信任必须源于细节”(《茼蒿简史》)。

臧棣：我确实有过一个小院子，里面种过各种常见的蔬菜。我自己亲自种，浇水，施肥。所以，《诗歌植物学》里写到的很多与蔬菜和花果有关的诗，都是有生活经验做底子的。对我而言，在情感方面，这一个人的小花园，和弗吉尼亚·伍尔夫所说的“一个自己的屋子”有着同等的分量。每种下一棵菜苗，生命的关心就诞生了，并很快蔓延成人和自然、生命和存在，甚至生与死之间的非常私密的缩影。这中间会有很多间歇，世界的节奏开始变慢，你会静静地思索生命的意义、存在的价值。形而上的关注会深深嵌入生活的细节中。运气好的话，对植物的喜爱，不仅意味着一个人可以按自己的生命节奏来协调他和现代生活的关系，更意味着一种生命感觉渐渐恢复。所以，生活中、旅行中，我对辨识植物有着无限的好奇与热情。辨识的方法很普通，有很多草木手册可以做参考。手机的一些辨识植物的 App，用起来也很便捷。不过，说到底，对植物的辨认，源自一个人对生命本身的感受。就诗歌写作而言，写作植物诗，确实可以让我回到对文学细节的关注。生命的美好是由细节构成的。

宋晗：您在 1983 年考入北京大学后就开始发表诗作，1987 年开始刊印、出版诗集，到今年正好 40 年，40 年没有间断，这真是令人敬仰的创作生涯。可以讲讲您写作初期的景况吗？是什么因素促使您不间断地从事这项创作的事业？在这 40 年的创作生涯里，您的诗歌主张和追求发生过变化吗？

臧棣：一开始，好像很顺利。我的第一首诗，是考入北大当年年底，在北京大学的校刊上发表的。责编是我很钦佩的师兄。进校不久，即有诗作发表在校刊上，多少还是有点虚荣满足的。但后来，诗歌的写作并不顺利。我对文学批评或写小说也很有兴趣。在文学观念上，我其实一直都是一个文学的象征主义者。对其他的类型一直有很强烈的排斥。有很长时间，伟大的诗，对我而言，只能是在惠特曼的《自我之歌》、瓦雷里的《海边墓园》、里尔克的《杜伊诺哀歌》和史蒂文斯的《我叔叔的单片眼镜》之间。想象力的维度已变成了深入骨髓的口味。所以，有段时间，我感觉自己的写作和当代诗的潮流十分脱节。当代诗的趋向，基本上是冲着肢解象征主义而去的。我感受到了冲击。某种意义上，正是对这种肢解的不理解，激发了我的诗歌斗志。当然，更主要的原因是，从 1990 年开始，我越来越强烈地体会到诗性感觉对我的生命感觉的渗透和召唤。对我而言，诗歌写作远远不止于一种喜爱，更像是一种天性的还原。正如我曾经很喜欢的俄语诗人布罗茨基所说："诗人是生命的原型。"意思就是，诗人不是一种身份，而是对人的精神肖像的最切实的勾勒。

综述：诗意潮汐的宽阔与美丽

□张桃洲

随着第八届鲁迅文学奖的评选工作落下帷幕，各个门类的获奖作品一并浮出水面。五部诗集获得了本届鲁迅文学奖诗歌奖，它们是：刘笑伟的《岁月青铜》、陈人杰的《山海间》、韩东的《奇迹》、路也的《天空下》、臧棣的《诗歌植物学》。它们从219部参评诗集中脱颖而出，展现了各具特色的主题趋向和艺术成就，引领了刚刚过去的4年乃至更长一段时间中国诗歌的潮流。这5部诗集同这时期出版的其他众多诗集和诗歌作品一道，汇聚成一股股涌动的诗意的潮汐，宽阔而美丽。

韩东的诗歌在最近40年的中国诗歌版图上，占据了一个特殊的位置。他是“第三代诗”的重要诗人，其诗歌创作和诗学主张均产生过较大影响，已经得到较为深入的探讨。40余年来他笔耕不辍，不断寻求创新。他认为“作品不在于大，而在于要有足够的时间、足够的反复，把你的生命力灌注进去”，其集结了125首新作的获奖诗集《奇迹》正体现了这一点。这部诗集可谓他诗歌创作的延续和深化，在保持以往诗歌中的简洁笔触和冷峻风格的同时，又在字里行间增添了一种令人动容的温情，比如《我们不能不爱母亲》一诗中写道：“爱得这样洁净，甚至一无所有。/ 当她活着，充斥各种问题。/ 我们对她的爱一无所有 / 或者隐藏着。// 把那张脆薄的照片点燃 / 制造一点焰火。/ 我们以为我们可以爱一个活着的母亲 / 其实是她活着时爱过我们。”这部诗集，在对亲人、朋友、动物、自然的叙写，对生与死、爱与痛、现实与未知的观察和沉思之中，显示了看待自我与他者、个体与世界的宽远而平和的眼光，以及关于生命意义的透彻领悟。韩东的诗歌语言质朴而精细，感受绵密而幽微，以充满耐心的写作，向读者提示了凝视和感知日常生活中“奇迹”的特别视角。

作为有三届援藏经历、之后留在西藏工作、曾获得“2014 年度中国全面小康十大杰出贡献人物”称号的诗人，陈人杰诗歌的引人瞩目之处，不在于其题材和语言本身，而是他以诗意之眼对那片辽阔的雪域高原的领略与抒写，融入了他的生命感悟和现实情怀。获奖诗集《山海间》被称作是一部“走遍西藏山山水水写下的心灵之书，是雪域悟道的灵魂之诗、生命之思，也是高原诗歌向着诗歌高原迈进的愿望之书”。他本人也说这部诗集“是我用渗血的脚趾踩出的五线谱，是边走边‘唱’，将他乡走成故乡”。陈人杰扎根基层十余年，这些诗歌仿佛是从他跋涉过的土地中自然生长出来的，尤其是第一卷《世界屋脊的瓦片下》中的诸篇，如《卓玛拉山》、《岗巴》、《陈塘沟》、《吉隆沟》、《嘎玛沟》、《雍则绿措》、《扎曲河》、《麦地卡》、《卓玛朗措》、《康庆拉山》、《曲登尼玛》等，所写到的山川无不经过了他双脚的丈量，也经受了他诗与思的触摸。陈人杰的诗歌再一次说明，现实是创作的真正源泉，而生命体验是艺术升华的动力。

臧棣的《诗歌植物学》堪称中国当代诗歌的一个奇观，这部诗集以 600 余页的大容量，抒写了人们生活中的近 300 种植物，试图构建一种别具一格的“植物诗学”。这些形态各异的植物诗，并非一般意义的咏物之作，毋宁说它们是借助于对植物的抒写，一方面表达他对生命、自然、万物的重新打量与反思，另一方面呈示他深入词语或语言内部、对其进行反复打磨的过程。由此在该诗集中会读到这样的句子：“柠檬的手感太特别了，/ 它好像能瞒过医院的逻辑，/ 给你带去一种隐秘的生活的形状。/ 至少，你的眼珠会转动得像 / 两尾贴近水面的小鱼。”（《柠檬入门》）“我用芹菜做了 / 一把琴，它也许是世界上 / 最瘦的琴。看上去同样很新鲜。/ 碧绿的琴弦，镇静如 / 你遇到了宇宙中最难的事情 / 但并不缺少线索。”（《芹菜的琴丛书》）前者中，植物身上浸润着隐忍的情愫；后者中，植物则成了通往语言和诗艺的秘道。很多时候，臧棣的确是把植物的身形与语言的暗影叠合在一起，通过处理人与植物、植物的“物性”，重置词与物的关系，在植物的千姿百态中辨认或创造与之相应的语言，因为他所坚持的诗观是：“诗歌在本质上总想着要重新发明语言”，“诗歌的特性也是由在使用语言的过程中所触及的某种特殊的行为来完成的”。这部诗集即是对此的一个印证。

路也属于越写越好的诗人，诗集《天空下》给人强烈印象，借用诗集中第一首诗的标题：“辽阔”——辽远而开阔。这是一种仰望“天空”后产生的辽阔，也是一种基于“天空”视野观看事物和生活的辽阔。“天空”确实是这部诗集的关键词之一：“天空已经蓝到举目无亲了”（《辽阔》），“天空为大地上每个人分配着光阴”（《尽头》），“在天空之路，以云彩作里程碑”（《天空的记忆》），“天空是巨大的平静”（《秋天的栗树林》），“抬头望见天空卸下 / 云朵和深渊”（《峪谷》）……“天空”不仅是她日常生活、旅行、交往中无处不在的背景，而且寄寓着她对人生的感怀和对世界的思考。这部诗集中，路也的目光既是向上的（追寻天空的玄深），又是向下的（面对大地的浑沉）；既是向外的（朝万物敞开），又是向内的（探入心智内部）；因此，她的诗歌中既有琐屑的日常，又有形而上的意绪；其诗歌的语调既包含了宣叙的絮语，又不乏内省式的沉思。路也说：“我想在表达人的局限的同时，朝向无限和永恒……生命变得辽阔，诗就辽阔。”诚哉斯言！

刘笑伟是新一代军旅诗人中的佼佼者，诗集《岁月青铜》收录了其近两年的作品，是一部全景式扫描新时代中国军旅生活、展示新时代中国军人风采的力作，兼有铁血军人的家国情怀和侠骨柔肠。当然，贯穿这部诗集的还是强军兴军的主题，整体上显得硬朗、刚健，正如谢冕先生在为该诗集所作的序中写道：“军旅诗，绝不可少的是诗中应有风云之气。军人的诗可以有柔情，但不可没有钢铁的音响和节奏”；“那些诗句都是钢铁的韵律。犹如夏日的篝火，暴雨般锤击，金属浸透迷彩，在晃动的灯光下，响彻我们灵魂的四壁。”这部诗集的标题由“岁月”和“青铜”两个词语构成，让人油然生出一种沧桑之感，喻示着经过“岁月”磨砺之后的“青铜”，既可以指具有钢铁般意志的军人形象，又可以指军旅生涯淘洗出来的诗篇，还可以指向一个战士对和平生活和美好未来的祈盼：“当有一天，所有的枪 / 在沉寂中长满青苔，或者生根、发芽 / 它所吐露的花朵 / 是人间最美的春天。”（《枪族》）而这，也应成为军旅诗的主旋律之一。

以上五位获奖诗人及其作品，在本届的参评诗集以及近年来的中国诗歌中，具有很大的代表性：韩东的诗歌传递了中国当代诗歌于平凡中发现“不凡”的书写传统，陈人杰的诗歌表现了新时代重大现实主题和中华民族共同体意识，臧棣的诗歌彰显了语言的多种可能性与技艺的探索性，路也的诗歌拓展了中国当代女性诗人的视域，刘笑伟的诗歌展示了新时代军人的崭新风貌。同时，这五位诗人有一个醒目的共通点，就是他们从事诗歌创作的时间均在 20 年以上，他们怀抱虔敬之心，执着凝聚着诗意、锤炼着诗艺，其纯正的创作品格势必会推动诗坛的正向风气。

总体而言，包括五位获奖诗人及其诗集在内的本届所有参评诗人和诗集，还呈现出如下特点。

其一，参评诗人的年龄、职业等的涵盖面比较广。本届参评诗人中年龄最长的是 96 岁的耿林莽先生，作为中国当代散文诗的重要开拓者，他在该领域所取得的成就有目共睹，他的参评诗集《落日也辉煌》包括从他以前的 1700 章作品中挑选的 73 章和新作 72 章，不失为其毕生创作之精华的展示，令人感佩的是他在耄耋之年完成的部分新作，仍然蕴含着饱满的热情、充满锐气的诗思锋芒以及结实而张弛有度的词句。令人感佩的还有近年来涌现出来的一些诗坛“新人”，其中格外值得一提的有伽蓝、榆木等。伽蓝是一位来自北京门头沟深山里的小学教师，他在工作之余坚持写诗近 20 年，却很少在公开刊物上发表作品，他的参评诗集《磨镜记》质量很高，显出一种可贵的朴直和厚实，且不乏力度和深度，于积极的洞见中隐隐透出一种沉潜的气质。而来自山西晋城的年轻诗人榆木，他的诗歌表现出的是另一种沉潜，身为一名煤矿工人，他善于从自己的工作中获取灵感，将身边的普通人事转化为创作的资源，诗集《余生清白》里的作品犹如幽暗地层的一束束亮光，给他身边的人和他自己带来了温暖与希望。

其二，参评诗集的题材和主题十分丰富。同样写西部风景，倘若说陈人杰的诗歌描摹了雪域高原的壮丽，那么阿信的诗笔勾画出的则是一种苍凉，他的参评诗集《裸原》聚焦于其所生活的甘南草原，写活了那里的自然风物，有人说他的创作“是在抢救性、保护性地为我们保存着草原上日渐消失的文学图景和诗歌经验”；而马行的笔下又是另一番情形，他的参评诗集《无人区的卡车》里出现的场景大多是沙漠、戈壁、盆地、油田……这个勘探队员在勘探石油的同时，也在勘探词语和句子。在题材和主题的开拓方面，王学芯敏锐地注意到了转型期社会的一个突出现象，诗集《老人院》是在实地走访 20 多家老人院之后，对老龄化问题的一次集中审视；池凌云关注的是生活中一些不起眼的微小事物，诗集《永恒之物的小与轻》以沉静而谦恭的态度，寻索着那些“小与轻”的“永恒之物”；剑男的诗集《星空和青瓦》把目光投向了那些凡俗之人：村庄里最后一个拖拉机手、卖鸡仔的小女孩、河边的洗衣人、剥笋的人、挖藕的人、烧炭人……在他们身上看到了人世的悲伤与坚韧；韩文戈的诗集《开花的地方》处处隐现着一种纵贯古今的时间意识和历史感，将远古与现时、记忆与真实交织在一起。

其三，参评诗集显出多样化的风格。除 5 部获奖诗集各自独特的风格外，其他参评诗集亦可圈可点。其中，现实主义风格的作品所占比例很大，比如另一位军旅诗人陈灿在与他参评诗集《窗口》同名的长诗中，以写实的笔法展现透过“窗口”所见到的高山、大地、江河与人群，表达了对历史建造者和现实建设者的讴歌，气势颇为宏大。同样是温婉、细腻的风格，三位女性诗人张烨、张战和叶丽隽的诗歌就有差异，张烨的诗歌冷峻而饱含深情，张战的诗歌富有机巧而活泼，叶丽隽的诗歌柔和而率性；另一位女性诗人李轻松的诗歌则有“打铁”般的豪气，并掺杂着较多的戏剧化风格；向以鲜的诗集《生命四重奏》以严整的四个章节唱出了对生命、“物性”的礼赞，宛如糅合了庄重风格与戏谑风格的奏鸣曲；周所同的参评诗集《我的民谣——小曲一唱解心宽》如其标题所示，是化用了地方民间资源的再创作，有一种鲜明的“民谣”风格。

上述特点，实际上也对应着当前中国诗歌创作的基本生态与发展趋势。可以相信，借由本届鲁迅文学奖诗歌奖的评出，中国现代诗歌将会得到更为广泛的认同，会有更多新生力量汇入这片诗意的潮汐中，把中国诗歌创作推向一个新的高度。

江子《回乡记》

李舫《大春秋》

沈念《大湖消息》

陈仓《月光不是光》

庞余亮《小先生》

散文杂文奖

授奖辞

江子的《回乡记》书写变革中的山河故土，是面向广阔人间的滴血认亲之作。李舫的《大春秋》，穿越古今，气势雄强，以寻根和守望确证中华文化的磅礴力量。沈念的《大湖消息》以地理空间熔铸美学境界，以身体力行测量生态人心。陈仓的《月光不是光》是普通人迁徙流变的生活信史，乡愁与热望同在、裂变与奋进交织。庞余亮的《小先生》，接续现代以来贤善与性灵的文脉，是一座爱与美的纸上课堂和操场。

有鉴于此，授予上述作品第八届鲁迅文学奖。

江子：
我写下的是我的故乡的变迁，也是我的自传

武翩翩：故乡是您创作的重要主题之一，这次获得鲁迅文学奖的《回乡记》更是构筑了一个全新的文学域名“赣江以西”。具体而言，这部作品聚焦的是这片土地和生活在其中的人们。这里有着“崇文尚武”、“崇德尚义”的深厚传统，也正在经历城市化、现代化变革，“被三千年未有之变局的时代裹挟，经受了前所未有的消亡和新生”。能否请您谈一下写这本书的初心和它的创作历程？

江子：老实说，乡村主题是十分古老的文学主题。有很多前辈的名篇在前，用散文这种古老文体来书写乡村，想写出新意非常难。近些年在这个主题耕耘者众，但能留下深刻印象的、值得称道的很少。在创作《回乡记》之前，我是有这个认知的。但为何我依然要创作《回乡记》？因为《回乡记》可以说是我命里该有的一本书。

我的故乡江西吉水在赣江以西，作为一块世袭的乡土，其实拥有非常厚重的历史。从我的村庄出发，十五里半径内，曾哺育过南宋民族英雄杨邦乂，诗人杨万里，文学家罗大经，明代嘉靖状元、理学家、地理学家罗洪先，明朝兵部尚书李邦华。古代科举，考中进士的一两百名。能有那么

好的科举成绩，说明这块乡土是非常有生命力的。

这块区域归属的吉安，是欧阳修、胡铨、周必大、文天祥、刘辰翁、解缙等人的故乡。在古代，她称之为庐陵——就是《醉翁亭记》中的“庐陵欧阳修也”的庐陵。

我是这块文明久远的乡土的世袭之人。随着年龄渐增，我越来越感到，所谓的欧阳修、胡铨、杨邦乂、杨万里、文天祥、解缙，其实是同一个人，具有同样的刚烈、血性、决绝、诚心正意，同样的文采沛然又胸怀家国。这是这块土地特有的人文性格，是我的故乡特殊的人文密码。有时候我会怀疑我也是他们，因为我发现我的性格中，有着与生俱来的刚烈和决绝，对家国天下、时代律动有着超乎寻常的热情……

作为这块土地的世袭之人，我单方面地认为我有责任代替这些卓越的乡党们守护这块土地，用传之于他们的笔，书写这块祖地的历史和现实，记录下这块祖地在进入现代文明体系进程中的消逝与生长、痛苦与欢欣、爱与恨、变与常。

传承文明，赓续传统，观照现实，守望家园，应该是每一个写作者的神圣责任。

这就是我写《回乡记》的初衷。

为了写作这样一本书，我经常回到故乡。有时候会去专门拜访一座庙宇，有时候是去观察一棵树。我会和许多人攀谈，并向我自己的记忆里打捞。

我特别强调这本书人物的真实性，既然是记录历史，那就必须保真。我所写下的人物在生活中都有原型，如果需要，我可以一一指认。

我写下的是我的故乡的变迁，但从另一个角度上，我写下的其实也是我的自传。在《回乡记》中，我与我的人物发生着各种各样的关系，自己的经历、性格也得到了呈现。散文是书写“我”的艺术。我这么想：如果书中的“我”是立体的，那整本书就不怕失了筋骨。

武翩翩：您在书中说道，“人有故土之念，自然也会有出走之愿。出走与返乡，自古就是乡土这枚镍币的两面”。但即使是抵达异乡的人们，“让他们爱恨交加的故乡依然在他们的生活里有着极深的烙印”。您如何看待人们在现代文明的冲击下对故乡复杂而浓烈的感情？如何成功呈现这种“乡愁”书写？

江子：“乡愁”是中国现代性的产物，也是人类古老的情感。“昔我往矣，杨柳依依，今我来思，雨雪霏霏”，“举头望明月，低头思故乡”，“来日绮窗前，寒梅著花未”，“近乡情更怯，不敢问来人”，这些诗句，都是乡愁古老的例证。

乡愁也是中国乃至世界现代文学的母题。美国作家约翰·斯坦贝克的中篇小说《人鼠之间》，就是一部表达现代乡愁的杰作。相依为命的美国流动农业工人乔治和莱尼十分渴望一间自己的屋子，一小块土地，养几只小动物的梦想之地，就是他们的乡愁。鲁迅的《故乡》，就是中国现代乡愁的奠基之作。之后的高晓声、路遥、陈忠实等一大批作家，以优秀的作品拓展了鲁迅开辟的现代乡愁书写之路。

而今天的乡愁比以往要更为复杂。因为乡村跟以往任何时候比有了许多新的特征，真正是三千年未有之大变局。无数新的生长和消亡让村庄似是而非，人口大量外流让乡村空心化，乡愁也变得疑虑重重。为了挽留乡愁，人们建起宗祠，加固血脉的黏合度；建起房子，让乡愁变得更加牢靠。

可是乡村依然是不确定的。比如乡村信仰，是否依然能够延续？那些渐行渐远的传统，是否就真的与今天的人们一别两宽？那些已经去了他乡或城市的人们，是否真正从乡村退场？大量现代文明的进入，是入侵还是重构乡村？……

带着这些问题，我进行了《回乡记》的写作。在书中我设置了三个时间维度：一个是古代，就是宦游至香港定居的邓汉黻、被金人剖腹取心的杨邦乂、返乡居住的南宋大诗人杨万里、江右王门代表罗洪先等人的古代；一个是近现代，就是祖父与伯父的近现代；还有一个主要的就是当下。这三个时间维度相互交织和映照，我渴望借此来编织出乡愁的复杂多维的模样。

武翩翩：您在十年前曾经推出《田园将芜——后乡村时代纪事》，从《田园将芜》到《回乡记》的这些年来，您对乡村故土、乡土书写有了哪些新的感悟？

江子：《田园将芜》由陕西人民出版社出版于2013年。当时出版时还是获得了一些好评的。《新京报》等都发表了对这个作品集的评论，包括豆瓣的评分也还可以。在这个作品集里，我写了城市化进程下孩子的命运、老人的命运、乡村医疗、对失踪者的探问等。但是这些年来我一直不满意，因为《田园将芜》更多的是从社会学层面来书写乡村变迁，而且有着明显的城乡二元对立的立场，因为写作时间过长，整部作品风格又不是很统一。我想从更深的角度也就是从文化的角度来写乡村的变迁。同时也希望经过了这么多年的写作，我的风格能显得更成熟整齐一些，笔调更加冷静一些，对这世界能更加慈悲和宽容一些，在乡村主题书写方面能呈现得更好一些。

带着这样的祈愿，我尝试着从乡村武术、乡村建筑、乡村审罪文化、弱者的精神寄寓、人与故乡的对抗与和解等方面，从出走、返回、他乡三个角度，来审视乡村百年来的变化轨迹，书写现代性面前农民的欢愉与惶惑。如此陆陆续续写了几年，最终成了现在《回乡记》的样子。

武翩翩：《回乡记》被称为一部中国乡村人物志，书中的人物鲜活生动，习武，行医，买房，离乡，个个都有精彩有趣的故事。从出生于1913年的老祖父，到出生于2009年的小侄子，勾连起故乡的百年风貌。您曾说过《回乡记》里描写的每一个人物都有现实中的原型，同时也在书中提到《怀罪之人》中关于三生回乡还债的书写是出于虚构。您在散文中处理人物及其经历的时候，是如何把握实与虚的火候的？

江子：好的文学都是虚实相生的。我写的是散文，需要故事与人物真实，情感真实。但过实的文字就会缺乏艺术的张力和美感。捍卫文学的艺术品质，是写作者的重要使命。散文这种古老的文体，该如何吸收其他文体的经验，来拓展自身的内部空间，呈现出新的可能，也是我这个从事散文写作 30 年的写作者应该思考的问题。

在这部作品中我尝试了不同写法。我努力吸收了小说、诗歌等文体的表现手法，借鉴先锋文学的经验，进行了散文文本的实验和探索，比如在《行医记》里，在结构上我借鉴了小说的复线叙事，一条是我们村医疗机构的命运，一条是我当乡村医生的岳父一家的命运，两条线相互呼应，共同推动主题往前走。在《不系之舟》里我借助了鄱阳湖这个意象，以隐喻当代漂流时代人的命运的不确定性。在《回乡记》里，我借用小说的明暗线叙事手段，伯父的两次回乡的明线里其实铺设了很多条暗线，比如大儒刘学稷的退休返乡居住、曾文治的去世回乡安葬、我的春节回乡、乡亲们的春节回乡、伯父家的晚辈们的回乡，如此不断地强化了回家的主题。在《杨家岭的树》里，我通过对一棵老樟树的生长描述，来反衬村庄的不断衰败。在《磨盘洲》里，我用小说的手法、第三人称的角度对何袁氏等的故事展开叙述，然后用第一人称介入叙述，同时借助对一个不知名的信仰者的书写，让整个文本虚实相生，整个文章呈现出了开放的格局。《怀罪的人》里，我借助想象完成了主人公卷款外逃后回乡的故事，为的是想重构乡村的审罪传统。这个作品是在广东《作品》杂志发表的，发表的时候编辑很为难，说真不好把这个作品编入哪个栏目，又不是小说又不像散文，又不是非虚构，最后他们还是放在了质感记录这一栏里，在文章后面列了非虚构。种种这些努力，是希望整个散文集有一定的异质性，让熟悉传统散文的读者有一些陌生感，让散文这个古老的文体因开放而广阔，因更泥沙俱下而有了更加广阔的外延。我认为好的文学是文字结束后依然在生长。也许我做得不够好，但是我已经努力了。

武翩翩：《回乡记》的语言充满诗意和辨识度。比如谈到女儿眼睛里的阴翳，“它的学名叫高考”。说到老家，您有一个比喻是“我永远是它襁褓中的婴儿”。在您看来，好的散文语言是什么样的？您在散文语言上是否借鉴了一些诗歌的技法？

江子：我有一个身份是前诗人。20 岁上下我写过很久的诗，甚至还取得过一些成绩。20 岁那年，我在乡村小学当语文老师，我的组诗《我在乡下教书》参加了河北省《诗神》杂志举办的全国新诗大奖赛，得了一等奖。同时，还在《诗歌报月刊》、《飞天》等杂志发表诗作。只是后来因为工作经历，也因为深感自己的才华不能支撑我继续做一名诗人，才转手写了散文。虽然成了散文写手，但对诗歌的敬重一直在心里，读诗依然是每日功课。我对中国诗坛的了解一点不比对散文界的了解少。

我一直认为所有文学创作到最后都应该是诗。有时候我会认为我不过是以另一种方式来完成诗的书写。我认为好的散文语言有灵魂的重量和诗一样的光。很多年前我写下诗观：逼近现实，让词语在隐痛中发光。至今作为散文作者，我依然作如是观。

武翩翩：鲁迅文学奖的授奖辞中，说您的《回乡记》“书写变革中的山河故土，是面向广阔人间的滴血认亲之作”。这部作品让更多人回望故土、关注乡村，也关注乡村所经历的巨大变革。请问您在未来还会继续书写这方面的题材吗？能否谈一下您下一步的创作计划？

江子：谢谢。如果《回乡记》能让不少读者有“回乡”的冲动，有关注乡村的愿望，那我的写作就有了价值。

接下来我想回到历史中——我喜欢变化，老铆着一个题材写我会受不了。我曾经写过两本历史书，一本是《苍山如海——井冈山往事》，一本是《青花帝国》。我是个历史迷，我喜欢在历史中翻箱倒柜，寻找于今天而言有价值的东西。疫情三年，其实我已经做了不少准备了。这一次，我关注的是明史。我的家乡江西吉水乃至吉安，许多士子在明朝遵循古老的道统，干了许多了不得的事情，回答了士人应该与国家构建怎样的关系这样的命题。我想书写他们，重构他们。

我怀疑这次我的野心太大了。我尝试着动笔写作才发现这个计划有多么狂妄。我的历史水平并不好。我的准备还不充分，我不知道要准备到哪一天才能说是准备好了。但我不能放弃，因为这个计划太有诱惑力了。我也许会失败，但我依然想试试看。

李舫：重回历史的缝隙

康春华：《大春秋》的第一辑分别写到扬雄、嵇康、陈子昂、韩愈、苏轼、李贽、王夫之等若干历史人物。他们当中，既有文采飞扬的诗人、文学家，也有埋首著书立说的思想家，也有为民请命的实干家。书中不仅呈现出他们及其所属时代的丰饶、复杂和立体，更以强烈的抒情性刻画了他们生命"至暗时刻"的隐忍、残酷与绝望。为何是这些人物进入您的视野？

李舫：这些年，我喜欢读书，更喜欢读历史书，喜欢在历史故纸堆的缝隙中找寻有趣的故事，在有趣的故事中寻找有趣的线索。我发现，许多大事件、大变革、大结局，其实仅仅是缘于藏在历史缝隙中的某一个细节，而历史上的大时代、小时代，则是由许许多多个为人所忽视的小细节连缀而成。所以，要想读懂今天，就一定要返回历史的现场，读懂昨天。

文学的功用，就是试图将那些早已枯萎数百数千甚至数万年的花朵重新放回历史的清水里，还原其时间、人物、场景、环境、思想，使其再度绽放。

扬雄、嵇康、陈子昂、韩愈、苏轼、李贽、王夫之都是我喜欢的历史人物。重温历史，就会不断见到我们的老朋友，他们就像我们的老朋友一样亲切。他们生命中那些最沉重的时刻，是他们交给我们的一份礼物，更是一份责任。所以，每当我动笔的时候，我会寻找他们时代的背景——地理、河流、山川、水文、气候，那个时代的大事件，这样我们才会真正懂得他们心中所愁所苦、所思所想，也许这正是你所说的时代的丰饶、复杂和立体。他们的人生充满了丰富和复杂，有欢喜、酣畅和快意，也有隐忍、残酷与绝望。我喜欢他们是因为他们的人生像一幅大画，浓墨重彩，丹青淋漓。

康春华：《大春秋》第二辑以地点为中心，讲述历史地理中深厚的文化情怀；第三辑以文化地标、文化事件等为纲，还原大历史背后的小细节。叙事、抒情、议论等手法在散文中充分彰显自身的魅力，而历史、地理、哲学、文化以文学的方式跨越边界、水乳交融，呈现出您对理想、信念、时代、文明等宏大问题的思考力度。您的散文观是怎样的？

李舫：宏阔，超拔，这是两个特别好的词，是我文学的追求，更是我人生的追求。究竟什么是好的文章？立文之道，唯字与义。我理解好的文章不仅仅要自成一格，而且要自成高格。不管是虚构还是非虚构文章，理想境界是陆机在《文赋》中写的那句话："收百世之阙文，采千载之遗韵，谢朝华于已披，启夕秀于未振，观古今于须臾，抚四海于一瞬。"这是我文学创作上仰望的珠穆朗玛峰。

康春华：近些年，散文有跨文体发展的趋势，散文与小说、非虚构、诗歌等文体相融合，你如何看待这种趋势现象？

李舫：不知道你会不会相信，我曾经从西方现代派艺术中学会很多文学写作的方法。萨尔瓦多·达利曾说，"强调极端主义的写实主义能够搅乱人对现实的判断力"。正是因为有这句话携带的意念，我在他那神秘的、充满梦幻情调的超现实主义绘画中，读到了他试图传递和试图遮蔽的信息。达利的作品中充满了变异的离奇，它们诱惑着你，让你的思想走进去，却无情地拒绝了你的身体。因为你无法不通过颠倒的眼睛去观察那个被表现为鲜明清晰、被抑制的、萎缩的世界，无法不贪婪地注释着那些融化后又重新组合的事物在平坦荒凉的旷野中，脉脉含情地散发着疯狂而放肆的气息。光滑的海滩、柔软的钟表、水滴般的肉体、失去参照的奴隶市场、无时不在的幽灵面孔……那个我们熟识的世界以另一种你无法抗拒的姿态向你逼视，特殊时代个体常常被他者“围猎”，生命中充满了无奈。如果你认为这些方法是小说的技巧，我想也许是这样，一切艺术都是相通的。

康春华：从《纸上乾坤》到《大春秋》，您的散文始终有鲜明的个人特色，尤其是对史料的整理、把握和汲取，对材料的加工剪裁能力，对人类智识文明与思想的偏爱都得以淋漓尽致地呈现。能否分享一下您的阅读趣味、灵感来源与材料积累等方面的心得？

李舫：说到阅读，我喜欢读各种各样的书，杂书，有用无用之书，无所不读。少年时代喜欢读科幻类的图书，比如四维空间、六重世界之类，现在读的书更杂，甚至有些人看来了无趣味的科技类图书、技巧类图书，比如元宇宙、区块链、NFT（数字艺术藏品）、折纸，我都会读得津津有味。甚至一本医学、生物学、天文学、国际文化贸易的书，我也会读下去。我读得最多的其实不是文学类图书，而是人类学、考古学、美术史、文化研究、美术评论等方面的书，其实每本书都会给你至少一个启发，这就是读书的意义。于谦写过一首诗：“书卷多情似故人，晨昏忧乐每相亲。眼前直下三千字，胸次全无一点尘。”写出了我们读书人的心境。

美国有一位叫作玛格丽特·米德的人类学家。她将人类学的视野与思考方法教给了成千上万的公众，并把人类学带入了光辉的科学时代。很多年前，玛格丽特·米德的学生问她，究竟什么是文明的最初标志。学生以为玛格丽特·米德会谈起鱼钩、陶罐或磨石。然而，没有。米德说，古代文化中文明的第一个迹象是股骨（大腿骨）被折断，然后被治愈。她解释说，在动物界，如果摔断腿，就会死亡。一个摔断腿的人是无法逃避危险的，不能去河边喝水或狩猎食物，很快便会成为四处游荡的野兽的食物。没有动物在断腿的过程中存活得足够长，以至于骨头无法愈合。断裂的股骨已经愈合，这表明有人花了很长时间与受伤的人待在一起，养好了伤口，将人带到了安全地点，并让他慢慢趋于康复。米德说，从困难中帮助别人，才是文明的起点。“当我们帮助别人时，才会使我们成为最好的自己。做个文明的人。”玛格丽特·米德所说到的历史细节，正是人类社会进步的动力所在。“万物得其本者生，百事得其道者成。”人也是一样，很难想象，“人不能卓立”而能使其“永垂不朽者”。

康春华：《大春秋》从经典古诗词入手，由诗入史，展现中国传统文化的种种面相。透过古典诗词来阐释中国传统文化和古老历史，其优势在哪里？

李舫：这本书其实还有一个未曾刊用的副标题，就是“诗词里的中国”。但是为了突出“大春秋”，还是把副标题删掉了。古老的中国是诗歌的国度。相对于中国诗歌两千多年的悠久历史，诞生至今短短一百年的中国新诗还处于牙牙学语的幼年。但是，中国新诗从诞生那一刻起，她就具有了两种传承—— 一个是来自《诗经》、唐诗、宋词的浩浩汤汤的中国诗歌传统；一个是肇始于五四新文化运动所引入的欧美文学和苏俄文学。可以说，中国新诗是东西文化碰撞结出的果实。也正是由于这双重基因，尽管历经了特殊的历史发展停滞阶段，中国新诗在百年历史进程中，始终保持着自我更新的驱动力，保持着与世界同步的节奏，保持着变革和先锋精神，不仅适应了新的社会发展，适应了百年来中国实际，而且突破了中国古典诗歌的局限，开拓了中国现代文明自由开放的气度，引领着中国文学的前进方向。中国新诗的百年进程，远远不是一百年的时间所能锁定，以新的诗歌方式体现新的时代，是诗的解放、人的解放。也许再过一百年，我们回望历史，将发现中国新诗在与世界对话过程中，一直保持着先锋的姿态、昂扬的斗志。

康春华：近年来，历史写作的文学性与文学写作的历史感，成为史学界与文学界共同关注的热门问题。您也在《大春秋》序言提道："在历史学家不能及、无所及之处，让历史的细节变得更加丰盈丰富丰美，恰是文学家存在的意义。"作为写作者，您如何看待历史与文学的关系？历史题材的文学写作，其文学性应当如何坚守？

李舫：一个时代有一个时代的气象，一个时代有一个时代的文化。正是文化血脉的蓬勃，完成了时代精神的延续。

今天，经历了疫情、战争、冷战、孤立，很多人对文明有了怀疑，甚至有人担心，文明的缰绳会不会无力扼住如脱缰野马一样的野蛮，人类会不会重新回到丛林时代。其实，人类社会发展同大自然一样，有阳光灿烂的日子，也有风雨交加的时刻。当前，世界百年未有之大变局正在加速演进，世界进入新的动荡变革期。读懂历史，方能在种种动荡和变革中行稳致远。岁月的机锋、历史的机智，其实，就隐藏在一个又一个看似不起眼的转角处。

时间，就像卑微的西西弗斯，每个凌晨推巨石上山，每临山顶随巨石滚落，周而复始，不知所终。而今，走在时代浩荡的变革中，我不时绝望地发现，那些被喧嚣遮蔽的废墟、被繁华粉饰的凌乱以及被肆意破坏的传承密码，它们不时切断我们重返历史现场的心路，让我在迷失中一路狂奔。

路虽远，行则将至。

康春华：不少散文评论家提到，这样宏阔气质的散文，很难想象出自一位女性散文家之手。女性散文，当然不只是基于日常生活经验与情感经验的敏感、细腻而抒情的载体，它应当是万花筒，也是多棱镜，包含世间万物的可能性。您如何看待散文写作与女性主义这个话题？

李舫：这倒是个有趣的评价。我觉得所谓须眉与巾帼、男性与女权，特别是文学中的，其实在某种程度上是人的感知的物化。我不同意文学具有性别属性的说法。

弗莱说过一句有意思的话，有且只有一个故事，值得你静静地叙说。文学的核只有一个，关键的是外面有着什么样的果肉和汁液。女性主义的理论千头万绪，归根结底就是一句话：在全人类实现男女平等。所有的女性主义理论都有一个基本的前提，那就是：女性在全世界范围内是一个受压迫、受歧视的等级。而好的文学，我认为恰恰是穿越，或者说是超越性别的利器。

法国存在主义代表作家西蒙娜·德·波伏娃曾经为其伴侣——存在主义代表人物让-保罗·萨特绘出一幅“临别肖像”:《告别的仪式》。在这本著作中，我们看到的是萨特最后十年中的脆弱和病痛，事无巨细的悲惨生活；更应该看到的是两位智者的精彩对谈，他们时而幼稚、时而睿智，时而脆弱、时而刚强。每当重读这本书，我就想起萨特的那句话：说到底，文学就意味着写完美的东西，我们的目的就是完美。在《告别的仪式》扉页上，波伏娃深情地写下这样一句话：“写给爱过、爱着和将要爱上萨特的人。”说实话，如果读到这样霸气的语言，你还认为文学有须眉和巾帼之分吗？

康春华：您的散文多是关于城市地理、历史、人文风光等内容，您是如何做到在内容和形式上的创新的？

李舫：历史学家、考古学家傅斯年曾经说过一句话：“上穷碧落下黄泉，动手动脚找东西。”这是历史学、考古学的方法论，我很认同这句话，我认为这也是文学家的方法论。你要想了解一个城市，首先要读尽与它相关的图书。我说的不是读，而是读尽。书读百遍，其意自见。这很难，我自己也没有做到，但是，只有学会用“上穷碧落下黄泉，动手动脚找东西”的功夫，才能有“身无彩凤双飞翼，心有灵犀一点通”的灵感。还有一点，每到一个城市，我喜欢在它的小巷子里漫步，那里有这个城市的风雅，更有这个城市的沧桑，不为岁月所变更的脉络就清晰地藏在城市的这些皱褶里。

沈念：
将属于江河、湖泊的时光温柔挽留

教鹤然： 在获第八届鲁迅文学奖之前，您的散文《大湖消息》已经引起文学界的关注。能否请您谈一谈这部作品的创作历程？

沈念：《大湖消息》去年12月出版后，入选了很多新书榜单。有人问，这本书写了多久？我不知如何回答是好。从我开始写作，就一直是在处理洞庭湖这片河汊众多、江湖川流的土地上生长出来的地方性格、地方经验和地方故事，迟迟未能集中精力进行系统的书写。缘起是2018年习近平总书记考察长江到了我的家乡岳阳，提出"守护一江碧水"的要求。2020年下半年，疫情稍有缓解，湖南省启动"青山碧水新湖南"的创作活动，我把写作提上日程，又选择性地回访洞庭湖和长江，多数篇章是在2021年上半年的时间里写完的。写了一年左右，但感觉又是写了很多年的湖区生活经历。

洞庭湖是湖湘大地上的母亲湖，这是一个宏观上的认知。我对它的认知也是逐渐加深的，越了解它的过去和现在，就越加关注它的未来。我曾经有一种深深的愧疚，这种愧疚来自我对这片土地索取得多、回报得少。当我再次回去，似乎所有的积淀都发生了化学反应。这就变成了一个写作者与故乡的“归去来”。每一次折返，都是一次发酵、一段情话、一种碰撞，更是很深程度上的灵感激发。

这本书的写作凝聚了我对故乡的深情与眷恋、忧思与憧憬。我与那些候鸟、麋鹿、植物、鱼类、渔民、研究者、志愿者的相遇、相识，我选择的人物，也是我遇见的人，这都是一种缘分。我特别看重这样的遇见。我和他们一样，都有一个共同的身份——江湖儿女。我在“打捞”他们的人生往事时，其实是将属于江河、湖泊的时光挽留，是在感悟并学习承受艰难、困阻与死亡，是尝试以超越单一的人类视角，去书写对生活、生命与自然的领悟。我的初衷是还原一个真实的湖区生存、生活世界，书写一个有情有义、有悲有喜的人世间。

教鹤然：承接中国古代文学的传统，到五四时期的杂文、小品文，再到新时期以来散文写作的转向，当下散文创作受到非虚构写作的影响，也出现了美学风格的新变，据您观察，当代散文的整体现状如何？

沈念：我是当代散文这棵枝繁叶茂的大树上的一片叶子。我没法用几句话去谈论散文的当下整体状态，只能是从我的阅读偏好中，从我所能感受到的枝条颤动、树木摇晃中谈一点认知。一个时代有一个时代的文学，一种文体有一种文体的渐变与丰富，当下语境里，现代性叙事意义上的散文写作已经越来越为人所跟随、认定。表达现代生活的复杂经验，说别人没说过的言语、感受、逻辑，才会有真正意义上个人性的呈现。没有个人性的东西，就没法标识出你的风格特征，可能就是所有人在写同一本书，这样的创作是必须警惕的。

谈到《大湖消息》，有人可能会谈到非虚构或虚构的话题。任何写作只要进入一个主观表达时，它就会发生位移。只要是站在一个主体真实情感上的写作，就不应该被虚构或非虚构所困囿。我反而会觉得，通过文体的开放性，小说、诗歌、戏剧这些元素加入进去，作品就发生了奇妙的化学反应，它变得不一样，产生一个跟过去、跟很多人的写作不一样的新面目。不管写什么、怎么写，每位写作者笔下的人物、命运、故事，那种现代人复杂经验带给他人的共鸣、共情，这才是最真实、最重要的。

教鹤然：您的《大湖消息》有很多“标签式”的评价，比如“青山碧水新湖南”主题创作非虚构作品、比如生态写作理念下的散文作品等，对您个人来说，这部作品应该也有着比较重要的意义，您觉得，这些评价是否贴切您的创作初衷和核心理念？

沈念：我没有过多考虑过被贴什么标签，因为一次写作完成了，需要考虑的是下一部作品。但从评论和媒体的反馈看，有不同角度的解读。山可平心，水可涤妄。《大湖消息》凝聚了我对大湖的书写理想，折射出我对这片土地上的人与万事万物的态度。

任何一个地方的元素和精神内涵，归根到底落点还是在人和物的身上呈现。人与自然之间的关系，永远是不可能均等的取与舍。从这个意义上出发，每一位投身自然生态文学书写的写作者，必然要去直面欲望带来的责难，要去书写反思与自我拯救。而我就是要从水流、森林、草原、山野以及大地所有事物之中“创作”一个未来，那里有对大地上、人世间最坦诚的信任和依赖，也是写下献给未来的“洞庭湖志”。

教鹤然：还记得您曾经提到过“鱼腥味”与南方写作的文化性格，让我印象非常深刻。南方气质与“岛屿”经验是地方性经验中的重要组成部分，在您的作品中，“水”似乎是很重要的意象，语言也充满了潮湿、细腻的情感质地，的确与带有北方风格的写作者有明显差异。那么，您是怎么理解地方性经验与个人文学创作之间的关系？

沈念：洞庭湖是我创作的原产地。我在洞庭湖的水边生活了很多年。水，给了这片土地灵性、厚重、声名，也给了人刁难、悲痛、漂泊，更是给了我写作的灵感和源泉。长久以来，我睁眼闭眼就能看到水的波澜四起，听到水的涛声起伏，水的呼吸所发出的声音，是液态的、战栗的、尖锐的，也是庞大的、粗粝的、莽撞的。水能把一切声音吸入胸腔，也能把声音挡在它镜子般的身体之外。我原来以为岸是水的疆界，但在行走中我懂得了水又是没有边界的，飞鸟、游鱼、奔豕、茂盛的植物、穿越湖区的人，都会把水带走，带到一个我未曾想到达的地方。还有那些曾经没有户籍的渔民，沿着水流四处飘零的人，他们所赖以生存的是真正的江湖世界，他们是本源上的江湖儿女，他们的流动性所孕育出来的地方性格，是走到哪里，就传宗接代在哪里。他们相信神意、邂逅、善良、浪漫，有把自己交付给陌生人的勇气，这与水的流动性天然地关联在一起。

我在写作地方性经验时，是保持着“小地方人”的谨慎的。这种谨慎，是提醒自己要把记忆中最深刻的经验和细节，融入对世界和自然的看法之中。一个人写作的落实过程，就是要把一个地方写实写透。地方性经验于我，既是熟悉的写作，又是有难度的。《大湖消息》于我是一次有难度的挑战，面对湖洲之上的生命，我的书写视角是多维的。鸟不只是属于天空，鱼不只是属于流水，水不只是属于江湖，植物不只是属于洲滩，人不只是属于大地，它们所组成的生命有机系统，任何一个环节的塌陷和破坏，都可能导致系统的紊乱。文学要呈现的就是为这个有机的生命系统立心、立命，要把生命中难以表达的情感传递出来，在“所见”与“所信”之间，让个人的写作被生活与美学“双重验证”。

教鹤然：您是散文和小说的双面手，包括在《人民文学》发表的《长鼓王》、在《十月》发表的《空山》等作品，而后又结集出版《灯火夜驰》。您选择以“文化扶贫”“易地搬迁”等主题作为表现扶贫攻坚成果的切口，深入生活、扎根人民的写作方法是否也影响着您的散文写作？尤其是您之前的基层经验和多年记者工作的积淀，想必也为您的文学创作打开了一扇窗。

沈念：前面提到过，为了写《大湖消息》，我反复地回到洞庭湖走访，这是一种深入生活，直接影响到了写作的成像。作家是时间里的人，也是改变时间的人。作家在这个时代里生活，就是在创造新的时代与生活的文学记忆。我的下乡经历、记者工作，不仅为我的写作，也为我的人生打开了一扇窗。我在这个窗口盼望，看着外面的日月星辰、风霜雨雪，看着走过的足迹和擦肩而过的众人面孔，愈加会从心底告诫自己，认真对待你笔下的文字和眼前的世界，努力写出可以信任的希望和灵魂。

教鹤然：您曾经说过，写作者要找到自己的根据地，并透露过想以小说的方式书写洞庭湖，那么，您未来的个人创作计划是什么？

沈念：“根据地”是写作的底座与依托，你不断回望它，它就会给你顿悟与创造的激情。写作者的“根据地”永远在同行，甚至在后面推动着往前奔跑。我今年在写一部乡土题材的长篇，散文创作停了下来。我反复在提醒自己，洞庭湖是一块丰富、驳杂的创作“根据地”，依然是要一头扎进去。写出与时俱进的时代之变、生活之变、文学之变，也依赖于把“根据地”扎深，写实写透。我不是那种有远大抱负的人，但也正是这种“没有”，让我能在一条认定的路上不管不顾地往前走。

人都须为选择而背负，好的或坏的，绝望的或倔强的努力。任何一条道路都不会是坦途，文学亦是如此，前面虽有风景摇曳，也得先穿过荆棘和丛林、沼泽与沟壑、黑暗与破碎。不管是个人还是群体，肉体抑或精神，人类所面临的很多困境（生存、精神），那些纠缠不休的问题，大多是相似相通的。每一个写作者都是围绕着“人”进行着不同的书写，我希望我的写作是在创造一种新变和越来越阔大的可能性。我越来越清醒地意识到，洞庭湖是我生命中最有力量、最富情感、最具意义的一块福地。未来我会写一部关于洞庭湖的长篇和系列中短篇，这既是一个创作规划，也是我心底的文学理想。

陈仓：

我喜欢给人一束光

刘鹏波： 陈老师好，恭喜您获得第八届鲁迅文学奖。能否先和我们分享一下，您是如何走上文学创作之路的？

陈仓： 我是个放牛娃出身，当初根本不懂什么是文学，而且我的父母都是文盲，无论怎么看，我和文学都很无缘。我和文学之间是一片空白，然而，中学毕业的那年暑假，我竟然一边放牛一边开始写“诗”。我也不知道为什么要写，到底怎么写，写了能干什么。但是我记得非常清楚，在一个没有用完的作业本上，每天都会写几句，写得比较多的是已经去世的母亲。可惜的是，我的作业本和课本后来都消失了。

后来我进城上学，才正式接触到文学书籍，最早读到的是汪国真和席慕蓉，后来读到的是尼采和裴多菲，再后来才零零散散地读到了朦胧诗。1994 年，《星星》诗刊在第 10 期栏目头条发表了我的组诗《人物素描》。随后，我在第 11 期刊发了组诗《静物写意》，该组诗在第三届中国星星诗歌大赛中获了大奖。《人物素描》被评为“每期一星”，彩色照片、简历和诗观发在第 12 期的封三上。在一年之中，能三次登上著名的《星星》诗刊，真有一夜成名的感觉。再后来，我便成了《诗刊》等诗歌刊物的常客，而且经常是栏目头条。

再后来，为了解决生存问题，虽然一直在写诗，但是和文坛“失联”了七八年。上海世博会召开前夕，上海市作协等六部门联合举办了一次全国诗歌大赛，我从《解放日报》看到征稿启事后，一边走一边构思，半个小时不到就写了一首五六十行的诗，当天就寄了出去。几个月后，有人通知我，说我获奖了，而且是一等奖。天啊，我高兴坏了，一等奖奖金一万块。评委会主任赵丽宏给我颁奖，鼓励我继续写。于是，2008 年我回归文坛，从零开始继续写诗，三年后参加了诗刊社主办的青春诗会。大家都知道，这是一个门槛，号称诗坛的“黄埔军校”，所以就名正言顺地成为诗人了。

刘鹏波：您从写诗起步，成了名副其实的诗人，但是 2012 年开始，突然写起了小说和散文，这种转变是怎么发生的？

陈仓：我写小说、散文和写诗差不多，也不是我想写的，似乎是上天让我写的。大概到了 2011 年吧，我把父亲从农村接到城里一起过春节，带他坐飞机，逛大雁塔，登西安城楼，到上海看海、洗桑拿、吃火锅……父亲第一次进城，所以发生了许多令人心酸的事情。每天回家等父亲入睡以后，我就把父亲进城发生的事情以日记的形式记下来。和当初写诗一样，就是一种很原始的冲动。直到 2012 年，我和一位诗人兼编辑的朋友聊到了这些文字，他拿过去一看，非常震惊，说可以拿去发表。但是转了两圈，都被退了回来，原因是我不是名家，几万字的散文很难发表。

后来，我打印一份寄给了《花城》，因为他们有一个“家族记忆”栏目。2012 年底，我拿到《花城》第 6 期样刊，打开一看，我的文章竟然发在了中篇小说头条。“蝴蝶效应”就这么产生了，《小说选刊》头条转载了，《小说月报》、《新华文摘》转载了，而且还被收进好几本年选。这么一篇记录性的散文，因为一个美丽的误会，变成了我的“小说”成名作。我就趁热打铁，不管是不是小说，一口气写了十几篇，被我统一命名为“进城系列”，仅仅2013年就被《小说选刊》转载了三次，其中两次是头条。评论家说我的小说不像一般小说那样拿腔拿调，而是运用散文化的笔调，接地气、通人性、感人心，这成了我的小说特色。

仅过了一年多时间，我又多了一个身份——小说家。这就是人生的奇妙之处，似乎一切都是上天注定的。不过，上天不在虚幻的头顶，而在我们每个人的手中，你的路怎么走，走向哪里，自己并不清楚，也无法控制。你能做的就是披星戴月，把这条路走得宽一点，走得长一点，走得亮堂一点，仅此而已。

刘鹏波：诗歌、小说和散文属于不同文体，您如何看待三者之间的关系？

陈仓：有人说，我是全文体写作者，在各文体之间能够自如地“切换”。我倒觉得，我不是得心应手，而是喜欢自然状态的写作。我一直追求的就是脱离理论或技术的自然状态写作，所以我从来不把各种文体严格区分开来，我有好几篇散文被当成了小说，我的小说里经常会有诗或者诗意的成分，而我的诗还经常被转化成小说。正因为如此，在创作的时候，我从来没有在乎到底在写诗、写散文还是写小说，我只在乎有没有把心掏出来，心中有没有灵魂的闪光。最重要的是，这些文字是不是真诚，能不能打动别人，引起别人灵魂深处的共情。

如果说有差别，那就是我写散文的时候，情节都是发生过的，我完全尊重事实，尤其写到自己的父亲和亲人，写到他们的生死问题，如果胡编乱造的话，那是大不敬的。而写小说的时候，我会展开一些自己的想象，毕竟想象是超越现实的那一部分。不过，我的想象是有限的，想象永远没有生活精彩，现实生活中发生的很多事情已经大大地超出了我们的想象。

我有一个体会，无论是什么文体，表面上看似乎是写出来的，其实都是活出来的——想象也是“活着”的范畴，是用我们的皮肉和思想熬出来的。

刘鹏波：除了作家身份外，您还是一名资深记者。媒体工作对您的文学创作产生了哪些影响？

陈仓：我的写作其实是业余的，我真正的本职工作是记者，我在新闻行业已经干了20多年，深度参与过媒体的市场化改革。我觉得，新闻要有用，要充满人文关怀。具体说来，有价值的新闻要有善意，能帮助和引导人们走向美好生活。在这种理念的作用下，我策划过很多慈善活动，发动媒体人做了很多善事。

这也是我个人的人生观和价值观。所以在文学创作的时候，无论遇到什么题材，我都秉持着同样的理念，传播善的思想，给人一束光。我喜欢给人以温暖和力量的作品，让人读了之后，能从中找到方向，增加生活的勇气，注入热情和动力。

刘鹏波：您曾经说过，善意就像阳光一样永远是不会消失的，真正的好作品一定要传播善意。请问这种价值观或者说是文学观，和您的人生经历有关吗？

陈仓：我七八岁的时候母亲去世，她断气前的最后一个愿望是吃麻花，父亲和姐姐跑遍了整个村子，借来半桶油和一升面粉，好不容易炸好了麻花，母亲却已经断气了，把这人间的美味留给了我们。我十一二岁的时候，为了给哥哥结婚办酒席，哥哥带着我去河南淘金，中途发生了一次事故，哥哥将我一把推开，他死了，我活了，那年哥哥19岁，刚刚定了一门亲事。我十八九岁的时候，为了印刷一本诗集，回家向父亲求助，一辈子没有读过一首诗、不知道诗为何物的文盲父亲，不管不顾地砍了几棵大树，为我筹措了一笔费用……正是我的亲人们用他们淳朴的爱和善良建立起了我的价值观，为我的人生铺就了温暖的底色，教会了我如何善待这个世界。所以，我希望在所有的作品里，能够力所能及地向人们传播一些善意，这算是我对世界仅有的一点回报。

刘鹏波：《月光不是光》共收录七篇散文，讲述大移民时代的人如何扎根、如何再造一个新故乡。能否请您介绍下这部散文集的主题和特色？背后有什么特殊的出版契机吗？

陈仓：这部散文集最重要的意图就是想呼唤人们热爱土地，比如父亲对形形色色树木的热爱，比如在处于昏迷状态下依然做出各种各样的种地动作，都反映出了一个农民对土地深深的依恋。他们一辈子不仅在向泥土里播种庄稼，同时在向泥土里一点点地播种着自己的生命。我曾经说过，在这个世界上，我们吃的、穿的、用的，没有什么是来自天上的，而都来自土地。我们每个人都有一块土地，都有一个在为你耕种土地的人。这就是我一直以自己是农民出身，又有一个农民父亲而自豪的原因。

在《月光不是光》出版之前，我出版过两本长篇散文。我从来没有出散文集的打算，而且也没有下意识地进行过散文写作，我的每一篇散文的写作初衷都是想记录自己的重大的情感经历。也许正是因为这样，每发表一篇都会引起一些反响。在这种背景下，便有不少出版社都来联系我，要出版我的散文集，我最后也不知道为什么交给了安徽文艺出版社。后来，我发现这是对的，责任编辑汪爱武非常专业，脾气也特别好，对作者特别尊重。

刘鹏波：您在文章中写道："因为父亲活着，故乡就活着，父亲不在了，故乡也就不在了。"您怎么看待故乡和远方的关系，您的创作源泉、精神故乡是哪儿？

陈仓：我的创作源泉或者说文学的故乡，那就是远方。不过，当我生活在故乡的时候，我的远方就是城市；而当我来到城市生活的时候，我的远方又变成了故乡。具体而言，目前我的远方有两个：一个是秦岭山中的塔尔坪，另一个就是我寄居的城市上海。这两个远方像太阳和月亮一样，它们像一对恋人彼此吸引，相互追逐。当太阳升起，月亮就默默退出；当月亮来临，太阳就给予光芒。它们就这样共同守候着我的世界。

我和其他作家不一样，我写的既不是城市文学，也不是乡土文学，我写的是从农村到城市、从城市到农村的一种落差、一种循环。不过，我的创作源泉和精神的故乡只有秦岭山中的那一片土地，因为我的亲人都是农民，我是从泥巴里长出来的。很多人都说我像土豆，没错，我确实是一个土豆，不仅土气且有一股自我繁殖的孤独感。

刘鹏波：既然是一个土豆，那么在城市里您怎么扎根？

陈仓：你是想说，土豆只能生活在农村，生活在城市就变成了食物。在上海，除了我自己在花园里种过几次土豆以外，我确实没有看到过以植物的名义长在土里的土豆，顶多是摆放在菜市场里的土豆，甚至是土豆泥或者薯条。鲁迅文学奖的授奖辞说："《月光不是光》是普通人迁徙流变的生活信史，乡愁与热望同在、裂变与奋进交织。"同样是土豆，在农村是一种生命形态，在城市已经变成了另一种生命形态，这就是我们所遭受的"裂变"。

现在是大移民时代，人人都是漂泊者。因为村里的人往镇上迁徙，镇上的人往县城、省城迁徙，省城的人向北京、上海、广州甚至是海外迁徙。迁徙的原因也有很多，大多数是为了打工，有一部分是为了上学。即使是真正的城市人，一直生活在同一个城市，但是由于城市化不断加快，不停地拆迁和搬家，留下你童年记忆的那条街道、那个巷子，现在是否还存在，是否还是过去的那种模样呢？我们已经离开了原有的生态，我们的情感、我们流逝的生命已经失去了附着的土壤，人人就都有了一种漂泊感。

那怎么办呢？这就需要以他乡为故乡，再造一个新故乡出来。马尔克思在《百年孤独》里说，有个亲人死在那里，那里才是你的故乡。等我这个土豆死在上海，被埋在上海，后辈们自然会把上海当成故乡。我在上海参加过一个人的葬礼，那就是我的岳父，当我的名字被雕刻在他的墓碑上，然后被埋在地下的时候，我感觉那不是墓碑，真像是我扎下去的根。

刘鹏波：您曾写道："对写作上了瘾，一天不写心里就不舒服，就像吃饭一样，不写就会饥饿，不写就会空虚，不写就会失眠。"写作对您而言有怎样的意义？下一步有什么写作计划吗？

陈仓：我曾经说过，文字是我的另一条命，而且我把这条命看得比我的肉体还重要。因为我的肉体最多存活不过百年，如果我写出好的文字，它们一定会活得比我长。

我有一部长篇小说已经写好了，我称之为"进城""扎根"之后的"安魂"系列，总共30多万字，继续保持着催人泪下的风格，以充满诗意的故事和浓郁的都市生活气息塑造一群底层年轻人敢爱敢拼、自强不息的形象。具体一点说，是以年轻人买房安家为主线，反映一代人的正义、良知和精神面貌，关注年轻人如何创业、安身、安魂的追梦人生，思考一个家庭、一个城市、一个国家的安宁、幸福和未来。

在娱乐至上的网络时代，现在的纯文学作品最大的挑战是贴近性和可读性，这个问题不解决，纯文学会越来越被边缘化。我自信地认为，这部作品是我目前为止最好看的，起码那些城市中的奋斗者拿到手后想一口气读完，而且还能笑中带泪地从中找到自己的影子。

庞余亮：
成为那只找到自己的螃蟹

罗建森：庞老师好！首先恭喜您的《小先生》获得第八届鲁迅文学奖散文杂文奖。这本书字数并不多，但其中传递出的温情却是相当饱满坚实。是什么契机让您决定创作这样一本书？作为对15年乡村教师生涯的回顾和总结，这本书对您而言是否具有某种特殊意义？

庞余亮：非常感谢公正而温暖的评委们，他们用慧眼发现了这本小书。

1985年，师范毕业的我来到江苏兴化的水乡深处，成了一名乡村教师。当时我18岁，身高1.62米，体重44公斤，长了一副娃娃脸，被学生们和家长们称为“小先生”。我还记得我的第一节课，很害怕“镇”不住学生们，先是惊慌，后来是镇定——拯救了我的，是学生们信任和期待的目光。作为“小先生”的我，反而从学生那里学到了很多。

在乡村学校，每一种生活都是在重复。乡村的日子尤其缓慢，但在这缓慢而寂静的生活里，有着其他生活所没有的惊喜。学生们在老教师面前一点都不活泼，但在我的课堂上，他们总喜欢把积压的调皮和灵性发挥得淋漓尽致。在他们心中，我可能更像一个喜欢读书、喜欢给他们读诗、陪他们踢足球的大哥哥。他们把我根本想象不出来的、充满童真童趣的故事“送”到我面前。

很多瞬间都是值得回忆的，比如在晨曦中打扫卫生的少年们，他们的影子和树木的影子“绘”在一起；比如学生散尽后，我独自站在合欢树下，合欢花散发出的香气；比如突然停电的晚间辅导课，孩子们很安静，而我在黑暗的教室里继续讲课。乡村的黑是最纯正的黑，乡村的静也是最纯正的静，天地间只剩下我的声音。后来电来了，光线在教室里炸裂开来，我突然发现孩子们的头发比停电前更黑更亮了，乌亮乌亮，像是刚刚洗过一般……故事多了，我决定记下来，记在我的备课笔记后面，就是只写每页的正面，反面空着，留下来速写学生和同事们的一个又一个小故事。在上课和记录中，我也在乡村学校完成了我的“第二次成长”。

我不会写说教的东西，我最想写的是如何与孩子们拢在一起，带着他们共同成长。所以《小先生》一共写了三方面内容：学生们的成长，老校长、总务主任和老教师们生活工作的经历以及他们的奉献，我 18 岁到 33 岁的个人成长。我很期待《小先生》像那颗在乡村学校冬夜里靠煤油灯慢慢煮熟了的鸡蛋，以此献给所有为乡村教育默默奉献的老师们，献给一批批在乡村教育土地上成长起来的孩子们。他们是我精神的背景，也是我人生永远的靠山。

罗建森：《小先生》是一本写给孩子们的书，也是一本关于“爱”的书，展现的是“小先生”与孩子们的彼此支持和共同成长。您是怎样确定这本书的创作基调的？

庞余亮：《小先生》出版之后，有评论家说我的散文继承了“贤善”和“性灵”散文的文心和传统，这是叶圣陶、丰子恺、夏丏尊等从校园走出来的教师作家前辈的散文之路。“贤善”和“性灵”的起点应该在我备课的煤油灯下，那时我一边备课，一边记下了《一个生字》，那是学生们的第一个故事。那时的我刚学会像老先生那样，一边在煤油灯下改作业，一边吊起一只铝饭盒，利用煤油灯罩上方的温度煮鸡蛋。我想起白天犯下的错，有个学生问我："小先生，小先生，你说说这个字怎么读？"白天的我真的不认识那个字，那时我的喉咙里仿佛堵着一颗不好意思的鸡蛋，紧张、惶恐、心虚。我不想再犯下同样的错误，于是开始记录学生们的故事，素材就这样慢慢多了起来。可以这么说，我笔下的"贤善"和"性灵"不是我给予孩子们的，而是孩子们无意中赐予我的。

记得那时我个子矮，目光多是平视与仰视。乡村学校的黑板前没有台阶，为了能看到教室后排，我一边讲课一边在教室里来回转，孩子们就如同向日葵般转向我的方向。在现实中，很多学生对生活的理解甚至超越了我，做了 15 年"小先生"，不仅是我教学生，更是我与学生们一起成长。直到现在，学生们还会打电话跟我聊天，倾诉他们遇到的问题与困惑。他们把我当作兄长，这让我非常欣慰。与孩子们相处，有种无言的默契，相当于在一片森林里，风刮到我身上，也刮到了他们身上。这样的暖风里全是无形的"贤善"和"性灵"。

罗建森：《小先生》中写到了许多孩子们的校园和生活趣事，比如游泳、爬树、"架鸡"、跳绳、踢毽子、溜草垛，读来总让人会心一笑。但也谈到了一些问题，比如有些孩子因为贫穷而辍学，有些孩子因为家庭暴力而留下终身残疾，大人们重男轻女的落后思想，以及几位少年的不幸早夭等。可以看出，您并不是要写一部完全田园牧歌式的抒情回忆录，没有刻意回避乡村生活中真实存在的"乌云"。在处理这些或欢快或不幸的素材时，您的心境是怎样的？

庞余亮：在很多人看来，乡村教师的生活是简单的，但乡村学校的爱与成长是会发光的。我想通过《小先生》把这 15 年的光储存起来，把所有发光的萤火虫放在一起，做一盏能够照亮乡村学校的灯。但乡村生活中的"命运感"是非常凸显的，在《小先生》里面，有很多地方我都大量做了减法，有很多留白，但还是留下了一些无法减去的"乌云"部分，这是乡村生活的暗影。

但生活总在继续，不管快乐或者不幸，孩子们依旧要长大。这就是我无法舍去或者减去那些疼痛素材的原因，正因为有了这些暗影，乡村教育的那盏灯反而更增添了亮度。我期待有更多的有心人，在《小先生》中既能看到灯光，也不忽略那些隐疼的暗影。这才是真实的乡村教育。

罗建森：在散文集《半个父亲在疼》中，您写到了自己与父母在一起时的生活，写到了原生家庭中的一些隐秘的伤痛。当您以“小先生”的身份站在讲台上时，是否会想起自己的童年？这段“小先生”的经历，是否有让您之后的生活态度或生活观念发生一些转变？对您的写作有影响吗？

庞余亮：我是父亲最小的儿子，我出生的时候，父亲48岁。我是父亲的第10个孩子。父母衰老，我大部分时间是独自长大，没人管束我，我的童趣和顽皮一直没有减弱。我做“小先生”是1985年，父亲中风瘫痪是1989年秋天，去世是1994年秋天。这期间有5年时间，我一边做“小先生”，一边和母亲一起照顾瘫痪的父亲。在《小先生》中，我写到过学生家长身上的“乡村暴力的种子”，这种子的背后，是贫穷和生存的压力。其实我身上也有这样的种子，准确地说，是我文盲的父亲播种在我身上的。在《半个父亲在疼》中，可以看到这颗种子依然存在于我那疼痛的亲情中。

“乡村暴力的种子”一直没有在我身上生根发芽。这个奇迹的发生，首先要感谢读书，是愈来愈多的好书，让这颗“种子”没有了生长的机缘。我更要感谢乡村教师这个职业，在孤独中长大的我特别珍惜童年、童趣和爱，喜欢用孩子的童年来校准自己的人生，学生们像晨光一样映照着我的教学、阅读和写作，教学生活虽然清苦，但也甘甜。

15年的乡村教师生活给了我一本《小先生》，也给了我一部童话集《银镯子的秘密》。学生们的爱构成了我长达15年的黄金时代，这应该是我一生中最重要的经历，也是我儿童文学创作的源头。15年的“小先生”

生涯，足够我挖出更多的宝藏。

罗建森：相比一些专业写作者，业余写作似乎更不容易，需要在琐碎日常中抽出更多的时间和精力，也需要更多的耐心和毅力。您为什么选择走上写作这条路？是什么支持您一直走到今天？

庞余亮：11 岁那年，我见到本村有个哥哥有本《青春之歌》，跟他软磨硬泡了 3 天，他才答应借我看两个小时。偏偏这时候，我母亲让我去给家里的猪打猪草，我当时就决定要违背一下母亲，不打猪草了，即使挨打也要把书看完。天下的母亲都是出色的侦察高手，为了防止母亲找到我，我在打谷场上找了一个草垛，扒开一个小洞，钻进去躲在里面，囫囵吞枣、连蒙带猜，把厚厚的《青春之歌》看完了。看完这本书的结果有三个：一是挨打了，二是全身都是草垛里虫子咬我的斑点，三是我的身体既不疼也不痒，林道静和余永泽的故事让我战栗不已。书让我变成了另一个人，一个不再是我们村庄的人，一个远方的人。

爱上了读书，也就爱上了写作。虽然在基层写作是相当艰难的事，虽然我们面前是平庸而重复的生活，虽然文学之路是一条比羊肠小道还坎坷的道路，但是文学所拥有的拯救与宽容的力量，远远大于生活的挑战。

我老家兴化是有名的螃蟹之乡。我最早写诗是有笔名的，我姓庞，所以取名叫“螃蟹”，后来觉得这个笔名太张牙舞爪了。但螃蟹是值得学习的，每只螃蟹的长大，需要自我蜕变 18—21 次。《小先生》最初的素材有 50 多万字，第一稿有 28 万字左右，可以直接出版，但我觉得不满意，继续修改，并在修改中更加理解了文学的辽阔。为了无限接近这种辽阔，我的修改时间变得很漫长，前后又花了 15 年左右，《小先生》也从 28 万字变成了现在的 12 万字。实际上，我觉得我每写完一本书，都有螃蟹蜕壳一样的收获。我想成为此生我最想成为的那只螃蟹，通过写作，找到远方的那个自己。

罗建森：您的创作所涉文体广泛，小说、诗歌、散文、儿童文学，都有出色的表现。您是抱着怎样的想法来进行不同文体的创作的？

庞余亮：我相信“1 万小时定律”。寂寞其实不是惩罚，也许是命运的恩赐。1985 年 8 月，我离开了拥有图书馆的师范，毕业之前，一位老师告诉我，你还没有建立起自己的知识结构，要学会成长，就得逼着自己读书，给自己补上社会学、史学、哲学和心理学的知识，除此之外还得把目光投向亚洲文学、欧洲文学和美洲文学。因为我父母均是文盲，家里几乎没有藏书，乡村学校也没有藏书，因此到了乡村学校后，我把几乎所有的工资都用于购买书籍。这么多年来，我一直没有放弃阅读，在阅读中我学会了对我所爱的文学作品进行“拆解”和“组装”。就这样，在 15 年的漫长寂寞的生活中，我完成了对各种体裁的自我训练，我不想辜负我面前的时间和生活，更不想辜负我热爱的文学。

综述：大自然、大历史与广阔生活里的中国

□房　伟

第八届鲁迅文学奖散文杂文奖最终获奖作品为江子的《回乡记》、李舫的《大春秋》、沈念的《大湖消息》、陈仓的《月光不是光》和庞余亮的《小先生》。

江西作家江子，这些年一直致力于散文创作。他的《还乡记》以“冷热交织”的笔触，熔铸着饱满激情与冷峻审视，打造了一个卓尔不群的赣江吉水乡土世界。那是一片崇文尚武、有血性担当的土地。那些真实感人的故乡故事，没有矫饰感伤，也没有情绪的渲染，却忠实铭记着乡土历史，照亮着乡土现实，也记录着人间的出走与返回、永恒与变奏、热闹与寒凉。那些有血有肉的人物，携带着他们生命的故事，走入江子的纸上疆域，也带给我们长久的感动。江子的文字如同他笔下的山河故乡，爽朗直率又深藏锦绣，有着坚硬的意志与柔软的温情，显示了汉语散文丰腴的地域内涵与优美的文体意识。

李舫的《大春秋》是近年来大历史散文的“创新”之作。此书的时间和地理跨度大，难度非常大，文化含量高。书的结构巧妙，以“士、脉、道”为三大板块，将文人命运、地域文化独特气质及中国文化的道统传承

紧密结合在一起。李舫笔下，“春秋”不仅是历史时间范畴，更代表了在忧患中顽强进取、追求真理的品格。作家徜徉在繁复的“中国故事”里，试图梳理一条跨越千年、潜藏在中国文人志士身上的“精神信仰”，那些在苦难中追求真善美与人间正道的文人，那些在历史变迁中探索民族国家出路的仁人志士，共同打造了一个“中国春秋”。作家告诉我们，一个国家、一个民族，什么时候都不能离开理想和信念，也告诉我们，一个国家、一个民族，如何才能够葆有理想和信念。

《大湖消息》是一部有关“水之行走”的自然史诗。湖南作家沈念，以梦幻般诗意灵动的笔触，叩问着“水”的生态保护主题。他抚摸着洞庭湖的前世与今生，追索着鸟类飞行的轨迹、迁徙的路线，以及“鸟与人”之间不断上演的残酷生存游戏。那些经济作物“黑杨”的苦涩故事、故道江豚的悲歌、麋鹿的消失与再生，都提醒着我们，人类和自然万物和谐共生的重要性。作者既写湖区的自然，也写湖区的人民。他关注许多“普通又不寻常”的人，也愈加敬重那些历经艰难的开拓者。沈念摆脱了一般生态写作的博物志写法，以访问心路融合大湖历史与文化，将自我体验、诗性反思与现实关怀融为一体，视野开阔、气魄宏大，又精微准确、细腻从容，积极推进了当下自然书写的深度与难度。

陕西作家陈仓在散文、诗歌、小说等多个领域都建树颇丰。此次获奖的散文集《月光不是光》写父子深情、故乡亲人、乡土万物，语言平实简朴，内敛含蓄，略带幽默自嘲的笔调中饱含真挚之情，尽显厚重深沉的陕西文化底蕴，感人至深。陈仓擅长将浓浓的亲情、生死的体验、乡土的苦难与逍遥放在现实主义背景之下，进行细腻传神的“拟写实”写作。这本散文集中，对于“父亲进城”种种尴尬无奈的细描，让人会心微笑，对父亲与死亡的斗争的讲述则让人潸然泪下。

江苏作家庞余亮既是儿童文学作家，又擅长散文与小说创作。他的《小先生》是一部面向乡村教育的散文集。它跨越散文边界，以散文笔法结合儿童化视角，写乡村教育往事。作家语言清新细腻，细节丰富饱满，既有精细白描，又有儿童文学的天真趣味，将回忆中的乡村青年教师生活中的点点滴滴化作意兴盎然的笔触。美丽的豌豆花、跳大绳的女孩、奔跑的兔子和黑狗、飞跃的纸飞机，还有那些教学中发生在学生和老师之间的趣事，都化为了“真善美”的涓涓细流，对塑造新时代的教育伦理、奉献精神有着积极意义。

以上 5 部获奖作品，集中体现了近些年散文创作的特色。此次鲁迅文学奖散文奖共有 237 部作品参评，申报作品多，艺术水准高，类型丰富，创作队伍老中青年龄结构丰富。总体而言，自然书写、历史叙述与乡土关怀是三大趋势。参评作品探索人与大自然的和谐，提倡环保意识。历史文化散文涉及历史各时期与诸多地域，眼界开阔、风格各异，将复杂的史料与文学性结合，强调以历史真实情境烛照文化心灵。乡土关怀既是传统散文主题，也与作家的时代使命感紧密相连。作家追索故乡回忆，审视乡土现实，关心乡村教育，思考乡土现代化，将个人生命情感融汇于山河故人的独特体验中。

具体而论，自然书写中，以边地和少数民族生活为背景的散文占据一定比例。艾平的《隐于辽阔的时光》以呼伦贝尔为背景，以诗性与理性传达敬畏自然、顺其自然的生态理念。阿瑟穆·小七的《解忧牧场札记》书写新疆阿勒泰牧场故事，宁静自然，有着抒情笔致与治愈系风格。阿微木依萝的《檐上的月亮》有鲜明彝族女作家风格，每一篇类似一个人物小品。土家族作家叶梅的《福道》是彰显“中国故事”特色的生态之书。作家足迹遍布青海湖、神农架、秭归、丹东、江津等山川河流，以博学的素养将神话传说、民族信仰、异史逸闻、现实与未来融为一体。其次，自然万物都走入作家笔下。半夏的《与虫在野》写蟋蟀、蜘蛛等昆虫的世界，以昆虫志的方式将科学性与知识性、趣味性结合。梁衡的《树梢上的中国》树立“文化森林学”文学版图，通过对 33 个历史时期（从远古到当代）树木的实地考察，展望生态保护未来。崔岱远的《果儿小典》写了 64 种水果，朱千华的《稻作原乡》以 12 处稻米产地的种属特征，结合水稻流传千年的历史，再现大中华稻米作物的精彩故事。李万华的《山鸟暮过庭》写了数十种鸟类的特点，安然的《独坐羊狮慕》与盛林的《半寸农庄》都属于荒野生态散文。刘学刚的《中国时间：二十四节气》以中国时间为切入点，将乡土记忆、气象地理、农业知识、美食文化等诸多知识，熔铸在24个短章内。吴佳骏的《小魂灵》有着众生平等的关怀，在文字乐土中互助互爱，打造出神奇的大千世界。王月鹏的《海上书》以胶东半岛为背景，写自然但不拒绝人间烟火，写“海”更写“人海”，在人与自然的互为观照中完成海的书写。

历史文化类散文是散文创作的重头戏。首先，地域观照是其重点之一。北乔的《远道而来》有西部风情，融合游记散文和哲理散文于一体。徐兆寿的《西行悟道》既问道荒原，也叙述草原往事，探究佛道于西部的传播路径。叶兆言的《南京传》以精妙之笔融入南京历史长河，再现六朝古都的历史风姿。冯杰的《北中原》将文化散文和生态散文结合，以中原大地为背景，以生命趣味观物，人与物、自然与生灵，都在文本中达到和谐统一。其次，大历史散文熔铸历史、文化与现实关怀于一体，颇能显示创作难度。祝勇的《故宫的书法风流》以书法写中华文化的精髓，带我们走入李斯、文天祥、苏轼、颜真卿、李白、蔡襄等文化大师的书法作品。王军的《李商隐》塑造了时代变革中的诗人李商隐的复杂形象。夏坚勇的《庆历四年秋》以“庆历四年”为时空考察点，穿越历史现场，真实再现北宋庆历年间波谲云诡的历史原生态。官布扎布的《人类笔记》以生存目标、历史方向、权力形成、宗教、迁徙、文化演进六大问题为经纬，探讨了人类发展的历史与未来。陈福民的《北纬四十度》以文学地理学与历史地理学结合，探究历史深处奥秘，不断从中华民族内部的游牧与中原民族的关系入手，既有大文化散文的恢宏思考，也有对历史人物内心的微观洞察。黄德海的《诗经消息》寻找来自远古诗意的眼神，将个体体验与汉语的历史记忆相联系。此外，仇媛媛的《与东坡为邻》、耿立的《暗夜里的灯盏烛光》、王彬的《袒露在金陵》、彭程的《心的方向》、林岗的《漫识手记》等历史文化类作品也有不俗表现。

关注乡土与现实是中国散文创作的重要内容。这类作品在此次参评作品中占比很大。首先是着重于地域乡土品格的打造。蒋蓝的《蜀人记：当代四川奇人录》以奇诡又工稳之笔，写13个蜀中奇人，显示了川人独特的生命强力。杨献平的《南太行纪事》熔铸民间秘史、乡土情事与乡村风物。李登建的《血脉之河的上游》颇有齐鲁文化风范，厚重朴实，充满了含蓄的深情和内敛的文化道德激情。傅菲的《元灯长歌》涉及地域方言、乡土伦理、文化等多层面，将个体生命体验与历史风俗、民间传说结合。羌人六的《绿皮火车》是川西群山深处"断裂带山河故人"的故事，有着强悍的生命意志和丰厚的生活阅历。简默的《时间在表盘之外》记录了作家游荡于青藏高原之中的所感所见，努力照亮时间深处的黯淡。其次，书写现实乡土的变化、关注脱贫攻坚等时代主题，也是参评作品的一大亮点。丁建元的《沂蒙山好人记》为生活在沂蒙山的29位平凡而又具非凡人格力量的人物造像。陈年喜的《微尘》语言朴实，写实性强，写秦岭矿山的艰难生活，有很强的纪实性。杨一枫的《扶贫笔记》与陈涛的《在群山之间》分别以滦平与甘南为考察点，考察当下中国基层社会的世间百态。这两部作品都有深入生活的第一手体验，充满了对人民群众的深切感情与建设新时代的勇毅精神。值得注意的还有苏沧桑的《纸上》，它将非物质文化遗产保护与现实乡土关怀结合，以轻盈跳脱的梦幻语言，带我们走入江南非物质文化遗产的精神空间。在茶叶、春蚕、冬酿、民间戏剧的求索与体验中，给我们带来一次灵魂的奇遇和文字美学之旅。

本届参评作品体现出散文艺术性的提高与文体的创新，凸显了散文本体意识。塞壬的《镜中颜尚朱》以个人化的文字找寻都市心绪、自然心声，在个体命运与世界生活之间展开了富有张力的艺术体验。张鲜明的《信使的咒语》以梦境、神话与诗性打造几十个寓言化散文短章。黑陶的《百千万亿册书》是散文、诗歌、小说、随笔等诸多文体跨界融合的产物，以"金木水火土"组织文本，形成了散文化象征森林。汗漫的《居于幽暗之地》以文人心性写现代语境下的文人故事，有时幽默，有时深邃，不乏苦味涩味，又颇多哲思。朱朝敏的《黑狗曾来过》灵动跳跃，自然从容，在生与死的对话、记忆与现实的穿梭之中，尽显睿智才情。海男的《带着幸福的灵魂去拥抱你》以女性心理写女性体验下的世界故事，池莉的《从容穿过喧嚣》带领我们探索生活百味，重新认识自我。

本届参评作品也暴露出近些年散文杂文发展的一些问题，如自然书写的泛化，导致博物志手法泛滥，对自然的关怀失去了社会与人性维度。有的大历史散文表现出空洞化倾向，思想难度降低，文化信息过于密集，史大于文、学大于文，过多的史料堆积与学术思考，无法用文学笔法“化开”，显得冗长乏味。有的乡土散文和现实书写缺乏文体意识，亲情书写过于故事化，现实书写则口号化，缺乏真情实感、宏观视野以及对社会生活的深度挖掘。

杨庆祥《新时代文学写作景观》

何平《批评的返场》

张莉《小说风景》

张学昕《中国当代小说八论》

郜元宝《编年史和全景图——细读〈平凡的世界〉》

文学理论评论奖

授奖辞

杨庆祥的《新时代文学写作景观》敏锐勘探文学现场，具有鲜明的问题意识和纵横开合的视野。何平的《批评的返场》体现了介入与实践的品格，拓展了文学与文化、与社会的对话空间。张莉的《小说风景》，在既往经验与当下创作的对照中，彰显富于女性意识的整体性洞见。张学昕的《中国当代小说八论》以周详、中肯的论述，呈现了作家论作为重要批评体式的潜能。郜元宝的《编年史和全景图——细读〈平凡的世界〉》在历史的复杂结构中展开细读，使当代经典焕发出新的精神力量。

有鉴于此，授予上述论著第八届鲁迅文学奖文学理论评论奖。

杨庆祥：

我理想的文学批评是在互动中完成一种精神探险

康春华： 杨老师，首先向您问好！您在授课和学术研究之余，也坚守在文学批评的一线，对新作家、新文本和新现象都有自己的观察。想问问您目前的工作和生活状态，在繁忙的教学、学术写作过程中，您如何保持充沛的精力、深度的思考和高效的时间管理的？有什么心得或者秘诀吗？

杨庆祥： 目前的工作状况还是您提到的几个方面，一是大量的阅读。不仅仅是当代的作家作品，更多是人文社科的各种著作，我的观点是，功夫在诗外，只有大量的“非专业阅读”才能保持良好的专业判断。二是教学科研工作。每年会给本科生和研究生上一门课，研究生的课压力比较大，因为我不愿意讲重复的内容，所以每年都要更新教案，当然教学相长，我很多的学术思考也是从教学中获得的。三是现场批评。需要参加很多作家作品研讨会、新书发布会、文学评审评奖等，这些构成了当代文学生活的一部分，有些当然会成为过眼云烟，有些却会成为历史的一部分，“参与现场”是当代文学最迷人的地方之一。四是一些日常的事务，比如大学里的一些管理工作，这几年占据了我大量的时间，我记得有一次为了处理一件突发事件，我从早上8点开始打电话，一直打到晚上11点多，吃饭的时候都是边吃边说，最后几乎累瘫了。所以并没有你说的心得或者秘诀，不过是勉力而为。据我了解，我这个年龄段的同行们大都如此。我的一个基本原则是尽量少参加饭局——不过跟朋友吃饭有时候是很愉快的事情，难以抵抗诱惑；另外一点就是，我基本不熬夜，工作干不完就等明天，反正工作永远都干不完，不着急那么一时。这也造成一个后果，就是拖稿或者拒稿也会比较频繁——天下好文章那么多，不差我这一篇（这里必须有画外音：谢谢师友们的宽容）！

康春华： 恭喜您的《新时代文学写作景观》获得第八届鲁迅文学奖文学理论评论奖。这本书既有您近几年对文学热点（比如青年创作、科幻文学、非虚构讨论、新南方写作等）的关注与回应，也有“70后”“80后”作家的作品评论，确实构成了一种“新时代的文学写作景观”。您当前的阅读趣味、研究热点和理论兴趣在哪些方面？

杨庆祥： 在研究上我是一个不太“专一”的人，我几乎是天然排斥成为一名“专家”，我觉得这一标签是技术思维泛化的结果，一个真正的“人文主义者”应该有更纵深的精神空间、更复杂的思考进路和更综合的表达形式。

我曾经对科幻文学感兴趣，因为其时我觉得它提供了一种方法论，但我现在认为我高估了这种方法论；我也关注过人工智能，但是目前的人工智能在哲学上并没有提供足够新鲜的东西；我提出过“‘80后’，怎么办”、“新伤痕文学”、“新南方写作”等话题，对青年写作、元宇宙都写过相关的文章。我的阅读趣味和理论兴趣在不停地变化，所以研究关注的点也一直在发生变化，但不变的是我对“当下”和“变化”的兴趣，一成不变是多么可怕的历史和现实，千变万化才会有大千世界。

康春华： 我注意到，您在这本书中对近来广泛被讨论的“文学破圈”

问题作了回应，不过这种“破”是针对僵化的、教条的纯文学概念的“胀破”，比如您谈到在虚构文学发展演变谱系里“非虚构”的重要价值、科幻文学因其独特的“越界性”而逐渐成为一种“普遍的体裁”，比如青年写作在何种坐标系里对当代文学经典化具有价值意义等，梳理了近十年来文学发展的过剩与匮乏状态。从您的学术文章中能感受到鲜明的问题意识，这种问题意识从何而来？您的批评观或者说您认为理想的文学批评是怎样的？

杨庆祥：问题意识从何而来？我好像没有特别认真地思考过这个问题，在指导学生写论文的时候倒也是反复强调问题意识，但对它的发生机制却没有系统性的思考，您的这个提问对我是一个很好的提醒。我想这其中大概会有这么几点值得重视：第一是敏感性。对一个现象、一个文本要有足够的敏感，这种敏感甚至带有一点玄学色彩，或许可以说是一种直觉？我觉得这是一个人文知识者必须具备的一种天赋。第二是具体性。具体问题具体分析，不能大而化之，用一种套路去讨论各种问题，这是目前知识界的通病，结果就是千篇一律，空话连篇。第三是历史感。很多人以为历史感就是去研究过去的资料或者“死去的人”，且美其名曰“学问”，实际上，所有不能通向当下、不能与当下对话的“历史”都不是“历史”，也无法建立起历史感。将当下历史化与将历史当下化是一个辩证互动的过程，问题意识往往在这个过程中浮现出来。我的概括肯定不全面，但目前想起来的就这几点。

至于理想的文学批评，倒是常常被问起，也发表过一些言论，估计也有前后不一的地方。我理想的文学批评或者说我自己努力的方向，就是说自己的话，呈现自己的问题和思考，我对阐释某部作品不感兴趣，作家在这一点上的发言权远远超过批评家。我要阐释的是我自己对世界、对文学的理解和关切，作家作品是案例，是对话的对象，我们在互动中完成一种精神探险——前提是双方都有足够的精神能量。

康春华：我个人特别喜欢您《社会问题与文学想象——从 1980 年代到当下》这部评论集，代后记中形容那种“照亮灵魂与精神”的感觉、“在自己身上终结 90 年代”等论述因其切身性而显得尤为吸引人。这部评论集不仅清晰地表现了您从事当代文学批评研究的起点与原点，也展现了您学术轨迹之辙痕：从“‘80 后’写作”到对泛青年文学创作现场的观察，从对 20 世纪 90 年代文学的再思考到重建 21 世纪文学写作的整体语境。在“10 年”这样一个节点上，您对自己的学术道路有怎样的回望和总结？

杨庆祥：严格来说我从 2007 年左右，当时我在读博士，开始进入当代文学的现场并从事相关工作，算起来已经快 15 年了。不过 10 年也好，15 年也罢，在历史中都不过一瞬。小时候读武侠小说，读到少年坠下悬崖大难不死修得绝世武功 10 年后重出江湖，觉得 10 年是漫长的时间之旅，而在真实的个人生活中，10 年也不过弹指一挥间。我的意思是，“10 年”或许并非节点，也难以进行总结和展望，谁在历史里不是随波逐流？如果非要回望，或许海子的几句诗比较切合我的心情：“面对大河我无限惭愧，我年华虚度，空有一身疲倦。”我现在不太敢读我 10 年前的文字，觉得不忍卒读。这也好，说明我的审美一直在更新。

康春华：您在中国人民大学文学院任教，在文学教育与文学人才培养方面有很多举措，包括在人大文学院联合课堂主持了多期读书会，这种对于具体的、新鲜的文本的研讨操练，让一批青年作家得以清晰显见，也向文学界输送了不少青年批评与研究人才。您关于文学教育的主张是怎样的？您认为当下的社会生态需要怎样的文学专业人才？

杨庆祥：我自己高考的第一志愿是法律，第二志愿才是文学。但冥冥之中还是和文学走到了一起。无论是法律还是文学，在我看来都是人文教育的一部分，所有的人文教育都应该是一种“养成”的教育而不是一种“灌输”的教育，让人在这一过程中觉醒、成为自己、发现世界是这一养成教育的核心要义。我个人在大学的教学都以这一要义为目标，当然，大学的教育是系统性的，一个人的能力非常有限，好在大学有庞大的教师群体，可以以各自的智慧来点燃薪火。

职业院校或者工程院校当然应该培养更多的技术意义上的“专业人才”，我们的高等教育在这一块还有待发展，而且这应该是未来的一个大趋势。但应该还有另外一类“人才”养成，不需要紧跟行业发展的需要，也无须考虑市场的需求和就业率的统计数据，他们以思考、批判和智性为生命之根底。当然，如果我们的“文学人才”既能满足行业的需要，同时又拥有深切的人文视野，那就太完美了。

何平：激活文学可能　释放审美能量

行超：您的《批评的返场》一书，整体分为“思潮”、“作家”和“现场”三个部分。在今天这样媒介发达、信息爆炸的时代，每一天都有无数作家、作品涌到眼前，文学的“现场”也显得越来越杂芜。您是怎样挑选自己的研究对象的？

何平：确实如你所说，文学的“现场”越来越杂芜。这是20世纪90年代文学市场化和世纪之交新传媒革命助推的——“人人都是写作者”，同时“人人也都是发者和传播者”的结果。网络新媒体赋予的审美平权，并没有带来预想的不同文学圈层的对话和交流，反而是不同文学圈层或多或少地“圈地自治”。这种“圈地自治”也可能发展为“圈地自萌”和“圈地自嗨”。每个文学圈层都受不同的力量左右，形成内在的运行机制和评价体系。举个最明显的例子，“网文圈”和“纸媒文学圈”，其平台、写作者、读者，甚至批评家几乎都没有交集。文学的分层和分众，导致的结果是没有一个批评家敢说自己充分了解今天文学的“现场”。怎样挑选自己的研究对象？取决于你究竟想做什么，在怎样的平台做，和什么人一起做，等等。比如这六年我做“花城关注”，《花城》的先锋文学传统是一个重要的考量指标。这样，“花城关注”的设定目标就是不断移动文学边界，拓殖文学疆域，尽可能地打开当下中国文学的写作现场，尽可能看到单数的独立的写作者在做什么，尽可能接纳更多新兴的作者及其文本，让不同的可能性、多样性和差异性一起浮出地表。我觉得“花城关注”最后让大家看到的文学“现场”，是我在不同文学圈层越境旅行中自然而然生成的，而不是预先挑选的。

行超：在该书的自序“返场：重建对话和行动的文学批评”中，您特别强调“重建文学批评的对话性”，并且重提20世纪90年代文学批评的对话传统。2017年起，您与金理教授共同主持的“上海—南京双城文学工作坊”，应该说就是这种对话性批评的一种实践。您认为在当下，还有哪些途径可增强文学批评的对话性？

何平：文学批评的对话性需要前提条件。我觉得有两点比较重要：其一，不能把文学简单地理解成文本为中心的写作、发表和阅读，而是应该扩张到更大的国民日常的文学生活，唤起文学激活日常生活和介入公共生活的力量；其二，对话性需要不断创造可资对话的公共空间。发表和发布的平台和媒介固然是公共空间，这个空间因为媒介革命已经释放出无限能量。但是，还可以转场到更大的公共生活。至于哪些途径能增强文学批评的对话性，就我自己而言，我现在做的“花城关注”的文学策展，“上海—南京双城文学工作坊”寻找文学议题和公共议题的交集，召集不同身份和背景的青年人参与讨论，基本还是圈子里的事情。对话不能只是圈子里的人自说自话，而是要溢出和拓殖。更有效的和更广阔的途径是文学批评参与到国民文学教育、审美启蒙以及母语经典的普及。如果有所谓的文学出圈和破圈，这是应该努力的方向。

行超：您强调“做写作者同时代的批评家”，书中关于阿来、新生代等的多篇作家作品论，尤其体现了这一特点。批评家与作家应该保持怎样的关系，其实一直是存在争议的话题。有人认为，要进一步增强彼此的良性互动，也有人认为，批评家与作家应该保持距离，这样才有可能保证批评的客观性。您怎么看待这个问题？

何平：现在说到“同时代人”都要提阿甘本。我对不熟悉的域外理论一直很谨慎。从阿甘本意义上的“同时代人”去理解中国当代文学并不容易，但至少阿甘本的这句话，“同时代性也就是一种与自己时代的奇异联系，同时代性既附着于时代，同时又与时代保持距离”，对我是有启发的。我谈过的作家远远不止阿来、迟子建、李洱、艾伟、邱华栋这五个，选择这五个与我相似的年龄所包含的相似的成长经验、文学教育、情感结构和思维方式等的作家做观察样本，也许更能提醒自己作为批评家的“保持距离”，他们和我的同与不同，他们之间各自的同与不同。

批评家在日常生活中是社会之一员。而一旦做文学批评，面对作家，当然应该有批评家的自觉、自律以及独立判断。不然，文学批评就等于是文学交际了。我相信读者和同行自有心中的尺度，是不是好的批评家，不只是自己说了算，也不是看你拿了什么奖。

行超：2017 年开始，您在《花城》杂志主持“花城关注”栏目，致力于寻找和发掘那些纯文学视野之外的作者，以及具有异质性的写作。几年以来，探讨了许多有意思的话题，比如导演和小说的可能性、科幻和现实、文学边境和多民族写作、海外新华语文学、摇滚和民谣，等等。您认为这样“小众”甚至“边缘”的写作具有怎样的价值？

何平：“小众”和“边缘”对应的是“大众”和“中心”吗？如果是，“大众”和“中心”可能等于最大公约数、合并同类项，可能等于流俗、“躺平”和平庸，也可能等于因循守旧和创造力丧失。我曾经说过，现在的青年作家一出手就是“老年”态的文学，指的就是青年作家过于聪明和审时度势，他们的写作不是最大可能的审美冒犯，而是研究同时代文学“大众”和“中心”的位置。文学创造的心力用到了文学投机。而“小众”

和“边缘”则可能保有个人性、异质性和可能性。你说的这些话题，有的是旧话重提，对当下重新检讨和赋予新义；有的则是时易世变，滋生的新方向和新疆域。我并不认为“小众”和“边缘”即正义。我唯一的标准是激活文学可能，释放审美能量，发明新兴文学。

行超：您曾提出“文学策展”的概念，号召批评家借鉴艺术策展人的经验，主动介入文学现场，在文学写作中承担“联络、促成和分享者”的责任。这一观点对文学批评提出了更高的要求，需要批评家对文学的现状和未来有一种整体性的认识和判断。可否请您展开谈谈？

何平：你说的更高要求，算高吗？文学批评属于文学研究，自然离不开文学史和文学理论的支援，甚至也不排斥文学史和文学理论的研究范式，但问题是，如果文学批评等于文学史和文学理论研究的书斋里学问，它的存在价值在哪儿？文学批评天生需要在场和在地。你能想象人类学和社会学不做田野调查？所以，我在讨论文学批评在大学学科建制的位置，建议文学批评向社会科学学习。现在做文学批评的，很少一部分参与到文学生产的第一现场，他们主持栏目，参与排榜和评奖，编辑文学选本等，而另外很大的一部分的“现场”则是由这很小一部分人的“转述”，更有甚者是知网等电子资源提供的——对这很大一部分人而言，并不需要在第一现场，他们的文学批评是以论文写作为中心来组织和制造“文学现场”的。“批评家对文学的现状和未来有一种整体性的认识和判断”是一个长期的不间断的工作。首先，第一步就是“下场”，到正在发生的文学生产中去，到文学的各个圈层去。就像你刚才提问所说，文学现场确实杂芜，每个人的文学现场都是有限度、短板和盲区，这就需要每一个文学批评家有文学公益心，需要文学批评界有协调和对话机制，共同做文学现场的“拼图”。“上海—南京双城工作坊”本意就是为上海和南京两个城市青年批评家建立一个常态的对话平台。

行超：作为一名大学教授，您的本职工作是文学教学与文学研究。同时，您多年来始终站在当代文学的第一线，坚持以文学批评的方式对当下文学发声。两种身份是否偶尔出现矛盾？就具体的写作而言，文学研究与文学批评的异同在哪里？

何平：这个问题上面已经谈到，文学研究有它的学术传统和研究范式，文学批评也一样有，但它们有共同的目标就是文学的经典化以及经典化的文学向国民文学生活转场。对我个人而言，只是一个时间的分配而已。在一个大的学术制度下，你选择了大学教职，就意味着认同了它的游戏规则。我不太同意，将做项目写论文的文学研究和扎根现场的文学批评对立起来看。如果你想两者兼顾，就要考虑你做怎样的项目，写怎样的论文，特别是年轻人，这就涉及职业规划。而且，在现行的大学期刊等级制度下，发表文体相对自由的文学批评有很大的空间。所谓的顶刊、C 刊和核心期刊并不排斥文学批评，甚至很多连摘要和关键词这些形式规范都不需要。事实上，很多时候不是刊物不包容不开放，而是文学批评从业者只能以一种论文腔的刻板论文，慢慢地改造了这些刊物的开放和包容。因此，基于文学研究和文学批评的学术传统、研究范式、研究对象、表达的语体和修辞等综合考量，大学的文学批评家是需要有多种研究生活和多副学术面孔的。我们看前辈学者们，几乎都是这样做，能做到的。

行超：在今天这样去中心化的现实中，每个人所处的位置都决定了他所看到的、彼此不同的“文学场”，在您看来，今天的文学“场”由哪些要素构成？

何平：说到“场”，其实是如何想象和建构改革开放时代的中国社会主义文学空间。一时代有一时代之文学，也自然有一时代之文学场。中国现代文学史，五四新文学传统的文学“场”，是由作家、编辑、出版人、批评家和他们想象的有一定审美素养的读者构成的文学精英共同体。从 1930 年代编辑出版的《中国新文学大系》就大致可以看出来。这些五四新文学的同路人，他们的文学圈有强烈的排他性，既排斥古典意义的旧文学，也排斥同时代仍然活着的旧文学趣味。这个文学场当然不是一成不变的，其中的边界移动和内部改造，熟悉中国现代文学史的都很清楚。李陀说，20 世纪 80 年代的文学某些部分是小圈子文学，说的是这个文学精英共同体在新时期的修复和复活。今天讨论所谓文学的出圈和破圈，立足的也是这个文学共同体的精英和大众、雅和俗之分。有了这个背景，我们再看今天的文学场有哪些因素构成就很好回答了。大的文学场大致包括政治性的主题写作、面向大众读者市场的写作以及从精英共同体延长线上的所谓严肃文学写作，但这种划分不是绝对的。今天几乎没有一个严肃文学写作者不考虑大众读者市场，不然你就无法理解各家出版机构的竞价以及网红带货等市场化行为了；与此同时，我们也看到他们中的不少进入主题写作。而以“网文”为代表的面向大众读者市场的写作，慢慢发育出现实题材的“网文”类型的同时，一部分网络作家也在追求可以并轨到精英文学谱系的经典化。不同文学场既谨守各自文脉传统，同时也不断跨越边界，共同构成了今天改革开放时代的文学场域。

张莉：

好的批评文字不是花团锦簇，而是一语中的、水落石出

行超：《小说风景》一书中收录的文章，除了末篇《爱情九种》之外，其他都是对现当代文学经典作品的重读，这些作品包括鲁迅的《祝福》、郁达夫的《过去》、沈从文的《萧萧》、萧红的《呼兰河传》、孙犁的《荷花淀》、莫言的《红高粱》、余华的《活着》、铁凝的《永远有多远》等。重读经典其实是一项非常有挑战性的工作，这些作品在此前早已有无数学者、批评家、读者作出了各种角度的解读，想要生发新意并不容易。您在选择重读这些作品时的初衷是什么？

张莉：《小说风景》这本书的写作动力有很大一部分来源于我给研究生上的《原典导读》课。所谓原典，首先是现当代文学史上那些耳熟能详的经典作品。在课堂上，我带领年轻人一起读，努力做到有创造性地阅读。但是，想要摆脱成见读出新意来是个不小的挑战。在写作这部论著的三四年时间里，我一直告诉自己，每个时代有每个时代的读法，每个时代也有每个时代的写法，在《小说风景》里，我要找到的是我们时代的读法。比如，我们一起读郁达夫《春风沉醉的晚上》，我会带领年轻人一

起回到文学现场，探讨作家当年的写作状态，以及 100 年后这部作品依然打动我们的原因。事实上，我认为在这些经典作品内部其实也蕴藏着和我们时代相通的情感密码。我们要做的是“解密者”，去探寻经典作品跨越时空依然动人的魅力。所以，将我看到的新鲜小说风景展现给更广大的读者，是我写作这本书的初衷。

当然，在《小说风景》的 11 个章节里，读者会看到我认取了自己女性研究者的身份，但也绝不仅仅限于女性视角，仍是回到最纯粹的文学审美的意义上，去理解某部作品的美学价值。我所挑选的，也都是我喜欢并反复阅读的作品，我想把这些心得和更多的读者分享。我很感激朋友们对这本书的评价与褒奖，也很荣幸获得鲁迅文学奖。某种程度上，我认为这本《小说风景》只是我解读经典小说的一个开始，在此基础上，希望在未来能做得更好。

行超：在我看来，《小说风景》不仅是对经典作品进行再解读，同时也能看到作者本人的立场甚至性情。比如，在重读《祝福》的一篇《通往更高级的小说世界》中，您关注的是祥林嫂作为一个女性的命运，尤其对她“被当作物不断被贩卖”的遭遇给予了深切的同情。当下许多文学批评文章注重概念、理论的征引，却缺乏基本的温度和文学感受力，您的文章应该说就是这种写作的反面。我记得您也曾写过一篇文章《陈词滥调里长不出新东西》，您认为，文学批评应该如何摆脱陈词滥调，拥有自己的声音？

张莉：要真正摆脱陈词滥调何其难啊，我常常为此困扰。用这个词形容这部作品是不是合适？是用重了还是用轻了呢，我会纠结很久，会反复掂量。我觉得世界上最难的事情就是“辞达”。而且，你知道，做批评工作时间长了，会有某种语言惯性，怎么摆脱表述惯性对我来说太难了。我常常提醒自己不要顺口一说，不要不假思索。对一部作品真正的喜欢是给予实事求是的判断，不虚美，也不刻薄，要匹配作品本身的成色。是的，我喜欢“匹配”这个词。批评者的本分在于诚实与老实。好的批评文章不是花团锦簇，而是一语中的、水落石出。好的批评文字要引领读者穿越迷丛，要坦白真率，有锋芒有力量。重要的是有见识，有说服力。

最近几年，我越来越认识到人的有限性、人的表达的有限性。所以，我常安慰自己说，还是老老实实，以人的声音说话吧，克服内心深处的虚荣。不要套用僵化的概念，世界上最可怕的事情莫过于用别人的声音说话。我希望自己成为审慎而温和的读者，和作品将心比心就好。

行超： 近几年，女性主义的相关话题，不仅在文学界，而且在整个社会领域都是热点话题之一。您多年来始终致力于女性主义研究，您认为女性主义在中国的发展现状如何？不可否认，目前关于女性主义，有些人存在着误解和误读，您怎么看？

张莉： 误解和误读都很正常，新观念普及的过程中总会遇到阻力，有争论、有讨论是好事。在《我看见无数的她：跟女孩们聊文学和电影的30个夜晚》中，我谈到过讨论的重要性，有时候讨论是为了让我们更好地在一起，有时候讨论是为了让我们更好地分离，不管怎样，都达到了互相了解的目的。而且，我喜欢把这些女性议题、女性讨论放在一个更长的时间段中去看。比如，今天回过头来看三年前大家关注的，我们会发现事情正往更乐观的方向发展。

虽然今天很多人喜欢谈女性主义，但作为文学研究者，我更愿意谈女性文学、女性文学作品。无论是在课堂上还是写作中，我常提醒自己，要回到具体作品、具体作家上，要基于文学本身，要从作品中理解女性文学和女性精神。从《小说风景》中读者可以看到我的基本态度，我认取了自己的女性研究者身份。女性视角为我的研究带来了什么？女性视角拓展了我对世界的认知。女性视角不是让人更狭隘，而是让人更包容、更理解世界的复杂性。

行超：2020年初，您曾在《十月》杂志主持“新女性写作”栏目，并集结出版了《新女性写作专辑：美发生着变化》一书。您认为，我们当下的女性写作与20世纪90年代的女性文学热潮相比，发生了哪些变化，具有哪些新质？

张莉：女性写作在20世纪90年代末经历了一个低潮期，现在应该是处于从那个低潮期慢慢走出来的过程中。整体而言，今天的女性表达方式比以往更多元，女作家的写作技巧也更成熟了，优秀作品越来越多。尤其是近半年来，我集中阅读了几部优秀女性文学作品，《神圣婚姻》（徐坤）、《金枝》（邵丽）、《烟霞里》（魏微）、《宝水》（乔叶）、《月下》（李凤群），还包括前面所读的《北流》（林白）、《不老》（叶弥）、《野望》（付秀莹），等等，我强烈意识到女性文学在我们这个新的时代所取得的成就，就像我在接受《南方周末》的采访时所说：“一个新的女性写作时代正在到来。”

行超：2019年前后，您曾发起了《当代六十七位新锐女作家的女性写作观调查》和《当代六十位新锐男作家的性别观调查》。通过这两份问卷，对目前活跃在一线的作家各自的性别观问题进行了整体性展示。作为发起者，您怎么评价当代作家的性别观？您认为，性别观对于作家的写作来说，具有怎样的意义？

张莉：通过问卷了解当代作家们的性别观，是一个新鲜的视角，当然，还要结合作家的作品去获悉他们隐秘的观点。在我看来，性别观决定了一个作家对人的命运的理解，也决定了一个作家的格局。我想强调的是“社会性别意识”，即拥有边缘视角，站在更弱小者的立场去看世界。当然，在调查中我发现青年一代作家的性别观正在发生隐秘的变化，在这现象的背后其实是新一代读者的性别意识在崛起，他们很敏感。

性别观调查固然是重要的，但我也想说，性别观不是判断作家的唯一尺度。讨论文学作品的价值，最终还要落在作品的人文情怀和文学审美上。而且，我也特别反对用今天的性别观去苛责以往的经典作品，这需要警惕。作为读者，我们要有辨析，每个时代的作家都有他的局限性，我们不能要求他们拔着头发脱离他的生活语境。

行超：近年来，您始终坚持做年度文学选集，主编了《2019年中国女性文学选》、《2020年中国女性文学选》、《即使雪落满舱：2020年中国散文20家》、《带灯的人：2021年中国散文20家》、《望云而行：2021年中国短篇小说20家》，等等。这是一项庞大而辛苦的工作，需要海量的阅读和严格的挑选。您的编选标准是什么？通过这样整体的观察，您认为当代文学有什么新的发展趋势？

张莉：我喜欢做编选工作，在我看来，把作品集结在一起出版，代表了一位编者的审美气质、代表了编者的文学眼光。编年度选集，我要求作品要有文学性，要风格多样，尽可能将不同代际、不同风格的作品囊括其中。这需要大量的阅读，我得益于活力四射的研究生团队。年轻人会和我一起挑选年度佳作，他们中既有做文学批评的也有专攻文学创作的，涉猎作品广泛，文学趣味多元。最终年选收录的作品代表了当代文学写作的20种不同的风格，同时也是我和年轻人都喜欢的作品。

具体短篇小说20家的选取上，我会重点关注语言表达和文学审美更突出的作品；编散文年选时，我更看重散文的抒情性、个人风格特性，以及那些对散文美学风格有探索的作品，不选杂文和随笔。我的选本并不求全，更看重作品的先锋性和审美性，同时我们也关注青年作家，会挑选4到5位我们都看好的新锐作家。整体而言，我希望年选能呈现出众声喧哗、杂树生花之美。就在2022年底，我们完成了《比时间更长：2022年短篇小说20家》、《霞光映照之地：2022年当代散文20家》的编选工作，所选篇目我很喜欢，代表了我对2022年短篇小说和散文美学的理解，2023年我和湖南文艺出版社共同合作推出，是全新面貌，做得很漂亮，月底就会面世。

《暮色和跳舞熊：2022年中国女性文学选》是和江苏凤凰文艺出版社

合作推出的，也是 2 月底出版。女性文学作品选不仅仅是关于女性文学的“结绳记事”，也是对一年来当代女性生活的呈现，在人类学和社会学意义上也有代表性。女性文学年选面对的是更普通的女性大众读者，有一回一位研究生同学兴奋地告诉我，她在美甲店里看到了我们的女性文学年选，我很高兴，希望女性文学年选能“出圈”，被更广大的读者阅读。

谈到当代文学的发展趋势，我个人认为“90 后”正逐渐成为文学写作的新锐力量，尤其是在小说创作领域，我看到了许多优秀的青年作家涌现。当然，虽然年轻一代作家正在崛起，但我也认为他们还需要以更直接的方式面对我们的时代生活。如今网络和社交媒体如此深度地介入了我们的日常生活，却很少有哪位青年作家能写出我们和社交媒体之间血肉相连的关系，从这个角度出发，很期待他们未来能写出更具有冲击力的作品。

行超：我注意到，身为大学教授的您，除了日常的教学和文学批评、文学研究之外，还特别注重与学生、与读者的交流互动，尤其是对于文学在新媒体时代的多样化传播，您一直很有参与的热情。比如，在 B 站开课、开设微信公众号，以及参加文学活动的直播，等等。您怎么看待今天文学的传播以及由此而来的文学“出圈”？

张莉：不同的时代，传播文学的方式并不相同，也就是说，不同时代的文学，总会遭遇不同的新介质。100 年前的新文学作家们，既在《小说月报》发表作品，也在《晨报副刊》连载小说——只要文学之为文学的核心没有变，用什么样的方式去发布、去推广都没关系。今天，正是新媒介推动了中国文学被更广泛的读者所了解，比如“中国文学盛典 · 鲁迅文学奖之夜”的颁奖直播，就有力推动了中国文学的广泛“出圈”，成为颇受瞩目的重要文学事件。如果新媒体对于文学作品的传播有很好的推动作用，那么我们为何不拥抱新媒体呢？我认为和新的媒体互动正在成为我们时代文学生活的重要组成部分，这是时势使然。所以，我选择在播客聊文学，也做作家新书推荐会的嘉宾，包括今年在 B 站上讲文学，等等，我认为，无论从哪个角度而言，文学批评从业者都是“摆渡人”角色，所以，不能画地为牢，要和普通读者在一起，要和最广大的读者在一起。

不过，有时候我也在想，新媒体固然可以打开我们对很多事物的理解角度，但新媒体主导的碎片化阅读其实正在掠走我们独立思考的空间，直播带来的肉眼可见的销量也让创作者心浮气躁。甚至我们的话语方式和认识世界的方式都有可能被新媒体牵制、塑造。在被新媒体浪潮裹挟的时代，在短视频盛行的时代，作为写作者，恐怕也要保持一种清醒。无论新媒体宣传的势头如何大，真正重要的还是作品的文学品质，那是文学之所以是文学、写作者之所以是写作者的尊严所在。

张学昕：
我们一直在“准备经典”的途中

教鹤然：张老师好，首先祝贺您获得第八届鲁迅文学奖理论评论奖。翻看您近年来的文学研究，尽管一些作家的长篇小说、中篇小说、诗歌作品，以及一些学者的学术研究成果，都是您普遍关注的对象，但显然短篇小说才是您研究的核心所在。能不能请您谈一谈，在多种文体中为何格外偏爱“短篇”这一体例？

张学昕：是的，我个人格外喜爱短篇小说这种文体。我认为，在所有的文体中，短篇小说因为对于个人经验的充分珍视，并且能够呈现、记录个人情怀如何自然地沉入大历史的风云际会，叙事中的个人经验和家国记忆能被及时地录入文学档案，构成历史或现实文本的真实编码和独特性，而理应得到更深切、更充分的重视。唯有简洁而浩瀚的短篇文本，才会更具有对时间和阅读的穿越性、穿透力。它对于现实的“瞬时记忆”，可能击穿一切虚妄和时间的磨损，走进现实和人性的深处。

短篇小说对一位作家的叙事技术要求和聚焦，以及叙述中穿透生活、呈现人与世界的能力，都有更高的要求。这种文体对作家的审美表现力，永远是一个巨大的挑战。十几年前我曾撰文分析短篇小说，在《21 世纪中国文学大系（2000—2009 年）· 短篇小说卷》的导言《寻找短篇小说写作的可能性》中写道："从短篇小说写作意义和方法的角度考虑，我们可能会将形而上的东西转变成形而下的东西，把内在的东西变成外在的东西，把心灵的探寻转化为审美的表达。而短篇小说这种文体，或者说，这种叙事艺术面对世界的时候，对一个写作者的精神性和技术性的双重要求会更加严谨。同时，一部优秀短篇小说的诞生，还是一种宿命般的机缘，它是现实或存在世界在作家心智、心性和精神坐标系的一次灵动，其中蕴藉着这个作家的经历、经验、情感、时空感、艺术感受力，以及全部的虔诚与激情。当他将这一切交付给一个故事和人物的时候，他命定般地不可避免地建立起一种全新的有关世界的结构，也一定是精神境界和文体变化的一次集大成。一个作家写出一篇小说，就是对既有的小说观念和写作惯性的一个更新、一次颠覆，甚至可以说，像契诃夫、卡夫卡、博尔赫斯和雷蒙·卡佛那样，完全是在不断地开创短篇小说的新纪元。他们不仅是在世界范围内使'小说观'发生着很大的变化，而且，从重情节、虚构故事发展为依照生活或存在世界已有的生态，自然地叙事，巧合和真实，叙述和'空白'，情绪和节奏，精妙绝伦。进而，从戏剧化的结构发展、衍化为散文化的结构，深入地凸显真正的具有现代意义的现代短篇小说。"这些，应该是我对于短篇小说的基本的理解和思考，也是我阅读和阐释短篇小说的审美切入点。

几十年来，中国当代作家们逐渐找到了自己与现实、存在对话的方式，形成了各自特异的美学风格，许多小说呈现出非常巧妙的构思、结构，语言的可能性也被发挥到了一个新的高度，像苏童、刘庆邦、莫言、王安忆、王祥夫、迟子建、范小青等作家的许多短篇小说，写得可谓炉火纯青。我先后撰写了 50 多位中外作家的短篇小说论，从文本细读开始，继而探究短篇小说艺术的"高度"和"难度"。这些文章大多发表在《长城》杂志为我开设的"短篇的艺术""短篇大师"的专栏上。2020 年，我为春风文艺出版社编选的五卷本《百年百部中国短篇小说正典》，算是我个人对中国百年短篇小说成就的一次“巡礼”，并向短篇小说文体致敬。

教鹤然：您曾经谈到，在从整体上宏观把握作家创作的宏大意义之余，更应该关注文本生成的细部空间。您在进行当代短篇小说的文体研究，也偏好捕捉作家作品细部修辞的力量，相对于理论建构，似乎更依赖细节感受。能否请您谈一谈从这个角度展开叙事研究的理由？

张学昕：我想，在理论地把握、概括作家创作宏大意义的同时，更需要关注文本的“意义生成”过程，更需竭力地去发现叙述的魅力所在。这恰恰是走进文本、走近作家本身的一个重要当口。我们不能忽略作家写作的姿态和叙事策略，以及由此在文本中呈现出的小说“细部的力量”，它所提供的生活经验、生命体验和艺术含量，既诉诸了一个杰出作家的美学理想和写作抱负，也能够体现出一个作家的哲学、内在精神向度和生活信仰。小说语言的背后是艺术修辞，在一定程度上来说，修辞能够看出一个作家审美的表现力，以及对文本细部的把握能力、对文本细部修辞的精微处理，从简洁的语言流淌出浩瀚的意蕴，在作品肌理处透射出诗学价值……这些都值得我们反复琢磨、玩味。世界就是由无数琐碎的事物构成的，作家点石成金般的才华、质朴、心智、关怀和良知，与现实生活中无数细小的东西连起来，就会形成一个巨大的张力场，作家在这样的场域中写作，给人的感觉就会非常特别。可以这么说，从某种意义上讲，作品中充满生活细节的文本，都与作家对生活的感情和爱密切相关。

小说虽然不会轻易地就从细部捕捉到一鳞半爪的所谓生活意义和本质，但生活的内在质地一定会潜隐在细枝末节中发酵，这样，就可能产生新的叙事美学。若干年后，我们即使没有记住小说文本中种种精神和理想层面的东西，但我们却牢牢地记住了一个情节，一个永远也忘不掉的细节，它总是不断地使人们在记忆中产生无尽的回味。这个细节，也可能会彻底地照亮我们那些黯淡的生活。

教鹤然：近年来，“东北文艺复兴”似乎成为一种比较具有热度的研究话题。在您的研究脉络中，也有一个独具特色的“文学东北”视野，无论是迟子建、阿成、金仁顺，还是以班宇为代表的“铁西三剑客”，都是您近年间密切关注的东北作家。您认为，以东北作为方法，能够给当代文学研究提供什么重要价值？

张学昕：实际上，百年东北的历史，可以说是一部流淌的精神、文化变迁与发展的历史。在这里，东北地域及其文化精神的蕴藉，承载着这幅文学版图之内的政治、经济、军事、宗教、伦理和民俗，呈现出东北的天地万物、人间秩序、道德场域，还有人性的褶皱、生命的肌理。在许多作家的文本里，我们已经看到近现代、当代中国的“大历史”，如何进入每一位东北作家的内心，又是怎样地构造宏阔的历史深度。现实、历史、时代，以及人性、人与自然的关系，在这些作家的文学想象和叙事中，呈现出东北叙事的雄浑和阔达。“东北的本土作家”迟子建、阿成、金仁顺等，面对世纪之交的东北当代历史与现实，以百年历史和现实中的故乡为创作蓝本，以历史和美学的目光，审视和描述大东北的“前世今生”，许多文本都显示出文学对现代性进程中东北故事的文化、心理、精神的修辞。

当下最重要的问题就是，在我们今天的时代里，如何来讲述新的东北故事，以接续《呼兰河传》、《生死场》、《额尔古纳河右岸》的东北文学的叙事传统和风格，这是新一代东北作家的责任和使命。我看到，班宇、双雪涛等新一代东北作家的文本表现出的不仅仅是我们时代的某种精神的隐痛，而且是一个超越了“代际”的整体性的时代、社会精神状况。他们虽然并没有从“启蒙”“唤醒”的视角切入当代现实和精神视域的情景，但是，他们从对东北的盛衰、发展、振兴以及转型期强烈“阵痛”的感受、想象、文本整饬中，抒写出几代人谋求东北振兴的“前世今生”。他们的作品既透射出以往历史、现实之谜的讯息，也展示着一群在复杂的当代现实处境中，在历尽辛酸、看遍“繁华”的感喟之后，不畏生活的艰难，不屈服于市井磨难，在俗世人生中进行命运抗争的底层形象。新一代的东北作家写出了他们整整一代人的身体、心灵际遇。这里，既有青春话语特有的秉性、气息，更有立足于人道精神标尺的执着坚守。也许，正是以这些年轻东北作家的崛起为起点，东北叙事将向世人展示出“文学东北”的新风貌。

教鹤然：“作家论”和“作品论”相比，是一种更为特殊的学术研究范式。在20世纪30年代，已经出现了茅盾的《徐志摩论》、胡风的《林语堂论》、苏雪林的《沈从文论》，以及李长之的《鲁迅批判》、钱杏邨的《现代中国文学作家》等，这些“作家论”成了现当代文学史写作和学科建构的重要资源。对您来说，“作家论”这种研究方式，有什么样的特殊意义，又有着怎样的写作难度？

张学昕：重视、聚焦中国当代优秀作家的写作，始终是我阅读、评论和研究最重要的审美选择。只有选择当代最优秀的作家作为研究、评论的对象，才能体现出研究视域、研究纵深度的自我期待和诉求。莫言、苏童、余华等作家以及更多杰出作家，构成中国当代文学的“高山大河”，他们的写作及其文本存在形态，代表着当代文学的景观和创作格局。我想，“作家论”作为一种研究方式，能够更好地呈现这些作家如何完成其个人文学个性风格和面貌的生成、变化，及其在审美层次和审美意义中的不断发展和递进，进而日渐突破和超越自我，形成独具辨识度的叙事风貌和自我的风格与气度。

“作家论”的研究，需要批评者具有持久的耐力，长期跟踪作家的创作，在文学的范畴内保持与作家的对话。同时，批评者还需要以敏锐的洞察力做出“准备经典”的努力，文学批评的工作可能需要有更早的对作家、文本的第一阅读和“预判”。在这里，我做一些也许不太恰切的比喻，评论家第一时间面对作品的时候，可能需要进行大胆的“淘洗”“排雷”或“清扫”。最初的审美判断，具有一定的冒险性，第一时间的审美也有

"不识庐山真面目"的近距离"盲区",需要经过第二层面"文学史"写作的丰富、完善、修正,甚至更改。当然,这些还涉及文学与现实、时代的审美关系。

无论怎样讲,我们都有责任保护我们时代那些好作家、重要作家,应时刻做好"发现经典"的工作。我相信,"作家论"这种批评体式会"助力"优秀的作家作品"准备经典""走向经典"。在复杂的历史空间和现实维度里,我们去不断地在作品中,在文学视域下找寻、发掘那些可以被定义为"经典"的文学元素和可能性。我想,我坚持多年以这种方式参与中国当代文学"经典化"的过程,至少对未来的文学史写作或经典的确立,尽到一个批评家应尽的责任。因为,我们一直在"准备经典"的途中。

教鹤然:此次获奖的专著《中国当代小说八论》论及莫言、贾平凹、阿来、格非、迟子建、苏童、麦家和余华。不过,这只是您文学研究涉猎的一小部分作家对象,请问,除此之外,您有计划进一步完成其他哪些作家的"作家论"吗?

张学昕:继《中国当代小说八论》之后,2022年我又在《钟山》杂志发表了《东西论》和《叶弥论》。我还会继续关注那些当代中国最优秀的作家,从作家创作的整体状况和多层面去把握他们的审美实绩。所以,"作家论""作品论"我会一直持续下去,《阎连科论》、《胡学文论》、《鲁敏论》等都在我的写作计划中。

郜元宝：

文学研究当“见文”、“见史”、“见人”

李晓晨：您荣获第八届鲁迅文学奖的两万余字长文《编年史和全景图——细读〈平凡的世界〉》，发表于路遥生前所在的陕西作协机关刊物《小说评论》2019年第6期。这篇文章对《平凡的世界》做了深入细致的阐述，开篇就谈论到普通读者和专业研究者对路遥这一代表性作品的不同认识的巨大差异。您认为这种差异主要反映了什么问题？

郜元宝：三卷本《平凡的世界》自20世纪80年代下半期陆续出版至今，普通读者和专业研究者的认知差异确实过于悬殊。具体内容，网上不难获知，我就不重复了。我想补充的是，这种现象在中外文学史上并不鲜见，然而20世纪90年代以来大众传媒日新月异，对同一部文学名著不同的接受方式更有机会正面碰撞，但即便如此，上述围绕《平凡的世界》的接受差异仍然难以消除，这就说明文学作品的审美价值固然有普遍性，但并不排除差异性和个别性，而审美接受也是一个充满差异性的精神活动。对同一部文学著作存在认知和评价的分歧乃至天壤悬隔的差异，是正常现象。差异的双方都必须直面差异存在的合理性和必然性，都要有足够的耐心进行沟通，不仅要努力认清对方观点的完整构造，也要不断展开自我反省，在此基础上求同存异，才有助于突破各自的误区，提高认知水平。

李晓晨：这篇文章包括您近年来论述孙犁、汪曾祺、王蒙、冯骥才、陈忠实、贾平凹、张炜、赵本夫等作家的文章，都具有鲜明的问题意识。作为学术研究的起点，问题意识非常重要，但现在很多论文常洋洋洒洒，不见问题。在热闹的当代文学现场，寻找真正有价值、有现实感的问题其实很有难度，考验着学者、批评家们的洞察力和学术能力。您能否结合自己的经历，谈谈今天的批评者应该研究怎样的问题？如何才能找到真正值得研究的问题？

郜元宝：评《平凡的世界》的这篇文章若说有什么问题意识，除了上面所说，首先正视客观存在、不容回避的阅读接受的巨大差异（这本身就是长期悬而未决的一个突出的问题）；其次可以说说的，就是我主观上对这部作品的细读。若没有在“细读”的基础上对《平凡的世界》形成较为清晰的理解，即使我愿意直面客观存在的阅读接受的巨大差异，也只能再次跳进争论的旋涡，结果被旋涡所淹没，而不可能在差异双方之外提出我的第三种理解，从而获得新的立足点，透视原来的两种接受方式各自的洞见与盲点。对文学研究对象（作品、作者和相关的社会历史环境）展开“细读”，乃是获得真正有价值的“问题”意识的关键。

不过这种“细读”并非只是孤立封闭地读作品，而是要将“细读”行为扩展到围绕作品的整个文学“世界”，如作家的身世与创作历程，作品出现的时代（包括社会史和文学史）的双重背景，此外还可以适当引入比较文学的视野，在世界文学背景中打量你眼前的中国文学作品。在《平凡的世界》人物之间特殊称谓方式上（路遥喜欢让他的人物在心里用“亲爱的”“我的亲爱的”“我那至亲至爱的”之类相互称呼），我就发现路遥更靠近许多外国文学名著，却偏离了五四以来注重描写家庭内部冲突的现当代文学传统，尤其跟同一时期喜欢渲染和强化家庭成员彼此敌对、相互仇视的某种文学潮流大相径庭。我觉得由此出发，或许可以更深入地体贴路遥独特的文学个性。我讨论《平凡的世界》对中国社会各级领导干部的立体化描写，也适当比较了它跟“晚清”以来“谴责小说”、“官场小说”的异同。

李晓晨：无论研究鲁迅，还是做中国现当代文学批评，从您的著作中都能感受到广阔的视野，其中既有东西方思想的对视，也有回到我们自身传统的纵向比较。从20世纪80年代进入复旦中文系至今，您能否简单谈谈个人的批评之路，这个问题套用鲁迅的标题就是“我怎么做起批评来”？

郜元宝：您过奖了。我们这代文学研究者和评论者，各自都有一条走向文学研究与评论的蜿蜒曲折的道路。也许正是这些不同的道路决定了我们的长处与不足。我是在1986年大学本科毕业之前，因为“新时期文学潮流”的裹挟，加入了文学评论队伍。在获得文学运动的现场感和参与感的同时，也由于对当下文学投入太多时间精力，必然在其他知识门类留下欠缺，需要不断努力来弥补。文学研究和评论不能“空手套白狼”，它需要通过长期系统的教育和学习，获得较完备的知识储备，由此形成接受美学所谓“前理解”或“期待视野”，这样才不会捉襟见肘。但实际上我们往往没有条件先从容“装备”自己，然后才进入文学现场；总是一边学习，一边接受来自文学现场的挑战。这样一来，捉襟见肘、现学现卖的窘境还是在所难免，这就更需要不断学习、不断充电了。

李晓晨：您早年研究翻译海德格尔并获得博士学位，后来又专门研究鲁迅，这种学术经历对您的文学批评有什么帮助？

郜元宝：我显然并未弄通弄懂海德格尔，否则博士毕业后，为何不继续研究西方美学和文艺学，而是回归文学了呢？当然研读翻译海德格尔也有一点好处，至少使我更加注重思维本身的缜密和语言的及物性，对文学研究者的语言表述难免的破碎和含混比较敏感，总是尽量加以避免。从消极方面讲，也使我更清楚地看到，任何哲学方法和理论话语都不能生吞活剥，直接运用于文学研究与批评。我曾借用海德格尔基础存在论的概念写过一篇谈王安忆的文章《人有病，天知否——王安忆的“存在之烦”》，也曾以海德格尔的“艺术作品本源论”直接阐释张炜《九月寓言》，当时自认为很合适，多年之后取来重读，就不免汗颜了。

研究鲁迅，也有思维训练和语言训练这方面的收获。鲁迅的文字也是高度及物且相当缜密的。其次，研究鲁迅，进而研究五四前后至今这一百多年的中国现代文学，也是为当下中国文学寻找最近的“根”和最切实的参照系。如何重新定义中国文学的现代性，如今无论存在怎样的分歧，我们毕竟都还是五四和现代文化的产儿，当下中国文学的许多问题都是从鲁迅和五四延伸而来。为何鲁迅笔下的地保、阿Q开口总是“妈妈的”，路遥笔下的农民却在心里呼喊着“我的亲爱的”？孙少平“关于苦难的哲学”果真是另一种“精神胜利法”吗？王蒙《活动变人形》展开的“审父”场面是革命的一代（“子”）对启蒙的一代（“父”）的严厉审视，这种审视不是在1928年就由“后期创造社诸君子”和鲁迅围绕“革命文学”的论争中预演过一遍了吗？张炜、陈忠实笔下历史时间大致相同的中国乡村社会深层的道教文化因素，鲁迅早在创作《狂人日记》时不就注意到了吗？很难想象，一个不了解鲁迅和五四新文化的人将如何研究当下中国的文学。

李晓晨：近年来您的研究着力点似乎有一些变化，具体到当代文学与文化研究领域，许多之前原本不属于您研究重点的作家，如路遥、柳青等，也都开始逐渐进入您的视野。这种变化同我们当下文学创作和文学批评的氛围环境有关吗？

郜元宝：我1982年踏进大学之门，正好赶上路遥《人生》风靡全国。在我开始尝试撰写文学评论文章时，关于《人生》的讨论正热火朝天，至今还记忆犹新。路遥（还有陈忠实）的文学导师柳青也是我很早就爱读的作家。“重写文学史”的口号提出之初，最先站出来重读重评《创业史》

的作者就是我本科同班同学、现任教于上海外国语大学的宋炳辉教授。但您说得对，长期以来我确实没有很投入地研究柳青和路遥。中国是个文学大国，研究者个体的力量毕竟有限。在一个长时段里，某个研究者慢慢扩展或转移自己的研究重心，这个现象本来很自然，并不一定跟当下文学创作与批评的氛围环境直接相关。

但也不能说完全无关，否则我为什么没有在20世纪80年代后期就开始投入地研读这两位陕西作家呢？我想主要还是因为中国文学走到今天，传统的现实主义和一度鼓励众多中青年作家去探索乃至探险的先锋小说相生相克的关系，越来越吸引大家的目光。现实主义一定就拒绝先锋实验吗？先锋小说骨子里就反现实主义吗？为何许多现实主义作家的作品中出现了不少叙事形式的探索与实验？为何许多先锋作家后来都纷纷“转向”，变得越来越写实，甚至完全失去了他们往昔的实验与探索的冲动？带着这些当下的问题返回柳青、路遥的文学之路，反省先锋作家的创作历程，应该说是“此其时也”。

李晓晨：我注意到您说过，“作家作品论是我的主要批评模式”。您为何如此看重作家作品论，其吸引力和难度又在哪里？

郜元宝：文学研究可以灵活多变，各种取向都可彼此互补。有时候我们确实可以侧重研究文学的某个方面，不妨对其他方面有所忽略。但唯一不能轻易回避的，可能就是几乎积聚了所有文学创作要素的创作主体。这或许是中外文学研究和批评史上“作家论批评和研究模式”始终不会退场的原因吧。

随着知识谱系和文学研究手段的发展，传统作家论模式也需要做出适当调整。比如，在信息时代，有关作家的传记研究或许就不再像过去那么重要。但这并不意味着我们今天可以完全无视作家个人经历的特殊性，只要专注于他们的文本生成与更大的社会氛围的互动即可。在当下中国文学研究中，“作家缺席”的现象一直以各种形式顽固蔓延着。我们可能对文学的其他要素如数家珍，论到创作主体的关键点却往往语焉不详，甚至一时语塞。文学研究中这种“见文”、“见史”而不“见人”，或者虽然“见人”却并非坦诚相见，而是戴着面具互通款曲，这不得不说乃是真正的作家论需要克服的最大难关。

李晓晨：接下来想和您谈谈关于鲁迅的研究。您最近很重视研究鲁迅与意大利、法国、德国的关联，努力将“中国鲁迅”、“东亚鲁迅”扩展为“世界鲁迅”。这是否意味着在您看来，鲁迅是被整个世界文化滋养而诞生的，同时他也影响了世界文化？

郜元宝：这确实是我的一个愿望，但这方面要做出实际的研究成绩，需要大家一起努力。在以往鲁迅研究中，一直比较侧重“中国鲁迅”、“东亚鲁迅”，论到鲁迅与世界其他地区文化和文学的关系，充其量比较关注“周氏兄弟”本人所看重的东北欧弱小民族（包括当时受压迫的俄罗斯），至于鲁迅与欧洲和西方文化传统的两个中心，即希腊文化、希伯来文化及其在中世纪的合流，以及由此产生的文艺复兴、启蒙时代以来现代西方的主流文化之间，究竟有怎样的关系，还一直缺乏系统而深入的研究。鲁迅本人的文学在世界范围的翻译介绍，也有一个从东亚走向世界的过程。我希望在“世界的鲁迅”这个题目下，将来会出现更加扎实的研究成果。这也是中国文学真正走向世界的题中应有之义。

李晓晨：作为中国现当代文学研究领域内长期以来的“显学”，鲁迅研究是很多学人的学术起点，几乎所有现当代文学的参与者都是读鲁迅著作长大的。不过大众对鲁迅研究也存在一种看法，认为吃“鲁迅饭”的虽多，鲁迅研究的圈子却“越来越小”。您如何看待这个问题？

郜元宝：几年前我写过一篇文章《鲁迅研究的“内篇”与“外篇”》，主张鲁迅研究要走出传统的“内篇”，即从关于鲁迅的生平、环境、交游、创作、翻译、思想转变这些大家熟悉的研究领域走出去，而更多关注鲁迅研究的“外篇”，特别是关注鲁迅和他逝世之后中国文学的内在联系，包括二者之间出现的疏离。某种程度上这也算回应了上述关于“吃鲁迅饭”的越来越多、“鲁学”圈子越来越少的指责。但这个问题仍需具体分析。所谓走出乃至打破“鲁学”小圈子，是否就意味着鲁迅研究者必须学习鲁迅，必须像鲁迅当年那样进行现实的不妥协的抗争，否则就愧对鲁迅呢？我想任何一个具有清醒历史意识的人都不会这么简单地要求鲁迅研究者。今天的现实环境、今天知识分子与现实的关系，跟鲁迅当年毕竟不可同日而语。要求鲁迅研究者“copy”鲁迅不走样，一个个像鲁迅那样进行抗争，这未免太缺乏基本的历史常识。再说为何单独向鲁迅研究者提出这种要求？就因为他们研究鲁迅吗？不研究鲁迅的人就可以袖手旁观，站在岸边对研究鲁迅的人指指点点吗？到底何为“吃鲁迅饭”？研究谁，就是吃谁的饭？这也未免把人文社会科学研究的意义看得太窄、太浅了。鲁迅研究中有许多内容确实属于纯粹知识范畴，如果老是带着“古为今用”、“学以致用”的心态，不以冷静严谨的学术态度和学术方法展开研究，我们的鲁迅研究便永远只能停留在粗浅的实用主义层次，永远只能跟在日本学者和海外学者后面亦步亦趋。幸亏国内好几代鲁迅研究者并不都是这样想，也并不都是这样做的。

李晓晨：最后还是回到文学批评的话题。鲁迅先生的批评观里有重好恶、明是非的鲜明特色。文学批评的风格、话语、价值取向的变化固然与外部条件有关，但也要听从文学批评者自身的内在召唤。您认为当下文学批评应该如何把自觉的专业追求与清醒的现实关怀结合起来？您认为理想的文学批评应该是怎样的？

郜元宝：鲁迅是杰出的作家、学者、翻译家，也是中国现代杰出的批评家。他有不少专门针对当下作家作品的评论文章，比如他为一些青年作家作品所写的序言，比如《中国新文学大系小说二集》长篇序文，都显示了他从事当代作家作品评论的鲜明特色。诚如您所说，重好恶、明是非，一点不含糊。如果用鲁迅自己的话说，就是知人论世啊，顾及作者全人和作品全篇啊，剜烂苹果，坏处说坏，好处说好啊，诸如此类。这是非常可贵的批评精神。一篇批评文章说得再怎样天花乱坠，如果读者看不出你起码的价值判断，或者你的价值判断未能很好地体现在具体分析中，这篇批评文章就并未彻底履行批评之为批评的职责。

鲁迅的批评不仅真诚、深刻、独到，也充分显示了他作为大批评家的开阔视野。他的批评并不局限于对文学文本进行孤立的细读与评骘，而是将批评的视线伸展到文化、历史、现实和社会思潮的更大范围。在这意义上，他所有的杂文都是广义的文学批评，或者用他自己的话说，都是“社会批判”和“文明批判”。

但反过来，鲁迅的批评视野不管如何开阔，话题不管如何包罗万象，话语不管怎样灵活多变，都具有强烈的文学性。不是一般的文学修辞，而是像优秀的文学作品那样，令读者“与人生即会”，即清晰地看到社会人生的真相。

鲁迅也并不摆批评和批评家的架子。譬如他结合白话文和新文学来谈论青年画家陶元庆的绘画，就并没有扯出文学批评结合艺术评论的大旗。譬如他许多篇谈电影的文章，也并没有先给自己贴上堂皇的电影评论的标签。他的许多杂文，谈翻译，谈文艺，谈世相，总是涉笔成趣，很自然地结合中外古今的文化史实，但他绝不会因此就昂然树起“文化批评”的幌子来。鲁迅的批评是深刻而广博的，但他的批评话语永远家常亲切。

当下中国文学批评要么太窄太死板，老是局限于几个作家几部作品；要么太宽太玄奥，不切实际，脱离地面，不讲人话，专讲行内黑话，最终不知所云。如何转变这个局面？如何追求理想的文学批评？我想上述鲁迅的经验，仍然值得汲取。

综述：文学理论评论多向度、多元化发展

□刘大先

本届鲁迅文学奖文学理论评论奖参评作品157部（篇），数量较往届有所增加，评论对象涉及了几乎所有文学门类，从长篇小说、中篇小说、短篇小说到小小说，从戏剧、影视文学到报告文学和散文随笔，还有古代文学和画论题跋研究，也包括艺术史、文艺理论和美学研究专著。少数民族文学、女性文学、儿童文学和区域性文学现象的相关批评与研究也有不少。其中数量最多的是当代小说评论和作家作品论，这一方面是因为小说是现代文体中最具传播效应与受众群体的强势文体，另一方面也是因为文学理论评论的现实感和时代性的导向效应。

像进入前十名的另外5部作品分别就代表了不同的批评和研究取景：李云雷的《新时代文学与中国故事》弘扬主旋律，具有着明确的建构中国话语的自觉；吴俊的《当代文学的转型与新创——互联网时代的文学史观察》从文学史的角度出发，关注当代文学场域的变化，尤其是互联网媒介给予文学生态乃至文学创作的影响；王彬彬的《八论高晓声》聚焦新时期代表性作家高晓声，通过文本细读、技法解析，重新发掘出一个影响巨大的作家的多方面价值，并将其集束式地呈现出来；黄菲菂的《报告文学史

论》系统梳理了中国报告文学的发生、发展与演变，提供了一幅整全的关于报告文学的知识图谱；霍俊明的《转世的桃花——陈超评传》知人论世、述评结合，将诗评家的一生与当代诗歌的流转有机结合起来。窥一斑而知全豹，这些风采各异的作品显示出当下中国文学理论评论的多向度、多元化发展的风貌。

应该说，这次评奖是对新时代以来中国文学理论评论的一次总的巡礼和检阅。值得一提的是，与此前受西方影响过重相比，通过此次参评作品可以发现三个明确的特点：一是本土话语转向，即从中国文学的传统寻找资源，力图进行创造性的转化与创新性的发展，即便是讨论深受西方理论影响的现代诗，也注意到中西古今之间的交流融汇。二是泛文学的融合，在理论建构中走出“纯文学”的藩篱与界限，将艺术、哲学、历史和文学深度结合在一起。三是现实关怀与青年批评家团体的崛起，这一届参评的作品大多数有着明确的建立在历史感基础上的现实关怀，或者注目于同代人，或者聚焦于地方性，或者从个体辐射到社会，或者在比较视野中把握创作趋势，都显示出良好的理论素养和熟练的写作技法。

对话与行动

重新定位批评的功能，是本届鲁迅文学奖文学理论评论奖的一个重要收获。何平的《批评的返场》的关键词是“行动”和“对话”，他明确表明试图重建文学批评与更广阔世界之间的关联。批评在整个文学生态系统当中是一种尴尬的存在，在我们的文学教育中几乎没有什么存在感，大学中文系往往以文学概论（理论）和文学史（知识）为主，辅之以其他如民间文学之类相关领域和写作（实践），而在写作当中更多侧重的是创（意写）作和应用写作。批评和评论会被视作一种自我研习，而就当代文学而言，实际上大量的“论文”就是批评，只是在缺乏学术训练的情况下，绝大部分“批评”沦为了“鉴赏”和“赏析”。如此一来，就难免形成一种恶性循环：批评被视为一种没有技术含量和学术底蕴的写作，某些时候等同于读后感，进而会加深人们对“当代文学”没有学问的刻板印象，并且进一步使得批评愈发变得无足轻重。从出版与接受的角度而言，更是如此。

作为一个从20世纪80年代走过来的文学青年，何平对于文学的热忱显而易见，否则就无法解释他何以不辞辛苦地为《花城》杂志策划选题、寻找作家、组织对话，并且身体力行地进行评点。这些活动在他身处的学院体系之中都是无法量化或者归入可供有效评估的成果之内的。正是因着对文学的真挚热爱，何平有一种为批评正名的冲动，并且将其落脚在实践之中。何平是一个有态度的批评家，因而他会强调“网络文学就是网络文学”，是一种在媒介变革背景下的形变，与此前写作完全不同。因应这种语境的变化，他提出“重建文学和大文艺，重建文学和知识界，重建文学和整个广阔的社会之间的关联性”，显示出一种开阔的雄心，努力将审美、政治、资本、消费和个人创造联系在一起做总体性的考察，显示出与“文化研究”密切关联的样貌，也意味着文学批评的发展路向和活力所在。

文本探秘与审美探求

回到文学性本身，让评论自身获得主体性是本届获奖作品的亮点。张莉的《小说风景》回应了一个令人久久困惑的疑问：既然读者自己可以直接阅读作品，那么批评又有何用？关于这个问题历来有很多种回答，比如批评能够加深对于作品所传递的观念和所展示的技巧的深层理解，但这样的回答依然是将批评作为作品的附庸。批评的独立性和主体性一直以来是有追求的批评家念兹在兹的问题，如何让批评形成可以被普遍接受的文本，也是张莉的主张：“在占有理论资源的基础上，人的主体性应该受到重视。文学批评不能只满足于给予读者新的信息、重新表述前人的思想，它还应该反映作者的脑力素质，应该具有对文本进行探秘的勇气与潜能。”换句话说，它自身应该成为一种具备审美素质的作品。

在这种观念之下，每一个作品都是一个入口，成为一种风景，批评就是要带领读者进入这片风景中进行审美的旅行。《小说风景》选取了现代文学以来十几种具有代表性的名家名作进行解析，那些文本在岁月的沉淀之中，如同雪球一样在不同代际的读者中间走过，已经携带上了历史和文化的因素，需要批评者一方面深入文本抽丝剥茧，另一方面也要兼顾传播过程中的不同接受态度和观点。批评文本因而就呈现出两种素质：一是在作品内部的语言、细节、技巧、形象上的美学赏析，一是在文学史的纵向层面和作品的外部所进行的坐标定位和价值衡量；前者让批评具有美文的特质，后者则让它具备了文学史的厚度，而两方面最终都要通达当下的读者和受众。张莉的批评尽管立足于文学史的基础之上，但并非文学史研究，本质上仍然是一种当代批评——它们指向经典文本之于当下生活的意义，建立起我们与他们、当下与历史的情感联结。张莉的文字摆脱了学术黑话和理论术语，清晰流畅而通俗易懂，贯通着她对于“文学性”的追求。

青年写作与时代精神

聚焦时代主题，凸显出文学的未来。杨庆祥的《新时代文学写作景观》非常切合于本届评奖的主旨：“新时代”与当代性。当代文学批评一个很重要的功能就是为时代文学立此存照，这么做的时候，它一方面试图找到本时代具有经典素质的文本，另一方面则是为本时代的文学地形图进行素描，从而为后来的人认识这个时代的文学风貌、心灵情感和精神世界提供一个可按图索骥的线索。对于一个年产量庞大的文学国度来说，在“存量”中发现的“增量”，才是一个时代文学的新质。

那么，什么是新时代的文学增量呢？杨庆祥注目于青年写作，他在《新时代文学写作景观》中描述的各种写作形式，如新南方写作、科幻文学等无疑都是以青年为主体的，所讨论的个案，如徐则臣、李修文、张悦然、孙频、胡竹峰、葛亮、王威廉等也都是“70 后”“80 后”作家。尽管文学未必是一代必然胜过一代，但青年总归是希望，蕴藏着各种可能性，而批评关注“同时代人”，无疑是批评家的共识，这一点不同于文学史研究，正是在这一点上，突出显示了杨庆祥的敏锐和密切结合写作现场的辛勤。文学也许没有我们想象的那么重要，但也没有那么不重要，它始终是时代精神与情感的一张晴雨表和风向标。

作家论与经典化

作为文学史和文学理论的基础，作家论在推动文学知识与经典脉络的形成中至关重要。张学昕的《中国当代小说八论》选择了莫言、贾平凹、阿来、格非、迟子建、苏童、麦家、余华八位卓有成就的当代作家进行论述，作者并没有显示出某种特别的文学价值观和立场，而是贴着论述对象，对他们做综合性的考察。这一点使得这部作品具有一种“客观性”，但它的“客观性”埋伏在主观性之中，也就是说张学昕是从个人阅读经验出发的，并且以自身的审美体验和价值认知为标准，对八位作家进行述评。这种个人化的解读某种意义上更接近一般读者接触文学作品的原初行为——某一个作品、某一位作家之所以引发言说冲动，可能并不是因为在理性认识中对其文学史位置或者在文学发展路径上的创造性有清晰的判断，而是来自某种触动和不太自觉的认同。

一切文学经典都是经典化的产物，而经典化总是集合了方方面面的合力，并且受到具体历史社会语境的影响。作家作品论则是在文学经典化过程中必不可少的一环。优质的作家作品论同样也不乏学理性的深入，它一方面打开作家创作的历程和环境、作品的结构与细部，另一方面则让读者对它们有更为全面而整体的理解。就此而言，《中国当代小说八论》算是一种本色当行的批评文本，回到文学的主体本位，作为一项基础性的工作，为当代文学史的知识构建提供了参考资料和参差对照的阐释。

作品重读与中国故事

郜元宝的《编年史和全景图——细读〈平凡的世界〉》名为“细读”，

却区别于“新批评”的“细读”（close reading），也不同于近些年来逐渐兴起的“远读”（distant reading），它是一种融合了马克思主义的文学社会批评和形象美学分析的中国式阅读法。在行文过程中，郜元宝并没有征引过多的理论，而径自进入文本分析，由《平凡的世界》的人物设置特点和塑造的几组人物形象入手，进而对其进行总体性的评价，将之视为中国初期改革前后的编年史和全景图。文章娓娓道来，不疾不徐，鞭辟入里，得出的结论结实而可靠。

《平凡的世界》的接受史经历了生动的曲折，正如很多研究者发现的，它在诞生之初，尽管在大众层面广泛传播，但在当时的文学精英和先锋作者那里并没有得到更多的关注和首肯，直到新世纪以来，尤其是“80 后”一代批评家成长起来之后才重新获得了新的评价。这个传播史背后有一个“新时期”文学话语与“新世纪”文学话语之间的断裂，折射出现代主义美学观念和现实主义回归之后的扞格。经历纷纷扰扰的论说之后，郜元宝在新时代重读这个文本，给予其中正平和的学理化论断，可以说是将其在经典化的道路上又推进了一步。路遥的经典性显然不同于某种普遍性的经典，它是当代中国文学的经典，富含着当代中国的历史、现实、政治、经济、教育、文化、伦理等诸多因素。郜元宝正是通过路遥的个案重读，让读者进一步理解了相关的中国，相信这个案例也对其他当代作品的解读具有一定的借鉴意义。

许小凡《T.S.艾略特传：不完美的一生》

杨铁军《奥麦罗斯》

陈方《我的孩子们》

竺祖慈《小说周边》

薛庆国《风的作品之目录》

文学翻译奖

授奖辞

许小凡的译作《T.S. 艾略特传：不完美的一生》在坚实的研究基础上，流畅地传达了原作的风格。杨铁军的译作《奥麦罗斯》，克服巨大难度，最大限度地复现了这部史诗的渊深宏阔。陈方的译作《我的孩子们》以诚笃的精神和深湛的造诣，准确把握原作的复杂文体。竺祖慈的译作《小说周边》再现原作洗练、恬淡的气息，彰显严谨、忠实的风范。薛庆国的译作《风的作品之目录》，与原作的思想和情感同频共振，达到形神兼似的境界。

有鉴于此，授予上述译作第八届鲁迅文学奖。

许小凡：
琢磨翻译是件快乐的事

刘鹏波：可以和我们分享下您翻译《T.S. 艾略特传：不完美的一生》的契机吗？

许小凡：我在 2012—2013 年读书的时候接触到这本书。2014 年的时候，这本书的责任编辑肖海鸥老师联系我，问我愿不愿意把它翻译出来，这让我很激动，因为之前确实有过这个想法，我们两人可谓一拍即合。我当时还在读博士，也没有出版过翻译作品，肖老师这样信任我，把我们都喜欢的一本书交到我的手上，让我来译，我是很感动的。

刘鹏波：我翻看了一些评论，读者对您的译文普遍赞誉有加。作为您第一部正式出版的文学译著，这是很高的褒奖。翻译过程中，有没有遇到什么困难？是怎么解决的？

许小凡：非常感谢读者，这的确是最高的褒奖。这本书的翻译有难度，首先是长，其次是高度文学化的表达比比皆是，需要准确地理解，有些用词简单、但高度依赖上下文理解的部分最难移译。我当时每天都在琢磨一些具体的译法，希望能用尽可能准确的汉语表达，简练、自然地把原文的语境含义以及英文中可能具有的多重含义呈现出来。理解方面的困难，在经过两三遍翻译和打磨后解决了大部分，剩下难以解决的部分，比如其中的法语引文，不少朋友都给了我特别多帮助，这些我在译后记中都具体地提到过。

刘鹏波：《T.S. 艾略特传：不完美的一生》出版后，收获一片好评，获得荣誉包括：单向街读书年度文学翻译提名、单向街书店文学年度图书奖、新京报书评人推荐榜单票选第一名、2019 年新京报年度阅读推荐榜、深圳读书月 2019“年度十大文学好书”、《中华读书报》2019 不容错过的 25 种文学好书，等等。翻译的时候，有没有想到这本书会收到这么热烈的反响？

许小凡：这是我和这本书的幸运，但在起初并没有料到。书确实写得好，作者用心灵史的写作方法，将细腻的诗歌文本分析、对诗人生涯的整体观察和扎实的文献解读结合起来，是该书受到认可的主要原因。而且艾略特对 20 世纪八九十年代的中国文坛和诗歌界的确有过很大影响，大家都对他有好奇心，这也是一个重要原因。

刘鹏波：这本书获得鲁迅文学奖文学翻译奖，对您是很大的惊喜吧？这是否激励了您更坚定地将翻译之路走下去？

许小凡：很惊喜，我完全没有想到会获奖，当然这也不是当时翻译的初衷，当时就是希望让好的书进入中文世界，为爱文学的人带来一点新东西。在我看来，人是最重要的。我昨天刚好在读安托南 · 阿尔托的《与杰作决裂》这篇文章，里面有句话我感触很深，他批判一类“对诗作者的益处大大多于读者”的“个人诗”，或者说，真正的诗对读者带来的益处应该大于对创作者自身的益处。无论是翻译还是写作，我理想中更好的状态也是做一位服务者，一位诗的女仆。

刘鹏波：T.S. 艾略特与中国渊源颇深。早在上世纪 20 年代国内就有关于艾略特的介绍，此后他的评论和诗歌被不断译介到国内，产生很大影响。目前在英语学术界，艾略特还是研究热点吗？他在国内外的研究状况如何？

许小凡：像刚才说的，艾略特的诗歌以及诗学对国内的诗歌界产生了特别大的影响，特别是他的“非个人化”诗学理论和其中提到的“历史意识”这个概念，对于在20世纪一再见证历史断裂的诗人们具有很大的启发。在英语学术界，由于早期诗歌和20世纪30年代《追寻异神》系列讲座中的反犹倾向，艾略特的声望在他身后经历了一段时间的低谷，而且在一个普遍世俗化的年代里，艾略特所代表的精神严肃性和灵魂的求索，他的保守政治，以及他改宗英国国教教会后的虔敬，都似乎与当今学界和创作界关心的一些问题相对脱节。同时，学术界现在的一个主要方向是挖掘现代主义时期一些非常有价值但相对边缘的创作，以及通过对当时各类杂志和多种媒介的研究，试图更细微地勾勒出20世纪上半叶的各类辩论和思想轮廓。艾略特作为现代主义诗歌的代名词，主流中的主流，自然并非这类研究的关注对象。但同时，提到20世纪，提到诗歌，甚至提到古典诗学——艾略特仍然是一个绕不过去的名字，一个巨人，一个重要的对话对象，是他的朋友和论敌都不能忘怀的一个存在。比如，库切在《何为经典》这个后殖民主义的重要文本中批评了欧洲中心主义文艺经典的建构过程，它的开篇直接就是与艾略特1944年同名演讲的对话。另外，艾略特的文学批评也将永远是英语文学史上的明珠，这也是我们不能忘记的。他对中国的诗歌和文艺界影响显著，有的是意象层面的，有的是精神气质，有的则是方法。很有意思的是，前段时间还陆续在几个当代艺术展的题目里发现艾略特。《荒原》之后一百年了，余音仍然不绝，还是有很强的生命力。

刘鹏波：您原先是艾略特读者，后来变成艾略特的研究者，您称这是“盲打误撞”的过程。能给我们讲讲具体的过程吗？

许小凡：这倒好像也没有什么特殊，摸索学术兴趣就是反复尝试、跌跌撞撞，不少人都是这么走过来的，而且也不是选了之后就不变了，是跟着生命经历不断延展、调整的。当时其实是看了一些书，跟随自己一直以来对诗歌的兴趣作出的选择。

刘鹏波：艾略特想必对您有很大影响，如果让您总结的话，您觉得最大影响是什么？

许小凡：最大的影响是他带我进入了诗歌的世界，让我对诗歌有一个基本的观察入口，也因此能够得到一些机会与诗歌创作者、批评者接触，并不断学习。其次，抛开诗歌本身来说，对生活也有影响。我恰好比艾略特晚生一百年，从人的层面，很多人生的节点正好可以参照，有些事情他没做，或者没有按时做，都会让我多少释然一些。

刘鹏波：我看到资料说，林德尔·戈登还写过几本艾略特传记，《艾略特的早年生活》（*Eliot's Early Years*，1977）与《艾略特的新生》（*Eliot's New Life*，1988），《不完美的一生》是系列里的第三本，据说戈登正在赶写一本新的艾略特专著，定于今年出版。您对此有关注吗？有没有意向把其他几本也翻译过来？

许小凡：这个问题非常重要，谢谢您。《艾略特的早年生活》与《艾略特的新生》是《不完美的一生》这本传记的前身。前者是林德尔·戈登在哥伦比亚大学的博士论文，后者是它的延伸——根据作者本人的回忆，当时还可以以传记的方式撰写博士论文，而她的导师博科维茨（Berkowitz）很早就告诉她这本论文会成为一本重要的书。博士论文出版后，戈登继而以“艾略特的新生”为题书写了艾略特的后半生，并在这本书中深入挖掘了艾米莉·黑尔（Emily Hale）这个重要女性人物——此前，牛津大学的著名艾略特学者海伦·加德纳考证出艾米莉·黑尔就是在《烧毁的诺顿》开头，在1934年与艾略特一同步入玫瑰园的那位同伴，也有一些学者知道普林斯顿大学藏有艾米莉·黑尔与艾略特的一千多封书信。《艾略特的新生》在20世纪80年代末出版后，戈登收到了许多读者来信，大多来自艾米莉·黑尔生前的好友与学生。这些读者提供的信息让这位与《圣灰星期三》、《四个四重奏》、《家庭团聚》以及《鸡尾酒会》等诸多名篇息息相关的女性形象逐渐丰满起来，而戈登也将这前后两本传记整合在一起，加入了大量新的研究材料和读者提供的资料，形成《不完美的一生》。

2020年1月2日，经过半个世纪的等待，普林斯顿大学馆藏的艾略特与艾米莉·黑尔的1131封信终于向研究者开放阅览了。这批信件在2019年10月12日按期解禁并得到编目整理，解禁的日子正是收件人艾米莉·黑尔辞世后的五十周年——根据艾略特的遗愿，这些信需要一直封禁到两人中较晚去世的那一位身后五十年，这样就可以保证，当这些信解禁的时候，两人身边的朋友已经全部辞世。这些信件仅是两人在1930—1957年间通信的一半。书信的另一半，即艾米莉·黑尔写给艾略特的信件，已在1962年3月被艾略特交由伦敦费伯出版社的同事销毁了。2019年夏天，我有幸在学院的资助下来到牛津，见到传记作者林德尔·戈登，她说多年来，她反复告诉自己，“我一定要活到这批文稿解禁的那一天”。而那之后的几个月，她也确实克服了重重困难，赶在这批书信解禁之际就从牛津赶到了普林斯顿，钻研这批信件。也非常幸运，再晚一点点就开始疫情封锁了。2022年10月，也就是刚过去不久，她基于这批重要书信写的新著《风信子女孩：T. S. 艾略特的秘密缪斯》（主标题取自艾略特的《荒原》）由伦敦的Virago和美国的诺顿出版了，并在英国国家广播电台10月初纪念《荒原》一百周年的特别节目里介绍了这项研究。

刘鹏波：您是怎么开始文学翻译之路的，翻译带给您快乐了吗？

许小凡：其实就是从这本书开始的。之前倒是做过很多翻译，音乐和文化类为主，英汉、汉英都做过，自己也试着译过诗，但是没有译过书。这本书里面有各个时期、各种风格的诗，不少引文，不同人、不同时期的书信，还有作者本人高度文学化的叙述声音。一本书里有这么多风格和文体，对我来说很过瘾。琢磨翻译是快乐的。

刘鹏波：您觉得要成为一位好的译者，需要具备哪些素质？

许小凡：对语言敏感，愿意“入得其内”，在里面反复琢磨。

刘鹏波：市面上译成中文的文学作品越来越多，翻译质量却参差不齐，不少人感怀老一辈翻译家留下的翻译精品。作为年轻一代的译者，您关注过这个现象吗？您觉得除了翻译稿费低之外，还有哪些原因导致了翻译质量下滑？

许小凡：我不觉得翻译稿酬能和质量挂钩，其实很多人也接受为了译稿质量而反复花时间打磨，这是没法去计算单位时间的报酬的，不是这么算。

刘鹏波：年轻译者能在老一辈翻译家身上学到什么？

许小凡：就我自己来说，我小的时候受傅译小说和传记影响比较深。翻译和创作之间能相互促进、相互滋养是最好的状态，比如穆旦。

刘鹏波：可以透露下手头正在翻译的书或新的研究计划吗？

许小凡：目前正在译的是我非常喜欢的加拿大诗人安妮·卡森的一本诗歌随笔集，还有苏格兰女作家阿莉·史密斯“四季系列”的小说《春》已经译完，明年春天会问世。还在写一些诗歌批评，想在教学、翻译和写作之间达到一个平衡。

杨铁军：
翻译是一项拓宽视野、锤炼语言的事业

刘鹏波： 我发现您的求学经历里非常有趣的一点是，您在美国读比较文学博士的时候转向了计算机专业，是什么原因让您做出这么大跨度的转变？事实上，您在转行后，仍然从事诗歌写作和翻译，这是不是意味着您热爱的始终是文学？您在访谈里谈到，你厌恶的不是文学，而是文学理论，它戕害了您对写作的热爱。

杨铁军： 那时候我在爱荷华大学的比较文学系已经读了四年，课程基本都已修完，就差毕业论文了，但我对自己所学的东西越来越感到厌烦。四年里所学的大量理论，包括后殖民主义、女性主义、文化研究、解构主义、人类学等，有一个共同的前提，即不存在文学性。文学研究关心的是文本所反映的具体历史境况下的权利关系。既然文学性不存在，那么写诗有什么意义呢？只是给理论提供剖析的文本？那做广告，甚至写小纸条岂不是更好？

还有一个最重要的原因，出国四五年，几乎没写什么诗，觉得自己陷入了极度的焦虑。对我最重要的始终是写作。自从我开始写诗以来，生活中的一切都是围绕着写作进行的，我想象不出不写作的生活会是什么样

子。既然写作遇到了麻烦，那么肯定需要一个“合理”的解释。于是“理所当然”地把问题归咎于与写作相互冲突的那些文学理论。其实后来想，这也许只是一个潜意识里的借口，虽然这个借口有其现实的紧迫性和合理性。写作上的焦虑，以及我对所学理论的不满导致的焦虑，交织在一起，越来越强烈，互为因果，也无法去细究了。

刘鹏波：您会感谢当时做出的这个决定吗？如果没有转行，您觉得现在的自己大概会怎样生活？

杨铁军：如果没有改行，我大概率会在美国的某所大学里教书，或许之后也会回到国内大学教书，写作大概也会继续，但是作品的面貌应该会有很大的不同吧。

那时候的选择，现在想来其实不是选择，在我现在的认识里，生命就是一条路，虽然这条路是曲折的，似乎还有很多岔路，但是你的选择其实一开始就已经做好了，除非你每次都掷硬币解决问题。即使掷硬币，也是一样，马拉美有一本诗集题目就叫作《骰子一掷……》，很多事一开始就已经决定了，只是到生命的后期你才能翻牌而已。

刘鹏波：我个人非常佩服您。您是运城地区的高考文科状元，先是学习比较文学和世界文学，后来又轻松跨入计算机行业。这两个专业好似分列文理科两极，一端需要极强的感性思维，另一端则需要极强的理性思维。两者在您身上会发生冲突吗，您怎么协调这两种思维的差异？

杨铁军：我之所以不学比较文学，就是觉得我所学的东西和我的写作之间，有解决不了的矛盾。改行计算机后，很快就恢复了写作，也许并不是巧合。写作状态好的时候，往往也是工作效率高的时候。所以，我并没有强烈地感觉到两者之间的冲突。这种冲突，至少对我来说，基本都是想象中的。当然，后来我回国到上海以后，工作繁忙，强度太大，两者确实有时间上的冲突。

刘鹏波：创作和翻译，都是从阅读开始的。您是从什么时候开始喜欢上诗歌的？可以分享下您最早的阅读记忆吗？

杨铁军：我是20世纪90年代初，大二的时候开始写诗。大学期间看了大量的西方文学，尤其是“现代派”文学，当时能找到的几乎都看过，对西方的哲学也有很大的兴趣。对我影响最大的是普鲁斯特的《追忆逝水年华》，每天看一二百页，花了大约半年的时间看完，其间还模仿普鲁斯特写了一些观察性的文字。当然读得比较多的还是诗歌翻译。

我一开始写诗，学的是里尔克的物像诗，然后很快就转到了T.S.艾略特、布罗茨基，学他们的语气和说话方式。我很喜欢布罗茨基分节的沉思诗，后来写诗，很多时候也以之为楷模，写出了自己的东西。

刘鹏波：后来开始翻译诗歌呢，基于怎样的契机？从一开始，您把翻译当作个人爱好，还是说把它作为一项可以持续终生的事业？

杨铁军：大学的时候我就翻译过美国诗人阿胥伯莱，但是当时英语水平太有限，那种翻译基本没有意义。真正开始翻译是很后来的事，那时候我已在美国工作多年，一度迷上了弗罗斯特，每晚睡前都要捧着他的书看一些，于是就试着译了几首，贴在网上，经北大葡语系的闵雪飞推荐，上海九久文化的何家炜邀约，出了一本弗罗斯特诗选。

我把翻译看作我写作的一部分，所以严格说来，翻译不是“个人爱好”，而是一项拓宽自己视野、锤炼自己语言的事业。

刘鹏波：您翻译了沃尔科特、弗罗斯特、谢默斯·希尼、佩索阿、特德·休斯……这些诗人跨越整个20世纪，风格有很大的不同。在选择上，您是否有自己的特殊考虑？

杨铁军：这些人的共同点在于，都在不同层面对我有挑战性，都可以让我从中学到一些东西。

刘鹏波：《奥麦罗斯》在2019年就获得了第四届袁可嘉诗歌奖·翻译奖，今年又获得第八届鲁迅文学奖文学翻译奖，您有想过该书会得到这样高的荣誉吗？这些奖项对您又有何种意义？

杨铁军：完全没想到，之所以能获奖，可能还是得益于沃尔科特这本书的魅力吧。这些奖对我的意义还是很大的，是对我多年努力的肯定，让我更有把事情做好的动力了。

刘鹏波：《奥麦罗斯》是一部真正的史诗，堪称"现代版的奥德修斯漫游记"。请您谈谈这部诗集最让您惊叹的地方吧。

杨铁军：从写作的角度来说，和很多大诗人一样，沃尔科特把握住了自己的文化处境和现实遭遇，这是很多人终其一生都无法做到的。这种把握是沃尔科特诗学的根本所在。有了这种把握，不管他写的是史诗，还是短制，都能立得住。

刘鹏波：如果从现代诗歌史的角度来考察，《奥麦罗斯》处在怎样的位置？沃尔科特当初为何要创作这样一部鸿篇巨制？

杨铁军：《奥麦罗斯》的可贵之处在于，它在一个"史诗已死"的时代，复活了长诗的生命力，拓宽了长诗的道路，把"长诗"从艾略特的枷锁中解放出来。

从沃尔科特的诗学发展上来看，他很早就找到了自己的主题，但在形式上，却一直在求变。他是一个不知疲倦、不断开拓的诗人。《奥麦罗斯》并不是沃尔科特的第一部长诗，却是他最成功的作品。可能就是因为他在其中给一贯的主题赋予了一个完美的形式吧。这部史诗有一个荷马史诗和加勒比现实的叠映结构。这种结构很有匠心，但又显得很自然，很理所当然。结合沃尔科特的一贯诗学来看，与其说这种"匹配"的完美是一种诗学的偶然，是"妙手偶得之"，不如说是沃尔科特一生诗学追求的必然结果，是"瓜熟蒂落"。

刘鹏波：您曾在文章里写到，自己早期的诗歌从抽象入手，把物减缩为观念的图像，后来开始“恋物”，把情感投射到物上。诗歌史上，是否存在偏好抽象与偏好具体两条诗学路径，这与法德欧陆哲学重思辨、英美分析哲学重经验是否又有关系？

杨铁军：我早期的诗歌受里尔克的影响，物的意义在于其象征，也就是其非物的层面。后来我成了经验主义者，看重的是物的质感，所以我渐渐远离法、德的抽象和浪漫，偏好英美的智性经验主义。以前我写花不是花，写树不是树，现在我写花，就是一朵具体的花，写树，就是一棵具体的树。比如河桦，在我回国前几年的诗里经常出现，因为我每天散步都会碰到。我这些年的写作讲究具体可感，“以修辞立其诚”，绝不写自己没有体验的东西。

刘鹏波：许多诗人都身兼译者的身份，“诗人译诗”已经成为一种传统。您觉得相较于专业译者，诗人在翻译诗歌时具有何种优势？

杨铁军：“诗人译诗”的优势在于对汉语诗歌语言的把握，如果这位诗人能写出像样的诗的话，那么他翻译的时候走偏的可能性肯定会小一些。

不过诗人翻译的劣势也许更引人注目，因为很多诗人其实外语并不过关，有的更是差得很远，对原文的理解有偏差不说，更可怕的是有些人对诗有一种预设，认为诗就得让人看不懂，如果读者能读懂，就不算好诗。在这种理念的支配下，他们完美地误读了原文，并以之自傲。

刘鹏波：在您看来，在翻译和引介外国诗歌方面，中国文学界还能做哪些工作？让“中国文学走出去”还有哪些路要走？

杨铁军：现在我们对外国诗歌的翻译还停留在“重量不重质”的阶段，这个好像是大家的共识吧，希望不久的将来会有一种两者并重的出版机制。

我觉得“中国文学走出去”本身也需要反思。从实际操作层面来看，无论是自己推介还是外国汉学家翻译中国文学，除了解决“有无”的问题，还要在扩大文化影响力的基础上，考虑可能产生的误读。我们能做的是立足于自己，写出好作品。

陈方：

喜欢与每一位翻译的作家“对话”

王杨：祝贺陈方老师获得第八届鲁迅文学奖文学翻译奖。得知获奖消息的时候，您有何感受？

陈方：谢谢您！我从未想过自己会获得这么大、这么重要的奖项，比我资深的译者数不胜数，哪怕只是在俄语圈就有很多成就瞩目的翻译家，所以，得知这个消息，我既意外又开心，但更多的是惶恐和忐忑。

王杨：2000 年的时候，您翻译的第一个小说在杂志上发表，是哪个作品，经历如何？您开始文学翻译的初心是什么？

陈方：俄罗斯当代作家佩列文的中篇小说《黄色箭头》是我正式发表的一篇译作，当时我经常听身边的俄罗斯人谈论这位作家，这引起了我极大的好奇心，恰好《世界文学》杂志的编辑李政文老师找到我，问我能否试着翻译一下《黄色箭头》，我便欣然应允了。直到现在我都非常感谢《世界文学》杂志给了我发表译文的机会，这是一种巨大的信任。那一年，周晓苹编辑在《环球时报》上也登载了《黄色箭头》的片段，还配上了王复羊老师画的漫画，这些都让初次尝试翻译的我得到了很大鼓励。

王杨：20 多年过去了，您在文学翻译的技术层面一定是在不断精进，那么心态和感情上呢，与之前相比，有没有什么变化？

陈方：也许谈不上精进，只是积累了一些经验而已。早年翻译时，我会比较拘谨、老实，有点战战兢兢，时常会受到原文句式和表达的影响，现在则稍微放开了一点手脚，努力在作者风格和译者自由间寻找平衡，力争更好地把握翻译中的分寸感。如果说最开始斗胆做起翻译是一种偶然和幸运——《世界文学》至今都是我心目中最有文学品位的杂志，与"初心"、人生规划并无太大关系，那么现在，我觉得这种偶然已经变成了我生活的一部分，我一如既往地喜欢翻译，享受把俄语转换成汉语时的那份奇妙感受。

王杨：很多译者都曾经表达过翻译是一项寂寞的事业，甘苦自知。对您来说，文学翻译最让您热爱之处是什么？又有哪些不轻易为人所知的困难或挑战？

陈方：人或许都有一点分享的愿望吧，发现好的作家和作品，让更多人去了解和阅读，就如同你在完成一桩"善举"，你会有一点成就感，分享也能带来快乐。另外，我也愿意通过翻译去细读、揣摩文字——虽然这在当下的语境中非常奢侈。我喜欢与每一位我翻译的作家进行"对话"。

文学翻译的困难和挑战很多，从翻译本身来说，比如你要保持你的外语和汉语水平，保持对语言的敏感，对语言之外的社会文化语境要有所把握；从另一方面来说，翻译是很耗时间的，你需要有足够的耐心。每个人遇到的挑战不一样，对我来说，时间是最大问题，我干活儿比较慢，工作和生活中需要关注的事情又比较多，时常感到时间不够用。

王杨：《我的孩子们》译成中文有 30 多万字，以一位乡村德语教师在 20 世纪 20—30 年代生活和爱情遭遇为线索，展现了伏尔加河流域中部地区德裔移民的命运沉浮，是一部厚重之书。您如何接下了这部书的翻译，翻译过程是怎样的？有没有什么难忘的经历？

陈方：雅辛娜2017年来访中国时，我跟她有过短暂见面，当时我们就谈到了她即将出版的《我的孩子们》，她回莫斯科后，很快就寄来了小说的电子版终校样。我迅速读完，觉得这本书和她的第一部小说一样出色，值得翻译，于是便推荐给了北京十月文艺出版社。

我和这本书还是有一点缘分的，我的一名学生去圣彼得堡做交换生时，参加了一场《我的孩子们》的新书发布会，有心的她让雅辛娜为我签了名，然后把书送给了我，她其实并不知道我要翻译这本书，只是冥冥之中认为这是“我的书”。

翻译《我的孩子们》时，疫情还没开始，我带着译稿去过厦门，在炎热潮湿的夏日午后想出门转转几乎是不可能的，于是我便躲在宾馆里一边吹空调，一边做翻译；在临近交稿时我又去了一趟日本，在飞机和新干线上做过校对。现在想想，这一切似乎都很遥远了，很多事情也不再变得可能。

王杨：作者古泽尔·雅辛娜之前多在杂志发表中短篇小说作品，2015年的长篇小说处女作《祖列依哈睁开了眼睛》问世就在俄罗斯文坛引起不俗的反响，陆续获得了“亚斯纳亚·波利亚纳奖”、“大书奖”等俄罗斯文坛重要奖项，被翻译成中文之后，还获得2016年度“21世纪年度最佳外国小说”奖。《我的孩子们》也是雅辛娜的一部长篇力作。作家2017年还曾来到中国参加鲁迅文学院举办的2017国际写作计划。您是否和作家有过深入的交流，您怎样评价作家的长篇小说创作？

陈方：我和她一起吃过一顿饭，席间谈论的话题基本围绕她的第一部长篇和即将出版的《我的孩子们》展开，她如何驾驭历史叙述，她的民族身份和性别身份是否影响她的创作，她的作品在各国的接受，等等，她为人非常低调随和，总是在认真倾听的样子。

雅辛娜的几部作品都是以20世纪俄罗斯历史为背景的，分别献给自己的奶奶、外公和父亲，可以说她一直在讲述的都是“大历史中的小人物”这一主题，在她的作品中既有对过往岁月的回望，又有对具体的人的观照，既有历史真实，又有虚构的想象，呈现出某种虚构与非虚构交错，现实与想象并存的画面。她的写作风格比较灵动、包容，既汲取俄罗斯文学的养分，同时也热烈拥抱世界文学的精髓。她的作品中有趣味盎然的情节，也有现实的种种维度。作家面对笔下的小人物时，以博大的悲悯和同情表现出宽泛意义上的普世情怀，这种情怀中饱含着对生命的体贴和怜悯，是对人一生中遭遇的苦难和变故的一种补偿。

王杨：在鲁院2017国际写作计划有关文学翻译的交流中，古泽尔·雅辛娜曾谈道，自己用俄语写小说，但是书中会夹杂一些更小的方言语种，她希望译者能够保留这些有陌生感的语言，因为这些语言更能体现出世界的不同。在《我的孩子们》中，应该也有很多具有“陌生感”的语言吧，尤其主人公就是一个德语教师，您是怎样处理俄语之外的语言翻译的？

陈方：《我的孩子们》的主人公是一位德裔俄罗斯人，他在德裔聚居区的日常语言就是德语，小说中确实能感受到无处不在的德国文化元素，这与雅辛娜本人的德语专业教育背景也不无关系。《我的孩子们》中，最有陌生感的格纳丹塔尔村、巴赫、霍夫曼、亨德尔等人名地名，我基本就是采纳音译的方式，唯一一个例外是小女孩安娜，在原文中，她叫 Анче（音“安切”），即安娜在德语中对应的小名，但咨询了德语同行后，我得知他们通常不会在汉语中使用安切这个译名，而我也觉得安切作为名字，在汉语中听起来会比较生硬，所以还是译为了“安娜”。但有一些明显具有德语词源的词在汉语中是没法保持陌生感的，比如男主人公巴赫是一位шульмейстер（schulmeister）——校长，俄语可以直接按发音从德语音译，以保持“原汁原味”，但译成汉语时没法儿这样做。

王杨：您觉得作为一个女性译者，在翻译这部作品，传达原作风格和韵味方面是不是有一些优势?

陈方：我倒不觉得一定是性别带来的优势，但作为女性，我对作品中的某些内容确实深有同感，比如巴赫对女儿安娜倾注的那份爱意，他在孩子成长过程中的所有恐惧与担忧，好像就是我曾经以及正在体会的，翻译这部分文字时，我时常会心一笑，联想到雅辛娜跟我见面时说，她只要在莫斯科，就一定会去接女儿放学，这是她一天中最重要、最让她开心的事，我便觉得小说中的很多文字及其中蕴含的情感，的确出自一位母亲之手，不可能是别人。抛开性别因素，雅辛娜对俄罗斯大自然、伏尔加河的描写那么深情款款，也让我在翻译的时候特别享受。

王杨：在学术方面，您一直以来关注俄罗斯女性作家创作，能否请您介绍一下近年来俄罗斯女作家群体创作上比较突出的特质?

陈方：当代俄罗斯女性作家在20世纪80年代末突然成了一个文学现象，女性文学，其合法性、内涵和本质成为一个热议话题。女性小说创作和白银时代的女性诗歌创作构成了某种跨越百年的呼应，她们都有一点横空出世、异军突起的意味。当代俄罗斯女作家们抛开苏联时期那种几乎无性别区分的宏大叙事，开始触及一些“禁忌”话题，有些作家站在激进的女性主义立场上进行创作，她们认为女性作家在男性主导的文学世界中一直遭遇被压抑、被忽略的命运，现在该是她们发声的时候了。那一时期女性创作的整体色调比较阴沉压抑，充满了绝望悲观的气息，充满了对男性霸权的质疑和解构。近些年，活跃在俄罗斯文坛的女性作家非常多，她们与男作家们平分秋色，各领风骚。她们的创作题材广泛，已不局限于之前那些所谓的“女性话题”，而是把小说设置在一个更大的时间和空间范畴内，主题包罗万象，在体裁上女作家们更加偏爱长篇小说，能明显感到多元化特征在她们创作中的体现。

王杨：在人大，您除了教授文学史和俄罗斯当代文学的课程之外，还讲授翻译理论和实践这样一门课。对您来说，教学、研究和翻译三者之间有怎样的关系？

陈方：有时相互成就，彼此促进，有时相互影响——毕竟一个人的时间和精力是有限的。

王杨：如果有志于文学翻译的学生问您，做翻译最重要的是什么，您会怎样回答？

陈方：多读优秀的中文作品，保持良好的语感最重要。

竺祖慈：

我对译事的基本态度就是“老实”二字

王杨：竺老师好，首先祝贺您获得第八届鲁迅文学奖文学翻译奖！您是怎样开始学习日语的，可否介绍一下您的求学经历？

竺祖慈：我 1949 年初出生于上海，四岁时随父亲工作的调动移居南京，先后就学于南京珠江路小学和第十中学（现在的金陵中学），1966 年高中一年级还没结束时发生“文革”，当了两三年游民，1969 年初作为“老三届”知青下放到苏北泗洪县插队务农，第二年我父母也以“下放干部”身份到了我插队之处。20 世纪 70 年代中日恢复邦交后，我在务农之余随 20 世纪 40 年代毕业于日本明治大学的父亲学习日语，踏过了入门阶段。1977 年我在泗洪参加了恢复高考后的第一届考试，当时报考的是日语专业，后因年龄以及家庭政治条件等种种原因被调剂到苏北淮阴师专（现淮阴师院）中文系就学。在校期间我把很大一部分精力投入到日语的自修上，并在本校学报上发表了《川端康成的死与文学道路》一文，应该算是我的处女译作。

王杨：1981 年您进入《译林》杂志，此时《译林》杂志刚刚创刊两年，您主要做编辑工作，当时的工作氛围和译介外国文学的整体文化氛围是怎样的？

竺祖慈：我 1981 年秋从淮阴清江中学调入当时尚无日文编辑的《译林》杂志编辑部，主要从事日本文学作品的编辑工作。当时的编辑部一共十来个人，除了办杂志外，还承担了江苏出版系统所有人文类翻译图书的出版工作。由于改革开放国门乍开，全国人民对于翻译图书有很大渴求，这对翻译出版工作也起了极大的促进作用。作为外国文学编辑，每个译林人都充满了工作热情，《译林》的单期发行量更是保持在几十万册的水平，甚至还出现过加印的情况，我们编辑出版的单行本图书的起印量也都在数万乃至数十万册的水平。《译林》以一个良好而成功的开端树立了自己在国内翻译出版尤其是外国文学出版界的地位，并一直保持至今。

王杨：您是在怎样的契机下开始从事文学翻译的？

竺祖慈：我开始动手翻译文学作品既是出于自己对于文学的向往，也是职业使然。因为不愿意做一个眼高手低的编辑，希望自己能更自如地与译者进行专业方面的对话，与他们有更多的共同语言，而且编辑工作的经验使我自己在适译作品的遴选判断以及翻译技巧的把握方面都得益匪浅。甚至可以说，如果不是从事这份编辑工作，我或许就不会走上翻译之路。

王杨：关于翻译，您曾谈道，遵循“保持原汁原味的翻译原则”。除了藤泽周平，您还翻译了川端康成和三岛由纪夫等不同风格的日本作家作品，如何在翻译中调整和调动语言，保持和还原原汁原味的风格？

竺祖慈：我不赞成一个翻译家的风格体现为某种相对固定的文字风格。我知道自己的文字若用于写作，可能确实会有意识或无意识地形成某种识别度，但在做文学翻译时，我则有意识地提醒自己不要把这种识别度体现在不同语言风格的作家和作品中。我努力去把握原作的语言风格，并以自己的文字体现不同作者的不同风格，因为我信仰“原汁原味”的翻译原则，能否完全做到是一回事，但努力追求却是必须的，尤其不应以追求自己的文字识别度而自诩。我这两年翻译了多部川端康成和三岛由纪夫的作品，这两位大师的文字风格迥异，我自己喜爱川端的文字，并且觉得他平实无华的风格与我自己的文字习惯比较接近。三岛的文字则十分华丽张扬，我不喜欢这种风格，但在翻译他的作品时还是努力去再现他作品的绮丽铺陈，这时就需要时时有意识地控抑自我，以践行译事的忠实原则。

王杨：除了“原汁原味”，如果请您谈谈自己文学翻译的标准或原则，您会怎么概括？

竺祖慈：总的来说，我对译事的基本态度就是“老实”二字。包括认认真真地读懂读通原文，一丝不苟地理解原义，上下求索地为解疑而在线上线下查找各种资料，力求准确地将原文转化为自己的文字，尤忌自我陶醉式的装饰和附会，更忌为回避难点而做阉割。我还力求自己的译文尽量不给读者造成阅读障碍，尽可能地赋予某种文字上的阅读快感，少一点“翻译腔”，具体的做法就是译好后出声读两遍，觉得拗口就尽量想办法调整一下。这也仅是我对自己的要求而已，有些译家会反对的。

王杨：您翻译的众多作品中，有没有哪部是令您觉得比较有难度？或者文学翻译过程中，是否碰到过一些“需要跨越的障碍”，您是如何解决的？

竺祖慈：我译过的文学作品中，三岛的作品难度最大，除了前面所说的绮丽变幻之外，三岛的行文十分欧化，常有一句话拖了几行之长，其间的语法结构和逻辑关系十分复杂，而且间有大段哲理性的议论。若以我自己的兴趣，应该是不愿意译三岛作品的，但约译者提出重译三岛作品的理由往往是目前国内现有的译本大多难以差强人意，我细对原文看了几个译本，也觉得确实有些问题，要么是译文过于佶屈聱牙，要么就误译太多。我觉得这也恰恰体现了三岛作品的艰难，于是便生了挑战之心，而且以加倍的努力去对付他的作品和文字。翻译三岛的过程是痛苦多于享受，一句原文常常要反复看很多遍才能抽丝剥茧地理顺其中的逻辑关系，一个小时可能仅译两百字，但翻译的过程给了我一种攀峰的体验，再译其他作品时就有了一种如履平地的轻松感。

王杨： 您之前有20年的时间没有继续从事文学翻译工作，方便透露一下原因吗？

竺祖慈： 我从1986年起担任《译林》副主编，1993年起担任译林出版社副社长，精力主要投入经营管理方面的工作，已很少编稿，也就渐渐停止了译事，理由是精力不足，但想到前广电部副部长刘习良先生在任时仍翻译了很多作品，就觉得自己还是不够努力。

王杨：《小说周边》是您搁笔20年后重新开启翻译的第一部作品，再次开始文学翻译感受如何，与早年翻译相比是否有什么变化？

竺祖慈： 2015年结束了在出版社的返聘工作之后，译林同事从一套藤泽周平的作品中挑出一本随笔集《小说周边》约我译。我搁笔20余年后，作为一个六旬过半的老人，本来并无多少“重作冯妇”的欲望，但在接下任务并读了作品之后，觉得其中的淡泊心境和平实的文字风格都是我所喜欢并觉得可以与之相通和贴切再现的，于是就以欣然的心态和认真的态度进入工作状态。当时做译事时，因已完全摆脱了其他工作和琐事，也无须靠发表作品达到功利的目的，所以比起20年前多了很多从容，这应该成了实现译作质量要求的基本保证。而交稿后编辑给予的肯定则更提起了我在退休之年继续做一些翻译的兴趣和信心。

王杨：《小说周边》中收录的有藤泽周平关于自身经历和家乡风物的记叙，也有他的读书笔记、对于日本文艺现象和自己创作的评述。我在读的时候有两个比较突出的感受，一是“很日本”，很多表达、语言形式包括所传递的情绪，有日本文化的独特印记；二是藤泽周平的语言冲淡，有古意，贴合他写浪人、剑客、市井等“时代小说”的作家印象。不知道这是不是符合您在翻译时想要传递给读者的阅读感受？

竺祖慈：您归纳的《小说周边》阅读体验确实是我在翻译过程中努力追求的目标，尤其是意境的冲淡和文字的平实凝练。

王杨：《小说周边》获得鲁迅文学奖文学翻译奖，有评委认为，“译笔老到传神，可谓达到与作者相同的心境”，您是如何贴近“与作者相同的心境”的？

竺祖慈：感觉自己的性格与作者在作品中体现的内敛、不争、常有几分羞涩颇有相近之处，所以也就比较自然地贴近了鲁奖评委会所说的“与作者相同的心境”。

王杨：《小说周边》里有很多注释，有的是对文中提到的作品、人物的解释，还有对于其中的笔误作出纠正。一直以来对于翻译文学作品加注释有不同说法，您怎么看这个问题？

竺祖慈：我把《小说周边》的主要读者定位为藤泽剑侠小说的爱好者，希望他们能通过这部随笔集了解在剑侠小说中所看不到的作者人生的多面性，我所做的大量译注就是为了帮助读者达到这个目的，尤其是其中涉及大量与藤泽主流作品看似无关的西方文化方面的内容。当然，在当今互联网工具如此发达的情况下，读者对书中涉及的陌生之处已能便捷地查询解疑，译注似已可有可无，我只是为了更方便读者省却举手之劳，何况其中大量用片假名表示的西人姓名以及书名、电影片名等，不懂日文的读者是无法查询的，我所做的译注也常常是辗转查询几种文字后的结果。另外，对于日文作品中出现的一些用汉字表示却又与中文字面意思完全不同的专有名词，例如一些菜名之类，我主张在正文中保留其汉字形式，然后用译注解释其内容，而不是直接把其内容带入正文之中，这样便于读者今后在日本旅游或在日本料理店看菜单时，可以正确把握这个词语的实际内容。

王杨：您在接受采访的时候曾说，希望能首译一本“有趣的推理小说”，因为很享受边翻译边解谜的过程。日本是“推理小说的大国”，您有自己喜欢的、特别想译介的推理小说作家吗?

竺祖慈：日本有很多不错的推理小说家，我最喜欢并仍活跃在一线的作家是东野圭吾，遗憾的是至今没有机会译他的作品。

王杨：竺老师现在日常做文学翻译的工作节奏是怎样的？除了翻译之外，您生活中还有其他的兴趣吗?

竺祖慈：我退休后所译作品都是应约的，至今还基本没有自己推荐给出版社的作品（给杂志译的两个短篇除外），这大概也是目前大多译者所面临的现状，除非是个别名译者所译公版名著。最近在读一位日本音乐家的自叙，颇有翻译的冲动，希望它能成为我第一本自己选译的作品。我现在在有任务的情况下，每天工作不超过四个小时，大多放在下午进行。对于一个70多岁的老人，出版社都很体恤，绝对不会限时催稿，我自己也想补回一些在上班时所损失的阅读时间，况且现在还有许许多多网络文化的诱惑难以摆脱，对于退休生活来说既是一种填充，也是一种消耗。

薛庆国：
阿拉伯语才是我相爱最久的恋人

王杨： 祝贺薛老师获得第八届鲁迅文学奖文学翻译奖！请您先谈谈学习阿拉伯语的经历吧。

薛庆国： 我于 1981 年通过高考，进入解放军洛阳外国语学院学习阿拉伯语。4 年本科学习后，考入北京外国语大学攻读硕士和博士研究生，其间于 1987—1988 年赴埃及开罗大学进修一年。博士毕业后，我回原单位工作了两年多，后来调入北外任教至今。屈指算来，我学习阿拉伯语已超过 40 年了。40 多年时间里，几乎每天都在接触阿拉伯语：学习、阅读、教学、翻译、写作……可以说，我对阿拉伯语的感情与日俱增。前年有一次接受阿拉伯媒体采访时，我曾经开玩笑说：阿拉伯语才是我相爱最久的恋人！

王杨： 您之前曾在中国驻叙利亚使馆工作，后来回到北外，现在阿拉伯语学院任教。是什么样的契机让您走上文学翻译的道路？

薛庆国： 我曾于 1996—1999 年被外交部借调到中国驻叙利亚使馆工作，将近三年的外交官生涯结束后，使馆领导希望我留在外交部工作，但我还是更喜欢大学的环境和工作性质，因此回到了北外。

我最早从事文学翻译，还是博士毕业刚留校工作期间。留校的第一年没有教学任务，我意外发现纪伯伦的许多英文著作都未译成中文，便从图书馆复印了原著，迫不及待地开始翻译。记得那年的初冬时节，学校为我们单身宿舍楼安装暖气，工人先在墙上打洞，一周后才把暖气片安上。冰冷的夜晚，我用纸箱子堵住墙洞，身穿厚厚的棉衣，把被子也裹在身上，在灯光下翻译纪伯伦的作品。从邻居的房间，还不时传来别人打麻将的声音。我没有感到寒冷和寂寞，心里只有温暖和充实。今天，当我捧起翻译的纪伯伦作品时，似乎还能感到墙洞里溜进的刺骨寒风，还能闻到空气里夹带的泥土气味；但我更加怀念的，是纪伯伦和阿拉伯文学带给我的温暖。

王杨：从事文学翻译工作，最让您感到有成就感的是什么？让您感到痛苦的又是什么？

薛庆国：最有成就感的，是通过我的翻译增进了广大中国读者对阿拉伯文学和文化的了解。特别幸运的是，我翻译的纪伯伦、阿多尼斯、达尔维什、马哈福兹等阿拉伯文学大师的作品，都具有很高的思想价值和艺术魅力，因而大都得到了评论界和普通读者的好评与喜爱。我总是认为，译作获得成功，首先归功于原作高超的文学水准，我的翻译固然也起了作用，但毕竟是第二位的。特别让我自豪的是，通过我对阿多尼斯诗歌和散文作品的持续译介，这位阿拉伯诗人受到我国读者的广泛喜爱，甚至成为中国人最为熟悉的当代外国诗人之一；通过阿多尼斯，中国读者还了解了阿拉伯当代文化的魅力。我觉得自己的工作很有价值。

要说痛苦，我真没有感到过痛苦。我也经常为如何理解原文、如何找到合适的译文表述而绞尽脑汁，但这算不上痛苦，而是通过翻译，挑战自己的智力和能力，可以说乐在其中。

王杨：除了阿多尼斯，您还翻译过诸如巴勒斯坦作家马哈茂德·达尔维什等阿拉伯诗人的诗作，您是从文学翻译之初就从事诗歌翻译吗？

薛庆国：没错，我还翻译过达尔维什的诗歌选集《来自巴勒斯坦的情人》，并在《世界文学》、《星星》等刊物译介过多位阿拉伯现当代诗人的专辑。我最初翻译的是纪伯伦作品，共译了他的 7 部著作，包括散文、散文诗、诗歌、传记、书信集等，后来还译过诺奖得主马哈福兹的随感类作品《自传的回声》，以及其他作家的剧作、短篇小说等。我还和叙利亚著名学者费拉斯合作，对外译介了《老子》、《论语》、《孟子》等中国文化经典。但我译介最多的，还是现当代阿拉伯诗歌。近期还会出版一本阿拉伯现当代名家诗选；当然，以后还会继续翻译阿多尼斯的作品。

王杨：大家都熟悉一句话“诗是翻译中丢失的东西”。您认为，与其他文体相比，诗歌翻译是否更有难度，如果有，困难之处具体在哪里？

薛庆国：诗歌在翻译中固然会失去一些东西，如音乐感、节奏感，诗人精心设计的某些隐喻、双关，等等。但是，在失去的同时，译诗也会得到一些东西。译诗就是“移植”，当外国诗歌“移植”到汉语这门有着悠久深厚诗歌传统的语言中时，汉语诗歌和中国文化的沃土，往往会让译诗的枝头绽放出神奇的花朵。我至今还清楚地记得，大学阶段阅读傅雷先生翻译的罗曼·罗兰《约翰·克利斯朵夫》时，开篇第一句“江声浩荡”带给我的震撼。后来听法语老师说，原文是由 8 个单词组成的一个句子。正是傅雷先生的妙笔，为译文赋予了原文没有的诗意、气势和冲击力。我总觉得，汉语是非常具有文学气质的一门语言。

比起其他门类，诗歌翻译的难度总是要大一些，因为译者不仅要翻译原诗的意思、意象和意境，还要传达原诗的音韵节奏，而后者在我看来是最难的。有时候我会遇到这样的情况：一首很好的阿语诗译完后，原诗的字面内容都已传达，但译诗读来读去、改来改去都没有诗歌的感觉，或者说没有了原诗的诗意。因为无法舍弃拿不出手的译诗，我认为翻译一本完整的诗集比翻译诗选更难。

王杨：*阿多尼斯的第一本引人注目的中译本作品是2009年出版的《我的孤独是一座花园》，您怎样和阿多尼斯结缘？*

薛庆国：这说来话长。我简要介绍一下：2008年，唐晓渡、西川任主编的《当代国际诗坛》创刊，编辑部在讨论重点译介哪些外国诗人时，诗人树才介绍了一个情况：他不久去法国见到老朋友、著名诗人博纳富瓦，当他问博纳富瓦目前法国有哪些重要诗人时，博纳富瓦提到的第一个诗人，便是旅法阿拉伯诗人阿多尼斯。因此，树才跟编辑部建议，一定要出个阿多尼斯专辑，最好请懂阿拉伯语的译者直接从原文翻译。后来，编辑部通过我的北外同事、俄语诗歌翻译家兼诗人汪剑钊找到我，希望我翻译阿多尼斯的诗作。于是，我译了2000多行诗，在《当代国际诗坛》第二期发表。后来，译林出版社的编辑王理行对我说：每年诺奖宣布前，阿多尼斯的名字都被人提起，而我国还没有出版他的诗集，一旦他获奖，你们这些从事阿拉伯文学研究、翻译的人岂不很被动？他建议我翻译一本阿多尼斯的诗集出版。我在原有译文的基础上，又增添了诗人大部分新的译作。译文完成后，我应出版社的要求，费尽周折找到阿多尼斯的联系方式，去信请求他将版权授予出版社，同时邀请他来中国出席诗选首发式。他欣然答应，于2009年3月来华出席《我的孤独是一座花园》的首发式。我和阿多尼斯由此结缘。

王杨：*对于阿多尼斯的创作经历来说，2009年的中译本不算早了，他没有更早为中国读者所关注的原因是什么？*

薛庆国：正如刚才所说，这主要是我们这些从事阿拉伯文学研究、翻译者的疏忽。其实，早在1980年，阿多尼斯作为黎巴嫩作家代表团的唯一成员首次来访中国（1980年，阿多尼斯生活在黎巴嫩，因具有叙利亚和黎巴嫩双重国籍，此次他以黎巴嫩作家代表团成员的身份访华）。此行他在华共逗留10天，去了北京、上海、苏州三地。据30多年后再度访华的阿多尼斯自述，首次访华的许多细节他都记不清了，好在回到黎巴嫩后不久，他就把这次中国之行的感想和印象分两次发表在当地主要报纸，其中详尽记录了他在当时的中国作协（也可能是文联）座谈的内容。文中提及，参加座谈的中方代表共有20多人，其中包括夏衍等3位文联（或作协）副主席，以及多位作家、诗人和文学刊物主编。或许因为当时中国国门刚刚打开，来访的外国作家很少，所以中方在接待这位来自小国黎巴嫩、在国际上还没有太大名气的诗人时，安排了20多位作家跟他对话，这可能是绝无仅有的外事礼遇了。阿多尼斯对此次座谈的记录十分详尽，留下了非常珍贵的历史文献。他对刚刚走出“文革”的中国思想界、文化界、文学界呈现的蓬勃朝气印象深刻，对中国作家们的反思意识给予高度评价。我认为，中国作家们的这些严肃思考，也在一定程度上丰富了、影响了阿多尼斯的诗学观和文化观。

王杨：《风的作品之目录》主要收录阿多尼斯写于20世纪90年代的13首诗，20世纪90年代在阿多尼斯的创作过程中是怎样的一个时期？

薛庆国：20世纪90年代是阿多尼斯诗歌创作的高峰期，这期间他创作了许多重要作品，特别是大部头诗集《书：昨天，空间，现在》（1995年第一卷，1998年第二卷），第三卷于2002年出版。他在谈及此作时曾表示：“这三大卷诗集，是我诗歌生涯的巅峰之作。它是我几十年前就已着手的重新审视阿拉伯政治史、文化史这一文化工程的重要里程碑……还可以说，这部诗集既向阿拉伯历史表达爱恋，同时又跟它做痛苦的决斗。”《我的孤独是一座花园》收入了这部巨著中可以单独成篇的几首诗，如《札记》、《T城》、《Z城》、《G城》。

阿多尼斯有一个习惯，在创作鸿篇巨制时，往往同时创作一些轻松、灵动的短章作为调剂，用他的话来说：“短章仿佛小草或幼苗，生长在长诗——大树——的荫下；短章是闪烁的星星，燃烧的蜡烛；长诗是尽情流溢的光明，是史诗的灯盏。两者只在形式上存在差异，本质上是密不可分的一体，共同构成了我的诗歌实践。”《风的作品之目录》的 13 首诗，都是由同一主题的短章构成，可以视之为大树荫下的小草，皎洁明月旁的星星。记得阿多尼斯曾告诉我，其中《在意义丛林旅行的向导》这首包括数十个短章的长诗，是他在普林斯顿大学做访问学者期间，于一个上午完成的。我知道他有个习惯——口袋里会放个本子，随时随地记录思绪或灵感。我猜想那个上午他完成的这首诗，不少内容来自口袋里那个本子。

王杨：这部诗集给人整体印象偏轻松，作为译者，您觉得这部诗集体现了阿多尼斯诗歌怎样的阶段性特点？

薛庆国：和诗人创作的许多思想厚重、风格晦涩的诗作不同，这本诗集是诗人从大自然中采撷的醇酿。诗人怀着诗心和童心，去观察、认识大千世界，写下那些清新隽永、令人读完唇齿留香的诗篇。这些诗是“天空之嘴凑近大地耳畔的低语”，是“从树的喉咙升腾起的歌”，它像雨一样润物无声，像风一样轻拂人心。诗集总体上呈轻盈灵动的特点，但也蕴含着深邃的思想性和哲理性。许多诗句触及政治和社会，但通过极富想象力的意象呈现，令人过目不忘：“这个时代是灰烬，/ 但是，我只愿师从火焰。”“我的祖国和我 / 身披同一具枷锁，/ 我如何能同祖国分开？ / 我如何能不爱祖国？”这些诗歌短章里呈现的特点，在阿多尼斯不同阶段的诗作中都有体现。

王杨：您是阿多尼斯作品的译者，也是他挚爱的朋友。阿多尼斯在他的中国题材长诗《桂花》首页特别为您写了献词：“献给薛庆国”。您怎样评价这位年长的叙利亚诗人朋友？

薛庆国：和阿多尼斯结下的友谊，是我人生莫大的荣幸，也是令我毕生珍视、自豪的精神财富。除了公认的诗歌成就以外，阿多尼斯还是一位多重批判者：既勇于批评丑陋的阿拉伯政治与现实，也揭露阿拉伯文化的深层弊端，同时对自私而傲慢的西方政治，特别是美国的霸权主义和帝国主义行径给予批判。他拒绝人云亦云，随波逐流，作品中永远闪耀着思想和理性的锋芒。

阿多尼斯虽然个人饱经磨难，祖国和家乡遭受战火蹂躏，但他仍然宠辱不惊，一直保持着乐观向上的进取精神。年逾九旬的老人，仍然笔耕不辍，完成一个个写作计划。当我在工作中偶感懈怠时，想起阿多尼斯——90 多岁的老人还那么勤勉，便觉得自己有什么资格懈怠？

王杨：阿拉伯文学是世界上最古老、最有成就的文学之一，也是东方文学的一个重要部分。阿拉伯文学作品，如《天方夜谭》等在中国的译介最早从 19 世纪末 20 世纪初就开始了，进入新世纪后，我国对阿拉伯文学的关注、研究和译介有怎样的新特点？

薛庆国：进入新世纪以后，我国老一辈阿拉伯文学研究者逐渐退出舞台；中青年学者很快成长起来，有不少研究和翻译成果问世。研究成果的学术性和专业性更强，多数学者聚焦阿拉伯现当代文学，有的跟踪阿拉伯文学的热点，也有人关注跨学科议题。得益于各种出版资助计划，已有数十部阿拉伯文学的译作问世，其中以长篇小说居多。

王杨：老一辈翻译家仲跻昆、郅溥浩先生等为我国阿拉伯文学研究译介做出了重要贡献，阿拉伯文学研究会也在阿语文学研究译介和中阿文学交流中发挥了重要作用，目前，阿语文学研究译介队伍构成情况如何？您在北外任教，是否关注到有更为年轻的力量有志于加入这个队伍中来？

薛庆国：老一辈阿拉伯文学研究和翻译专家仲跻昆、郅溥浩先生近年已先后辞世，这是我国阿拉伯文学研究、翻译界的重大损失，我们怀念、感激他们。我国阿拉伯文学研究、译介队伍主要以高校阿拉伯语教师为主，还有来自研究机构、出版社的少量人员。我国阿拉伯文学研究分会是个十分团结进取的学术团体，比较固定、活跃的成员约有 50 人，其中年轻人约占一半，每年都举办一次年会，此外还有不定期的其他活动。

王杨：未来我国阿语文学研究和译介应更注重哪些方面的发展？

薛庆国：我国阿语文学研究和译介的力量还不算雄厚，研究需要开垦的处女地还不少，翻译作品的数量和质量都有待提高。我们产出的著译成果与阿拉伯文化、文学的重要性是很不相称的，中国公众甚至知识界对于阿拉伯文学、文化的了解还很有限。对此，我作为从事阿拉伯文学翻译与研究时间较长的一员，作为阿拉伯文学研究分会的负责人之一，在这方面的工作还专注不够，与许多前辈乃至同朋相比，还有着一定差距。今后还要继续努力，同时帮助、提携更多的年轻人尽快成长。

综述：赤橙黄绿青蓝紫　谁持彩练当空舞

□许金龙

第八届鲁迅文学奖文学翻译奖共评出五部优秀译著，包括许小凡译《T.S. 艾略特传：不完美的一生》、杨铁军译《奥麦罗斯》、陈方译《我的孩子们》、竺祖慈译《小说周边》、薛庆国译《风的作品之目录》，从作品数量、所涉及语种以及译者年龄分布等各方面来看，都显示了较高的文学翻译水准，也体现了当下文学翻译事业的繁荣发展。

鲁迅文学奖首次评选于 1997 年，距今历时 25 年。至于鲁迅文学奖各奖项中的文学翻译奖的历史要稍早一些，其前身为英籍华人韩素音女士于 1985 年首创、中国作协外联部承办的彩虹翻译奖。在那个改革开放已初见成效的火热年代，文学翻译事业也是与日月同辉，在一批学养深厚的老翻译家支持下，呈现出一派欣欣向荣的大好局面，从评委会集体推荐的名单中，我们可以看到陈占元、金克木、黄源、刘辽逸、吕叔湘、施蛰存、孙绳武、伍孟昌、朱维之、陈冰夷、齐香、方平、金堤、蒋路、磊然、李芒、钱春绮、孙家晋、唐笙、辛未艾、袁可嘉、叶水夫、郑永慧、草婴、任溶溶等的大名。这是一个何等强大的方阵，囊括了外国文学翻译界的大部分精英！即便在其后两届曾被称为“鲁迅文学奖全国优秀文学翻译彩虹奖”的评选中，译者们也承续了这个荣光，与其他兄弟奖项一样，满额评选出各五部获奖译著，这批不负使命的译者为杨德豫、燕汉生、绿原、范维信、顾蕴璞、屠岸、董燕生、王焕生、董纯、陶洁。

转折开始出现在第三届（2001—2003）——只有两部由北大学者翻译的译著获得文学翻译奖。这里有一个需要提及的情况：在《神曲》于2004年获得该奖项之时，其译者田德望教授已于四年前溘然离世，甚至都未能看到自己躺在病床上拼着性命翻译的《神曲》三部曲于2002年12月全部变为铅字。第四届（2004—2006）同样未能扭转这个颓势，只是在纸面上显得不十分难看而已，许金龙、王东亮、李之义这三位中年译者算是大致维持住了脸面。未能满额评出五部译著固然雄辩地明证了鲁迅文学奖文学翻译奖宁缺毋滥的严肃性和权威性，却也显现出文学翻译界的翻译质量下跌的尴尬局面。尤其在接下来的第五届（2007—2009）评审中，竟然连一部优秀译著都未能评出。之所以出现这种遗憾，细究起来大致缘于以下几种困境。

首先是经济因素。文学翻译稿酬未能随着生活水平的改善而相应提高，客观地说，在当今文学翻译界，如果仅靠翻译稿酬收入是难以生存的。如何“复活”大批专业翻译家，使其稿酬能够维持家庭必要开支，使其能够心无旁骛地产出大量优秀译著，是摆在我们面前亟待解决的问题。制约文学翻译的另一个困境是学术机制因素。不知从何时起，外国文学研究机构和诸多大学都有一条不成文的规定，那就是文学翻译不能算作学术成果。事实上，如果没有相当程度的学术修养和研究能力，是绝对译不出优秀译著来的。同理，倘若不经过大量文学翻译实践，恐怕也难以大幅度提高学者的研究能力。

幸运的是，随着中华民族的伟大复兴，近年来包括文学翻译工作者在内的人民大众经济收入的持续增加，相较于自己心仪的外国文学作品（尤其是名家名作），译者对于迟迟未能相应提高的翻译稿酬也就不再那么在意。与此同时，部分院校在制定科研成果考核标准时，也会根据实际情况而稍稍放宽政策，在一定程度上对文学翻译作品开了绿灯。以上这些变化无疑在很大程度上改善了文学翻译的环境，激励了具有文学翻译能力的学者，第六届（2010—2013）和第七届（2014—2017）鲁迅文学奖的文学翻译奖随即各有四部译著折桂，其译者为赵振江、刘方、王家湘、韩瑞祥、李永毅、王军、余中先、路燕萍，大幅扭转了此前的颓势。

借助这个良好势头，第八届（2018—2021）更是时隔20年后，再一次与鲁迅文学奖的其他奖项比肩而立，满额评选出了五部获奖译著，在一定程度上印证了这个时期的文化之繁盛。这种繁盛从有资格参评的送审译著数量上可略见一斑，本届参评作品数量达到了85部，这是近年来参评数量的最高值；亦可从送审译著语种上得以体现，共有包括英语、德语、法语、俄语、匈牙利语、波兰语、罗马尼亚语、意大利语、西班牙语、葡萄牙语、拉丁语、阿拉伯语、波斯语、日语、韩语、越南语在内的17个语种翻译作品参评，这些语种所在国家和地区几乎涵盖了整个世界；还可从俄语、圣卢西亚语、阿拉伯语、英语和日语的这五部获奖译著的文类上加深这个印象——计有长篇小说、诗歌、传记和随笔这四大文类，其原著所在国广泛分布于欧洲、南美洲、非洲和亚洲。当然，我们还可以从本次获奖的五位译者的年龄上来佐证这种繁盛，获奖译者以竺祖慈、薛庆国、陈方、杨铁军等老年、中年译者为主，也有许小凡这位30岁出头的青年译者，体现出我国文学翻译队伍以老带新、后继有人的可喜局面。这里有一点需要强调：许小凡不仅是第八届鲁迅文学奖所有获奖者中年龄最小者，甚至还是鲁迅文学奖设立以来的获奖年龄之最小者。许小凡的获奖既是对这位文学翻译界新秀的最高褒奖，更是对众多有能力、有意愿从事文学翻译的青年译者的召唤。

第八届鲁迅文学奖文学翻译奖的评选结果还呈现出以下几个特点：五位获奖者中有三人的职业为教师，且都在北京的大学任职，显示出北京在外国文学翻译事业中不可忽视的重要地位。其次，获奖的五部译著中第一次出现了叙利亚和圣卢西亚的作品，前者拥有古老而灿烂的阿拉伯文明，近年来却陷于苦难和战火之中，后者则是美洲的一个岛国，在世界文学中的存在感并不很强。这两个国家的文学作品于我国首获文学翻译大奖，除了显示出其文学本身的优秀之外，也反映出我国的文学研究和翻译在经过多年积累后，确实上了一个大台阶。显然，历经多年挫折和沉寂后，外国文学翻译界终于在第八届鲁迅文学奖文学翻译奖评选中重见彩虹，再登绝顶。当然，却也不是从此高枕无忧，这次评选过程中发现的一些现象：译者粗心大意、不求甚解、学养不足……这些问题已经并将继续制约翻译质量，倘若不及时予以足够的重视，则有可能为文学翻译事业留下巨大隐患。

且以这届文学翻译奖评审过程中出现的一些现象为例进行探讨。某部送审译著的原著作者是对中国人民极为友善的国际友人，其著作本身亦具有较高学术价值和历史参考价值，译者本人的中文功底极佳，曾在源语言所在国长期学习和生活，回国后亦长年从事专业外语的教学工作，其文白兼用的翻译文体与原著文体也比较贴近。然而令人扼腕的是，其译文中却出现了诸多本不该有的误译、增译和漏译等现象。倘若译者细心一些、对作品及其文化背景多些了解，便不会犯下此类错误了。有别于此，某部获奖译著明显表现出一种特别的质地：译者选用了贴近原著的精当词语和隽永文体，用以表现其清新的氛围和隐而不显的哲理，足见该译者对源语言所在国和目标语言所在国的传统文化均有良好的学养，且对原著理解深刻、把握准确，忠实再现了原著的文体以及审美情趣。这里需要强调的是，该译者显然具有严谨的工作态度且对文学翻译流程极为熟稔，否则如此之高的完成度是难以想象的。即便是应用翻译，在翻译之前，也需要具备有关源语言文本的专业知识，倘若仅仅熟悉源语言本身而不具备相关专业知识的话，我们是无法指望翻译出来的目标语言是准确和畅达的。文学翻译当然更是如此。

其实，“优秀译著”只能是相对之言，而非绝对之物，因为所有译著都不可能与原著等值，文本中的原始信息在翻译过程中将不同程度地衰减，甚或佚失。换言之，除了译者之外，译著的所有读者阅读到的内容都将是不完整的，这就是文学翻译工作不可避免的局限了。在谈到类似局限时，钱锺书先生也是颇感无奈。其于 1964 年讨论文学翻译的标准时曾表示，“文学翻译的最高标准为化境”，对于所有译者而言，“化境”是我们一代代译家需要全力以赴的最高理想。值得庆幸的是，当下正逢盛世，中华文化繁荣昌盛，文学翻译必将随之繁盛，译者较之以往更有可能接近钱老先生笔下的“最高理想”。文学翻译任重道远，面对那道令所有译家向往的、由赤橙黄绿青蓝紫编织而成的彩虹，谁能手持彩练当空舞呢？我们拭目以待！

第八届（2018—2021）鲁迅文学奖获奖作品名单

（以作者、译者姓氏笔画为序）

中篇小说奖			
《红骆驼》	王松	《四川文学》	2019年第8期
《荒野步枪手》	王凯	《人民文学》	2021年第8期
《过往》	艾伟	《钟山》	2021年第1期
《荒原上》	索南才让	《收获》	2020年第5期
《飞发》	葛亮	《十月》	2020年第5期

短篇小说奖			
《无法完成的画像》	刘建东	《十月》	2021年单月号—6
《山前该有一棵树》	张者	《收获》	2021年第3期
《地上的天空》	钟求是	《收获》	2021年第5期
《在阿吾斯奇》	董夏青青	《人民文学》	2019年第8期
《月光下》	蔡东	《青年文学》	2021年第12期

（续表）

报告文学奖			
《红船启航》	丁晓平	浙江教育出版社	2021年7月
《江山如此多娇》	欧阳黔森	百花文艺出版社	2021年3月
《张富清传》	钟法权	陕西人民出版社	2020年6月
《中国北斗》	龚盛辉	山东文艺出版社	2021年12月
《国家温度》	蒋巍	作家出版社	2020年9月
诗歌奖			
《岁月青铜》	刘笑伟	中国言实出版社	2021年10月
《山海间》	陈人杰	西藏人民出版社	2021年9月
《奇迹》	韩东	江苏凤凰文艺出版社	2021年3月
《天空下》	路也	长江文艺出版社	2021年11月
《诗歌植物学》	臧棣	江苏凤凰文艺出版社	2021年11月
散文杂文奖			
《回乡记》	江子	广西师范大学出版社	2021年12月
《大春秋》	李舫	长江文艺出版社	2021年12月
《大湖消息》	沈念	北岳文艺出版社	2021年12月
《月光不是光》	陈仓	安徽文艺出版社	2021年12月
《小先生》	庞余亮	人民文学出版社	2021年6月
文学理论评论奖			
《新时代文学写作景观》	杨庆祥	上海文艺出版社	2021年12月
《批评的返场》	何平	译林出版社	2021年12月

（续表）

文学理论评论奖			
《小说风景》	张莉	人民文学出版社	2021年12月
《中国当代小说八论》	张学昕	作家出版社	2021年10月
《编年史和全景图——细读〈平凡的世界〉》	郜元宝	《小说评论》	2019年第6期
文学翻译奖			
《T.S.艾略特传：不完美的一生》	林德尔·戈登（英国）英语　许小凡	上海文艺出版社	2019年1月
《奥麦罗斯》	德里克·沃尔科特（圣卢西亚）英语　杨铁军	广西人民出版社	2018年10月
《我的孩子们》	古泽尔·雅辛娜（俄罗斯）俄语　陈方	北京十月文艺出版社	2020年10月
《小说周边》	藤泽周平（日本）日语　竺祖慈	译林出版社	2018年8月
《风的作品之目录》	阿多尼斯（叙利亚）阿拉伯语　薛庆国	人民文学出版社	2020年12月

第八届鲁迅文学奖提名作品名单

（以作者、译者姓名拼音首字母为序）

中篇小说奖提名作品	
《过往》	艾伟
《飞发》	葛亮
《筑园》	计文君
《八度屯》	李约热
《寂静史》	罗伟章
《骨肉》	马小淘
《骑白马者》	孙频
《荒原上》	索南才让
《荒野步枪手》	王凯
《红骆驼》	王松
短篇小说奖提名作品	
《芥子客栈》	艾玛
《逍遥游》	班宇
《月光下》	蔡东
《在阿吾斯奇》	董夏青青
《小野先生》	金仁顺
《无法完成的画像》	刘建东
《老婆上树》	晓苏
《山前该有一棵树》	张者

（续表）

短篇小说奖提名作品	
《地上的天空》	钟求是
《分夜钟》	朱文颖
报告文学奖提名作品	
《红船启航》	丁晓平
《大河初心》	高建国
《中国北斗》	龚盛辉
《热血在燃烧——大三线峥嵘岁月》	鹤蜚
《国家温度》	蒋巍
《野地灵光》	李兰妮
《青藏光芒》	马丽华
《江山如此多娇》	欧阳黔森
《迟到的勋章》	王龙
《张富清传》	钟法权
诗歌奖提名作品	
《裸原》	阿信
《山海间》	陈人杰
《落日也辉煌》	耿林莽
《奇迹》	韩东
《岁月青铜》	刘笑伟
《瓷上的火焰》	卢卫平
《天空下》	路也
《磨镜记》	伽蓝
《春雷与败酱草》	叶丽隽
《诗歌植物学》	臧棣
散文杂文奖提名作品	
《解忧牧场札记》	阿瑟穆·小七
《隐于辽阔的时光》	艾平
《月光不是光》	陈仓
《回乡记》	江子
《大春秋》	李舫
《小先生》	庞余亮
《心的方向》	彭程
《大湖消息》	沈念

（续表）

散文杂文奖提名作品	
《海上书》	王月鹏
《一个人的平原》	周荣池
文学理论评论奖提名作品	
《编年史和全景图——细读〈平凡的世界〉》	郜元宝
《批评的返场》	何平
《报告文学史论》	黄菲蒟
《转世的桃花——陈超评传》	霍俊明
《新时代文学与中国故事》	李云雷
《八论高晓声》	王彬彬
《当代文学的转型与新创——互联网时代的文学史观察》	吴俊
《新时代文学写作景观》	杨庆祥
《小说风景》	张莉
《中国当代小说八论》	张学昕
文学翻译奖提名作品	
《我的孩子们》	陈方
《太阳花》	汪玮
《远航船》	王渊
《T.S.艾略特传：不完美的一生》	许小凡
《风的作品之目录》	薛庆国
《奥麦罗斯》	杨铁军
《纵情夏日》	张竝
《颠倒看世界》	张伟劼
《赫贝特诗集》	赵刚
《小说周边》	竺祖慈